欺凌的生成与防治

预防校园欺凌和暴力研究

耿　申　赵福江 等　著

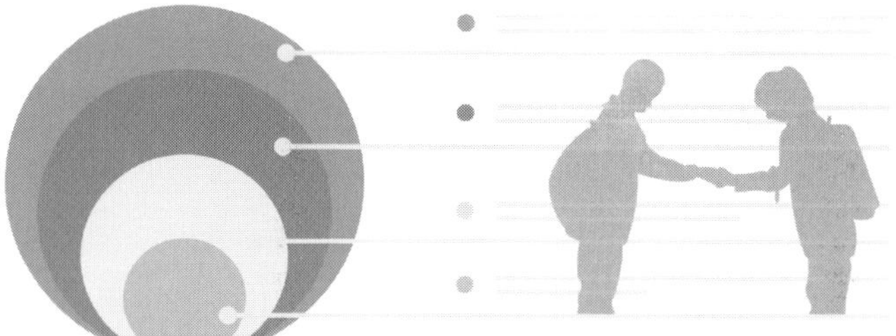

教育科学出版社
·北　京·

出 版 人　郑豪杰
责任编辑　闫　景
版式设计　郝晓红
责任校对　贾静芳
责任印制　叶小峰

图书在版编目（CIP）数据

欺凌的生成与防治：预防校园欺凌和暴力研究 / 耿申等著．—北京：教育科学出版社，2024.1
ISBN 978-7-5191-3547-8

Ⅰ．①欺…　Ⅱ．①耿…　Ⅲ．①中小学—暴力行为—预防—学校管理—研究　Ⅳ．①G637

中国国家版本馆 CIP 数据核字（2023）第 146602 号

欺凌的生成与防治：预防校园欺凌和暴力研究
QILING DE SHENGCHENG YU FANGZHI—— YUFANG XIAOYUAN QILING HE BAOLI YANJIU

出版发行	教育科学出版社		
社　　址	北京·朝阳区安慧北里安园甲 9 号	邮　　编	100101
总编室电话	010-64981290	编辑部电话	010-64981265
出版部电话	010-64989487	市场部电话	010-64989009
传　　真	010-64891796	网　　址	http：//www.esph.com.cn
经　　销	各地新华书店		
制　　作	北京金奥都图文制作中心		
印　　刷	唐山玺诚印务有限公司		
开　　本	720 毫米×1020 毫米　1/16	版　　次	2024 年 1 月第 1 版
印　　张	22.5	印　　次	2024 年 1 月第 1 次印刷
字　　数	330 千	定　　价	68.00 元

前　言

近年来，我国中小学校园欺凌和暴力事件时有发生，引发社会各界的强烈反响和高度关注。

本书作为国家社会科学基金“十三五”规划 2017 年度教育学重点课题“预防中小学校园欺凌和校园暴力研究”（AHA170011）的主要成果，在充分调查了解我国校园欺凌和校园暴力状况的基础上，以心理学、社会学、教育学、教育法学等多重视角，对校园欺凌现象和学生欺凌行为开展了全方位剖析，尝试厘清我国校园欺凌和校园暴力的本土化特征，同时从政策措施和学校实践两个方面出发，通过在数十所中小学校的实验，探讨构建校园欺凌的预防和治理体系。该体系按照“防于未萌—克于方萌—治于初发—抚于事济”的基本思路设计每个环节的具体预防措施。

本书由七章构成。

第一章：绪论。重点阐述对校园欺凌与暴力行为的定义与理解。提出“欺凌种子”“欺凌初发”“欺凌萌芽”“标准欺凌”“严重欺凌”的发生、发展过程的阶段概念，从“早期干预”的角度，延伸出欺凌行为“识别要素”“处理方式”“处理规则”“处理措施”等一系列操作性概念，并由此提出若干预防校园欺凌和暴力的实验假设。

第二章：校园欺凌和暴力的发生现状及预防政策。重点对我国涉及校园欺凌和校园暴力的法律法规、政府文件、部门制度和各地规定进行讨论，分析我国在没有专门法律的背景下，如何通过其他法律法规、政府文件等进行校园欺凌预防机制、应对处理机制和救助机制建设，并针对这一情况提出预防治理的基本定位。

第三章：欺凌的生成。重点探讨校园欺凌行为发生、发展过程，对欺凌生成阶段的划分、各阶段行为表现的描述、各阶段行为特征的揭示、各阶段临界点标志行为和识别要素的提炼，做出详细阐述。

第四章："预"的教育活动。重点讨论学校"预"的教育活动开展问题。"预"的教育活动是预防校园欺凌体系中最为重要的一环，目标在于营造抵制校园欺凌的学校文化生态，提高学校师生对欺凌行为的辨识能力，提升全体人员对欺凌行为的干预意识。"预"的教育活动的实施面向所有学生，尤其要唤醒围观者，将早期发现、早期干预的原则予以具体落实，实施分层预防、逐级处理。

第五章："防"的处置措施。重点介绍学校如何通过有效的措施防止校园欺凌的发生。本章将"防"的重心放在铲除可能产生欺凌行为的土壤、种子和苗头，以确保不发生欺凌行为。

第六章："治"的法规保障。校园欺凌到了标准欺凌特别是严重欺凌阶段，需要通过法律的手段来防治。本章详细阐述如何从法律上构建起预防和保护体系，明确个人、学校、家庭和司法机关等主体的责任、处理原则与程序，以此才能更好地落实责任，切实做好校园欺凌的综合治理，保障学生的安全。

第七章：校园欺凌和暴力的预防实践模式。重点介绍在北京、武汉和哈尔滨三市实验学校进行的实验研究，在厘清欺凌行为的"种子态""初发态""萌芽态""标准态"基础上，设计实施了欺凌"先兆"的识别要素和消解策略，并将一应预防措施融入日常教育教学活动。由此建立起一套完整的"预防"措施体系，形成以"常态预防"为基础，以"早发现""早干预"

为特征的“校园欺凌常态预防及其早期识别与干预模式”。

在本课题研究过程中，北京、武汉、哈尔滨的数十所实验学校也根据本校实际和研究实验工作需要编写了一批预防校园欺凌的指导手册，形成了开展预防教育的活动方案。本书中引用的大量生成于学校一线的生动活泼的教育案例和数据大都源自这些实验学校。

目　录

第一章

绪　　论

校园欺凌和暴力是当今世界各国中小学普遍存在的问题。从世界范围看，以国家政府颁布治理校园欺凌和暴力的相关政策法规为标志，校园欺凌和暴力防治在西方发达国家出现较早；在亚洲，日本早于其他国家和地区。我国教育部等政府相关机构从 2016 年起发布相关政策文件，标志着我国中小学校园欺凌和暴力问题从此进入社会高度关注的阶段。欺凌和暴力在中小学的蔓延给学生的身心健康带来严重影响，也给学校的教学秩序和家庭生活带来严重冲击，已成为高关注度的社会问题。

2017 年，国家社会科学基金“十三五”规划 2017 年度教育学重点课题“预防中小学校园欺凌和校园暴力研究”获准立项后，项目组组织了北京、武汉、哈尔滨等地学者及中小学校共同开展欺凌问题的理论和实验研究。通过文献比较、问卷调查、案例分析和学校实验等方法，对校园欺凌和暴力行为的生成机理、阶段表征、识别原则、预防措施和治理机制等进行深入探讨，取得了预期成果。

多年来，世界各国关于校园欺凌和暴力的研究主要聚焦两个方面：一方面是侧重探究欺凌的产生原因、生成机理和影响因素等，为学校及社会防治校园欺凌和暴力提供理论支撑；另一方面是侧重实践预防和治理研究，其中，实践预防研究重在为学校教师提供预防方法、策略乃至课程，社会治理研究重在制订和修订相关法律、规章，为社会综合治理校园欺凌和暴力提供法治保障。校园欺凌和暴力作为当今经济文化高度发达环境下的社会热点问题，本质上仍然属于学校教育中的一个实践问题，世界各国的研究重心也逐渐从理论分析研究走向预防实践研究。本课题的研究任务重在解决学校层面的预防实践问题，重心在于“预防”，研究目标旨在让尽可能多的学校通过有效的预防教育措施，成为“无欺凌校园”。

第一节　核心概念界定

本研究表层的核心概念有四个：校园欺凌、校园暴力、预防、治理。其中，关键概念有两个：校园欺凌、校园预防。依据各国学者和多所学校多年来研究校园欺凌和暴力防治问题所形成的共识，“早期发现、早期干预”是公认的基本原则，因此，本研究通过在北京、武汉和哈尔滨等多所中小学的实验，对“早期”“发现”“干预”等因素进行了深入探索，衍生出“欺凌种子”“欺凌初发”“欺凌萌芽”“标准欺凌”“严重欺凌”的概念，进而从早期干预的角度，对应欺凌生成的衍生概念，延伸出欺凌行为“识别要素”“处理方式”“处理规则”“处理措施”等一系列操作性概念，并因此而提出若干预防校园欺凌和暴力的实验假设。这些概念及假设的证明过程在本书相关章节予以详述。

校园欺凌概念本身包含三个子概念：欺凌者、被欺凌者、围观者。每个子概念本身还可分解为若干下属概念，如欺凌者可分解为欺凌主要策划和领导者、跟随者、参与者；围观者可分解为协助者、围观者、干预者等。这些子概念将在后面相关章节予以论述。

一、校园欺凌

本研究重点放在学校及社会相关部门如何预防、治理校园欺凌和校园暴力上，其重中之重是学校如何预防校园欺凌。这个重点的选择源自以下逻辑分析：

校园欺凌的发生源自同学间关系的破裂，且校园欺凌的发生有一个矛盾酝酿期或冲突发展期。“乱班”“乱校”是一种环境因素的背景原因，学生之间的冲突是更为主要的原因。中小学生有展现自我、尝试自我力量的内在冲动，故嬉闹行为是学生交往中的一种常态。嬉闹行为应被视为未成年人实现自我认识和学会同伴交往的一种必要过程。然而，嬉闹中出现过分或越界行为也是中小学生间互动行为的一种常态，在这种过分或越界的“常态”行为中，隐藏着演化为较为激烈的矛盾冲突的可能性，其中一部分冲突就会形成欺凌行为的种子。由欺凌种子到发生欺凌事件，会有一个连续的演化过程，分解并识辨出该过程中的几个标志性行为，对于预防欺凌行为的发生具有重要意义。

嬉闹行为。学生通过相互交往的过程形成对人与人之间相互关系的基本认知，交往过程中的语言对话、推搡打闹、追逐玩耍、物品互用、角色扮演、交好交恶、玩笑打趣、自我评价及他人评价和评价他人等，是学生间交往的基本形态。未成年人正是通过这种复杂形式的交往及交往中的喜怒哀乐，获得身心的正常发育和对社会关系的基本认知。为便于分析欺凌的发生过程，我们把学生间的这种日常交往行为统称为“嬉闹”。引发快乐和一般性喜怒哀乐体验的嬉闹行为，属正常交往行为；交往中的一方给另一方带来较多不快，甚至较多烦恼、痛苦的嬉闹行为，属于可能会演变为欺凌的行为，对其处理得当，则回归正常嬉闹行为，不予处理或处理不当则可能演变为欺凌行为。本研究把从可能演变为欺凌行为的正常嬉闹行为到符合标准欺凌定义的欺凌行为划分为四个阶段：欺凌种子、欺凌初发、欺凌萌芽、标准欺凌（从正常嬉闹行为到标准欺凌行为之间每个发展阶段的差别既是微小的，也是复杂的，为了做到预防起见，研究中必须将这些微小而复杂的差别加以放大和简化，给出一个明确的分界，以便将“可能”的问题提取出来加以辨识和重视；不如此，便无法开展明确有效的预防教育工作）。如果标准欺凌行为未得到有效处理，那么，有可能会继续发酵，为给被欺凌者带来严重后果的事件（如自杀），本研究将这种事件称为“严重欺凌”。

如此，本研究将整个欺凌行为的演进过程分为五个阶段，预防、治理的原则和措施也分别对应五个阶段加以设置。借用海因里希法则①的模型，可将其关于工程事故发生的“常量”性模型作为校园欺凌发生、发展五个层次的逻辑示意图（见图 1-1）。从本课题的调查数据统计结果看，校园欺凌行为的发生到发展阶段之间的关系比值与海因里希法则的模型比值相差较大，故仅将其作为逻辑示意图帮助理解。

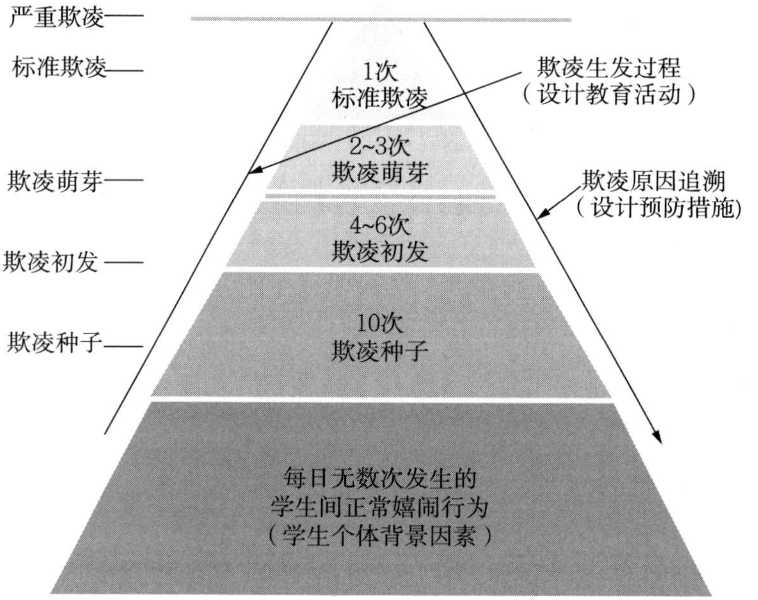

图 1-1　欺凌行为演进过程的逻辑示意图

本研究在全国范围内所做的 10 万样本量的校园欺凌问题问卷调查统计结果（见表 1-1）显示，被欺凌者自述一年中遭到 1～2 次欺凌的比例为 18.2%，一年 3～4 次的比例为 7.9%，每月 1～2 次的比例为 4.2%，每周都发生的比例为 1.9%。假如将“一年 1～2 次”设定为欺凌种子性质的行为，

① 海因里希法则（Heinrich's Law）是美国著名安全工程师海因里希提出的，意为：在机械生产过程中，每发生 330 起意外事件，有 300 件未产生人员伤害，29 件造成人员轻伤，1 件导致重伤或死亡。这一法则完全可以用于企业的安全管理上，即在一件重大的事故背后必有 29 件轻度的事故，还有 300 件潜在的隐患。

“一年3~4次”设定为欺凌初发性质的行为，每月1~2次设定为欺凌萌芽性质的行为，每周都发生设定为标准欺凌性质的行为的话，那么，四个数据的比例大致为1：2：4：10，与上述海因里希法则模型所显示的常量关系差异较大，但逻辑关系基本相符。此外，从欺凌者、围观者两个群体所获取的统计数据，依照上述四个发展阶段来看，尽管具体数值差距甚大，但其各阶段间的比例关系仍很接近（欺凌者：1：4：6：11；围观者：1：3：4：9；三者平均为：1：3：4：10）。

表1-1 学生欺凌行为发生的频率

	一年1~2次	一年3~4次	每月1~2次	每周都发生
围观者	44%	19.9%	12.8%	4.7%
被欺凌者	18.2%	7.9%	4.2%	1.9%
欺凌者	5.8%	2.9%	2.1%	0.5%
平均	22.67%	10.23%	6.37%	2.37%

欺凌种子（未萌欺凌）。出现过分现象的嬉闹行为；“种子”并无危害，亦非“恶性”，甚至很难描述出其标志性表现。然而，只有对此形态的嬉闹或嬉闹中出现的此种形态进行命名，才能引导学生去理解嬉闹的“过分”是一种什么形态（含义）及其演变的可能。隐藏于正常嬉闹行为之中的欺凌种子可能至少会向两个方向发展，一是往欺凌方向发展，即欺凌初发；二是向“问题学生”发展，虽没有出现欺凌现象，但因偏离常态也成为教育问题。当学生们在正常嬉闹中出现过分、越界状况时，正常嬉闹行为就可能演变为冲突行为，此时就孕育了欺凌的种子，本研究将处于此种形态的冲突行为表现称为显现“欺凌种子”行为或“未萌欺凌”行为。欺凌种子普遍存在于处于青春期的学生中间，大致相当于小学高年级到高中阶段的学生。就欺凌种子行为而言，每天都存在的学生嬉闹行为中总会有较小比例的过分或越界行为出现；过分或越界行为如果处理不当或不及时，则难免会演变为欺凌种子。换言之，欺凌种子每天大量地存在于学生间的嬉闹之中，辨析这些种子并加

以妥善处理是最有效的欺凌预防措施。欺凌种子不属于标准欺凌，对这种行为，多方包括家长、班主任等均能进行合情合理的“解释”，通过“解释”，这种行为基本能被各方所接受，从而能仍旧归为玩闹行为中的“过分”状态。这种状态的嬉闹是中小学生间经常发生的，通常经过同学的“拉架”、教师的提醒和家长的说教等方法，能够回归正常关系。然而，这里存在的问题是，如果未被发现或如果被发现后不能通过“解释”的方式回归正常，或如果表面上回归正常但心结仍在，则过分的嬉闹行为可能还会持续发生。从预防欺凌行为的角度看，此种状态的嬉闹行为即属于欺凌种子或未萌欺凌行为。考虑到其负面发展的可能性，本研究建议教师通过提示、引导等正面教育方式予以化解矛盾，将欺凌种子消除于尚未破壳发芽形态。从欺凌干预的角度说，这构成预防欺凌的第一道防线。

欺凌初发（初萌欺凌）。出现程度加重或在较大群体范围出现过分的嬉闹行为。欺凌种子获得适宜的条件就会破壳萌发。破壳萌发的嬉闹状态，是一种在预防欺凌问题上需要注意的欺凌初始状态。这种状态在学生间的交往嬉闹中通常被视为出现了矛盾或冲突，正常情况下亦属常态现象。它仍有两种发展方向：一是在尊重和友善氛围较浓厚的学生间会自行消解，或在第三方（同学、教师、家长）“劝和性”干预下，顺势消解；二是进一步加深、加剧内心的怨恨以至生出欺凌的萌芽。本研究将处于此种形态的冲突行为表现称为欺凌初发或初萌欺凌。初萌欺凌行为的基本特征是正常玩闹时出现一方感受到痛苦，另一方感受到具有一定关联性快乐且触犯班规校规。尽管如此，严格来讲，初萌欺凌仍然不能定性为标准欺凌行为，因为在这一阶段的冲突行为尚未构成被动一方学生较重的痛苦感受，而主动的一方并非完全通过有目的、有计划、有组织地给对方造成精神痛苦以获取快乐的故意行为，即主动一方虽感快乐，但并非完全建立在对方的痛苦感受之上。而一旦任其发展，初萌的种子很可能会持续生长为欺凌的幼苗。因此，教师和家长应及时对主动方的学生进行批评，要求其遵守班规、校规，尊重同学的内心感受，反省自己行为给对方带来的麻烦和痛苦，将初萌欺凌消除于未成幼苗之时。从欺凌干预的角度说，这构成预防欺凌的第二道防线。

欺凌萌芽。有向着恶劣和伤害方面发展的过分倾向的行为。当已然破壳萌发的冲突行为未被发现，并且主动的一方从冲突行为中获得了越来越多的快乐，进而开始有意识地追求这种事实上已是建立在对方痛苦基础之上的快乐时，初萌欺凌行为就发展到萌芽欺凌阶段了。欺凌萌芽现象也是青春期学生交往嬉闹行为中的常见现象。它也有两种发展方向：一种是在受到明确而强力地“劝和性”或“警告性”干预下顺势消解；另一种则可能进一步加剧，最终演变为标准欺凌行为。

萌芽欺凌行为具有如下五个基本特征：第一，嬉闹中的一方对另一方实施了语言（自认为是玩笑）和身体（自认为是打闹）的攻击行为；第二，实施攻击（自认为只是嬉闹）的一方比被攻击的一方占据明显强势地位；第三，被攻击的一方感受到精神屈辱或痛苦，另一方感受到的则是快乐；第四，这种玩闹行为明显违反了学校或班级的相关限定性言行规范，且还有可能违反了某些社会规范，甚至法律法规；第五，上述前四个特征所显示出的程度均未达到被第三方认为是标准欺凌行为的地步。如果把用逻辑语言定义的标准欺凌概念的内涵和外延视为“实质内容”和“外在表现”的话，那么，欺凌萌芽就属于实质和外在部分不充分（有实无形、有形无实）或均不充分（形、实均弱）的一种学生间的冲突形态。在欺凌行为要素判断中，不充分即不完全、不完整、不达标、不典型、不成熟，亦即萌芽。然而，欺凌萌芽事实上已经初步造成了被动一方学生的心理伤害，因此，教师和家长必须予以严肃对待，要对主动方的学生进行明确而严肃的警告，必要时，要求其向同学赔礼道歉，从而将欺凌萌芽消除于未造成严重精神伤害的阶段。从欺凌干预的角度说，这构成预防欺凌的第三道防线。

标准欺凌。具备欺凌定义基本特征的欺凌行为。对于标准欺凌行为的定义，自 1993 年挪威心理学家丹·欧维斯（Dan Olweus）给出概念界定后，二十余年来虽然各种研究不断丰富，但定义变化不大。欧维斯的定义为：一个学生受到欺凌是指其长时间、重复地暴露在一个或多个学生的负面行为中，并且难以保护自己。本研究通过国内外文献分析、国内典型案例研究和同实验学校教师、学生的深入讨论，用两个核心要素、两个次级要素、两个附加要素予以定义（见图 1-2）。核心要素：一方实施身心攻击，另一方遭受精神痛苦；次级要素：欺凌者倚强凌弱，且会重复实施。附加要素：存在围观者，地点不限于校园内。两个核心要素的呈现，表明事件已基本属于欺凌；两个次级要素的呈现，表明事件已可确认为欺凌；两个附加要素的呈现，表明事件已无可置疑地属于标准欺凌。各国学者对于校园欺凌的研究绝大多数都集中在从各种视角对标准欺凌行为进行分析探讨，因此关于标准欺凌的定义、标准欺凌的要素分析、标准欺凌的判定方法等研究成果极其丰富。本研究全面借鉴了以往学者的研究成果，将标准欺凌的要素进行了三个分层（分级），意在为学校教师准确判断某个行为或事件是否属于标准欺凌提供操作性参考。从操作流程角度看，当教师发现学生的嬉闹行为中明显呈现出两个核心要素时，就要立即按照标准欺凌的应对措施进行干预，同时迅速寻找该事件中是否存在两个次级要素，如果存在，则当立即判定为发生了标准欺凌事件，应马上启动应对欺凌事件的既定预案。两个附加要素可以进一步确认欺凌事件，但不是判定是否为标准欺凌的关键，而主要是处置欺凌事件时要考虑的因素。学校的欺凌防治预案，主要针对标准欺凌而制订。概括来说，对于标准欺凌行为的处置，须包括对欺凌者的处分措施和对被欺凌者及围观者等的心理辅导措施。从欺凌干预的角度说，这构成预防欺凌的第四道防线。

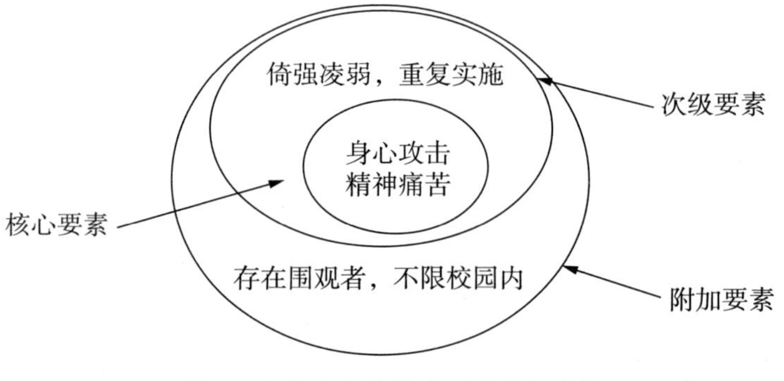

图 1–2　欺凌行为的主要判定标准①

严重欺凌。已经引发严重后果的欺凌行为。严重后果主要指长期欺凌行

① 教育部基础教育司．防治中小学生欺凌和暴力指导手册［M］．北京：教育科学出版社，2018：8.

为给被欺凌者造成了严重的身心障碍性疾病，极端者会造成被欺凌者的自残和自杀行为；严重后果也指欺凌事件除了给被欺凌者造成严重伤害外，还造成学校、家庭的严重混乱状态，形成社会关注的焦点问题。严重欺凌事件一定是给被欺凌者造成严重伤害的事件，也是给欺凌者甚至围观者造成严重的长期负面影响（影响其一生）的事件。引起广泛关注的欺凌事件，一般都属于严重欺凌事件。严重欺凌事件通常带有标志性特征，比如引发社会舆论热潮，导致国家和地方出台相关政策法规，成为学术研究、法律研究或教育政策乃至社会政策研究的案例等。在校园欺凌和暴力问题上，我们通常所说的治理，主要指对于严重欺凌和暴力事件而言，或者主要是以严重欺凌和暴力事件为对象而展开讨论的。从预防校园欺凌和暴力的视角看，对严重欺凌行为或事件，通常要由公安机关和司法机构参与处置，处置依据是相关法律法规，处置结果包括民事判罚和刑事拘役等。完善的校园欺凌和暴力处置法律法规，相应的执法机制，学校、社会、执法机构的联合防治流程等，构成预防校园欺凌和暴力的第五道防线。这是预防和治理校园欺凌和暴力事件的最后一道防线，相对于前四道防线而言，它担负着治理严重欺凌事件的重要职责，但更多情况下第五道防线对于欺凌者来说，它所起到是一种威慑作用，对于被欺凌者来说则起到一种得到最终保护、寻求最后依靠的作用。第五道防线是治理校园欺凌和暴力问题的强大的法律武器与国家后盾。

二、校园暴力

校园暴力泛指一切发生在校园内或以学校师生为施暴对象的事件。校园欺凌行为多数情况下有暴力行为的表征，因此，早期的一些媒体报道对校园欺凌和校园暴力不加区分，统称校园暴力。后来一些学者开始尝试区分二者，部分学者认为校园欺凌是一种“较低水平”“较轻程度”的校园暴力，或者校园暴力是一种致使对方受到明显伤残的“严重欺凌”。这种看法的主要依据是校园暴力会给受害人带来明显且严重的身体伤害，而校园欺凌造成的身体伤害常常并不明显。

本研究依据国内外对于校园欺凌和校园暴力的研究文献，特别是依据实验学校教师和家长反复讨论的结果，认为凡给师生正常工作生活和身心健康带来威胁的行为与事件，均属于校园暴力事件。其中，凡符合前述校园欺凌行为特征的行为和事件，列为校园欺凌行为和事件；不符合前述校园欺凌行为特征的行为和事件，列为校园暴力事件。也就是说，本研究认为，校园暴力有广义和狭义两个概念，广义的校园暴力是指包含校园欺凌在内的一切对师生造成威胁和危害的事件；狭义的校园暴力是指校园欺凌以外的校园暴力事件。鉴于本课题的重点是预防校园欺凌，因此，本研究所称“校园暴力”均为狭义概念。

从狭义概念来说，校园暴力主要指以下三类情况：

（1）对师生人身造成伤害的事件。

（2）对师生及学校财产造成损坏的事件。

（3）对师生生命安全构成威胁的事件。

对师生人身造成伤害的事件，指一方（校内或校外人员）以直接伤害师生的身体为目的所实施的暴力攻击事件。包括学生之间的严重的打架斗殴、教职工打伤学生、学生打伤教职工、家长打伤教职工、家长打伤其他学生、校外人员打伤校内师生等一切人为的、给人身体造成直接伤害的暴力事件。

打架斗殴是典型的暴力事件，指两人之间或多人之间的以伤害对方身体为目的的暴力事件。这主要包括超出一般打闹范畴的以给对方造成伤害为直接目的并确实造成严重伤害后果的学生之间的打架，也包括校外社会人员与学生之间的群体性打架，还包括师生之间、家长与师生之间的动手或持械伤人事件。其中，性质比较恶劣、后果比较严重的是团伙间的械斗，俗称“打群架”。有校外社会人员参与的团伙械斗往往会造成极其严重的伤残后果。

此外，复仇性暴力也是典型的对人身造成伤害的校园暴力事件。既包括当弱势一方因长期遭受欺凌而积累仇恨，采取极端复仇手段给对方造成严重伤害的事件，也包括因在前次的暴力事件中感到“吃了亏”而精心计划复仇的伤害事件，以及因其他原因而采用暴力报复手段的伤害事件。由于此类暴力事件的施害方比受害方势弱，故此类暴力事件中的施害方往往做了长期准备，有计划地使用器械发起突然袭击，以达到伤害对方的目的。其所使用的器械和物品通常为枪支、刀具、电击器、催泪器、伸缩棍、爆炸物和毒药等。复仇性暴力造成的伤害通常是非常严重的。

对师生及学校财产造成损坏的事件，指施暴者有目的地对学校的设施、设备和师生的个人财产实施损毁的事件。主要包括使用各种暴力手段蓄意或报复性地破坏学校设施、学校建筑、教学设备或师生个人财物的恶性事件。此类暴力事件也常常使用相应的器械，如刀具、棍棒、爆炸物、引火器等，给学校和师生个人造成严重财产损失。

对师生生命安全构成威胁的事件，指携带各种能够危害师生生命和健康安全的物品进入校园的事件。包括：①违反法规携带管制器械进入学校。这些器械包括枪支弹药、刀具、电击器、催泪器和伸缩棍等《校园安全条例》《中华人民共和国治安管理处罚法》（简称《治安管理处罚法》）等相关文件中明文规定的危险器具。②违反法规携带危害未成年人身心健康的毒品进入学校。这些毒品包括麻醉类药品和精神类药品，前者如鸦片、吗啡、海洛因、大麻浸膏和可卡因等，后者如各种致幻剂、镇静剂及巴比妥类药品等。③违反法规携带可立即致人死亡的剧毒物质进入学校。如氰化钾、砒霜和剧毒农药等。这些物品一旦被带入校园，就会带来难以控制的隐患，对师生的生命安全造成严重威胁。

中小学校是未成年人学习生活的公共场所，受到国家法律、法规的保护。校园暴力会给师生生命、健康带来严重安全威胁，给学校财产带来严重损毁威胁，给学校正常教学秩序带来严重破坏威胁。这些都是违反国家法律、法规的严重事件。学校配备校警（或保安）及钢叉、警棍、盾牌和头盔等安保器械，主要就是为了应对上述校园暴力事件。

从校园欺凌与狭义校园暴力的区别来看，如果说校园欺凌属于广义校园暴力的一种特殊类型，那么，狭义校园暴力就是指不被认定为校园欺凌的校园暴力事件。具体而言，校园欺凌的本质特征是学生之间一方以强势力量迫使另一方在无法反抗的情况下遭受精神凌辱、痛苦的行为。狭义校园暴力的本质特征则是学生、教师、家长或校外人员对学校的师生所实施的直接伤害或潜在伤害事件。校园欺凌行为的双方都是学生；校园暴力的双方不限于学生。校园欺凌行为中的被欺凌一方通常都是固定的学生；校园暴力的施暴对象有时是特定的，有时则是无选择、不固定、随机的。校园欺凌的生成有一个较长时段的发展期；校园暴力常常带有突发性质。校园欺凌行为的欺凌者以凌辱被欺凌者为目的，或者以使自己从欺凌行为中获得快感为目的，给对方造成的身体伤害只是达到精神凌辱目的的手段；校园暴力的目的非常明确，就是给对方迅速、直接造成明确的身体伤害。在挪威心理学家欧维斯的研究中，特别强调了欺凌双方“力量不均衡”的要素，但在校园暴力中力量不均衡并非必要条件。

从校园欺凌与狭义校园暴力的联系来看，由于校园欺凌属于广义概念的校园暴力，因此二者之间存在诸多联系，并存在相互转化的可能。在校园欺凌行为中，被欺凌者有可能因不堪忍受凌辱而奋起反抗，由于其在力量上并不占优势，故而极易采取暴力手段、使用暴力器械对欺凌者采取暴力报复行为，从而构成校园暴力事件。在校园暴力事件中，如果双方都是同学，受害方有可能通过多种手段组织成团伙，从而形成强势方，并将施暴的同学变成被欺凌的对象。

校园欺凌的实施手段均含有暴力性质，但其目的并不是通过暴力手段直接伤害对方的身体，而在于给被欺凌者造成心理、精神的伤害，并从对方所受的精神伤害中获得快乐。因此，在校园欺凌中，暴力只是手段而不是目的；而在校园暴力中，暴力与目的具有高度一致性，即以直接的暴力手段达到实施暴力的目的。

三、校园欺凌和暴力的预防

预防、治理校园欺凌和暴力是学校、教师、家长及社会的责任。

如前所述，校园欺凌的发生有一个矛盾酝酿期或冲突发展期。在此期间发现问题，即为早期发现；在此期间实施预防，即为早期预防；在此期间实施干预，即为早期处理。依据上述源自实验学校实验工作经验而建立的假设模型，学校预防工作分五道防线设置。

1. 加强行为规范教育

如果学校能结合学生的嬉闹行为开展以尊重和友善为核心的教育活动，并对过分或越界行为给予提醒，则能使学生懂得判别何谓嬉闹的过分或越界，从而自觉终止给对方带来不快的嬉闹行为，将可能的欺凌种子消解于无形。

2. 制定行为告诫条款

如果学校能结合学生间出现过分或越界的嬉闹行为开展解决矛盾冲突为主题的教育活动，并及时对过分或越界行为给予告诫，则能有效地消除给对方带来痛苦的过激行为，将可能的欺凌初发化解于初现。

3. 实施有效批评手段

如果学校能做好家校协同育人的工作，联合家长对学生进行必要的规则和规范教育，使学生具有较高的规范意识水平，并制定相应的校规、班规等行为规则和行为规范，则能有效地化解矛盾，将欺凌行为遏制于萌芽状态。

倘若此三阶段工作深入、广泛、到位，则学校不会发生校园欺凌事件。

4. 订立完整处置措施

如果学校能建立一整套完善的处理校园欺凌事件的制度和机制，并与社会相关组织、机构联合建立相应的处置校园欺凌和暴力的联动协作制度与机制，则学校能及时发现欺凌事件并第一时间启动应对机制，妥善处置校园欺凌事件，妥善安抚被欺凌者、处分欺凌者，从而使学校尽快恢复正常教育教学秩序。

上述四个阶段对于校园欺凌行为的应对工作，均以学校为主体，家庭密切配合，社会积极协助。

5. 建立社会联动机制

如果社会相关机构、组织能按照 2016 年 11 月《教育部等九部门关于防治中小学生欺凌和暴力的指导意见》和 2017 年 11 月教育部等十一部门联合印发的《加强中小学生欺凌综合治理方案》的文件精神，各负其责，建立完善的协作治理机制，则即便发生了严重欺凌事件，也能将其负面影响降至最低程度。

上述五道防线构成对于校园欺凌行为、事件及校园暴力事件的预防和治理工作的完整体系。其中，前三道防线工作的主体属性为“预防”，后两道防线工作的主体属性为“处置”“治理”。由于欺凌行为和事件的发生通常都有着明显的前后顺序，因此，学校的工作重在预防，并且要结合教育工作的特点，将“预防”工作尽量前置，将预防措施前置到日常教育活动。依据学校教育工作的特点，预防实验内容的设计依次为：预防教育（铲除欺凌土壤）、早期发现（消解欺凌种子）、早期干预（消灭欺凌萌芽）、及时制止（不使欺凌重复）、公正处理（依规依法处置欺凌事件）、做好善后（安抚全体学生和相关家长，尽快恢复学校秩序）。

在前三道防线，学校工作的性质属于“早期预防”。预防的具体操作和操作理解又可分为“预”“防”两类措施和内容。

“预”，指通过正面教育活动，即通过友善价值观教育、尊重理念教育、心理健康教育、建设友善班级活动、营造和谐校园文化、建立健全家校合作组织机构和运行机制等正面教育活动，对教职员工、学生、家长全方位宣传欺凌行为的危害以及预防欺凌行为的伦理原则、基础知识和基本方法。做好“预”的工作，须通过课程和活动等多种方式，让教师、学生和家长认识自尊、尊重他人、友善待人的道理和交往中的行为规范，了解欺凌行为的严重危害，了解欺凌生成过程的不同阶段特征，懂得自觉终止不当行为的意义、价值及其主要做法等。

“防”，指学校应制定相关处置欺凌（包括欺凌种子、欺凌初发、欺凌萌芽、标准欺凌）的行为规范以及防治制度、机制和流程等。这些制度在学校层面包括预防校园欺凌的管理办法、成立防治学生欺凌和暴力工作领导小组、教师全员培训制度等；在年级层面包括家校合作预防校园欺凌措施、教师预防校园欺凌措施等；班级层面包括班级安全教育活动、师生共情角色扮演活动、亲子共商化解欺凌萌芽主题活动等。

“防”包括针对第四道防线的处理措施的设置和启动。从处置角度看，第四道防线的“防”包括用制度方式让学生、教师、家长明白发生标准欺凌行为和事件后，大家应采取什么措施进行处理，在处理过程中各方承担什么责任和义务，事件处理之后，各方面如何迅速恢复秩序等。

在学校教育活动实践中，“预”和“防”往往很难在表面上加以区分，但在学校预防校园欺凌和校园暴力的教育活动设计思路中，可以看到各自侧重点有所不同。即同一个措施和内容，在不针对特定行为和事件时，对全体学生及教师和家长所进行的解释、宣传、研讨等教育活动，称为“预”，重心在讲明有关预防学生欺凌和暴力行为的相关态度、观念、知识和技能；针对已发生的特定行为和事件而对全体学生及教师和家长所进行的解释、宣传、研讨等教育活动，称为“防”，重心在铲除可能产生欺凌和暴力行为的土壤、种子和苗头，以确保不发生欺凌和暴力行为。此处的“防”意指防止行为继续恶化和事态持续严重。

四、校园欺凌和暴力的治理

广义上讲，治理包括从预防到判罚的所有防止校园欺凌和暴力的措施，即本研究所提出的五道防线均属于治理范畴的工作和措施；狭义上讲，治理特指本研究所提出的第四道和第五道防线的措施，即针对标准欺凌行为和暴力事件的预防处理措施以及针对严重欺凌和暴力事件的处置判罚措施。在本研究中，治理特指第五道防线的设置、构成、职责和紧急事件发生后的响应、启动，以及对各学校预防校园欺凌和暴力的指导和协助。

第五道防线的性质是综合治理，针对严重欺凌和暴力事件而设置。从学校教育视角看，第五道防线主要突出其威慑力量；从治理欺凌和暴力的视角看，第五道防线的作用在于用强硬（法治）措施迅速解决给学生生命安全带来严重威胁的事件。负责严重欺凌或暴力事件处置的组织理论上由学校和社会相关机构、组织与发布《教育部等九部门关于防治中小学生欺凌和暴力的指导意见》的各部门与组织（教育部、中央综治办、最高人民法院、最高人民检察院、公安部、民政部、司法部、共青团中央、全国妇联）共同组成；实践中，在当地政府协调下，主要由学校、教育管理部门、当地公安和司法部门、社区即相关社会组织共同组成。其中，学校和教育管理部门为主导、牵头部门，公安、司法和社区为主要协作部门，相关法律、法规和政策为基本治理依据。为做到严重欺凌和暴力事件发生后及时响应、及时启动应急机制，学校和教育行政管理部门要事先建立校园欺凌和暴力预防治理制度。

1. 学校预防治理制度

学校预防治理制度是学校系统各种预防制度的综合体，包括早期发现和预防制度，即以正面教育为主的制度，也包括针对标准欺凌行为和严重欺凌事件的响应制度。各参与实验的学校全部建立并逐渐完善了预防、治理校园欺凌和暴力的组织机构与工作制度。学校预防治理的工作制度由一系列具体制度组成，包括《预防校园欺凌的宣传教育制度》《“校园欺凌”应急处置预案》《预防校园欺凌行政人员值班制度》《班主任工作一日流程制度》《年级组长工作流程制度》《预防校园欺凌巡查制度》《预防校园欺凌和暴力的主题班会制度》《预防校园欺凌家长委员会制度》《预防校园欺凌和暴力的演练制度》《对欺凌者的教育与惩戒制度》《对欺凌者和被欺凌者进行心理咨询制度》《预防校园欺凌奖惩制度》《学校、家庭、社区三级联动制度》等，其中，《“校园欺凌”应急处置预案》和《学校、家庭、社区三级联动制度》属于第五道防线层面的制度。

“应急处置预案”是一个具有高度权威性的机构统筹应对机制，需要各部门、各单位的紧密配合。尤其是跨行业的协同合作，需要在高效的应对机制下，分工合作、协力处理各种问题。“应急处置预案”中的一个关键内容是，一旦启动应急预案，首要的是立即设置突发事件处理中心，并将其作为紧急情况下的政令发布和信息处理的特设行政指挥机构。欺凌事件一旦发生，立即启动运行该机构，对整个应对行动进行指挥、调整、督促、协调和落实。这是一个协调和指挥机构，应有教育、公安、医疗、心理和宣传等各相关人员及其所代表的部门参加，以使紧急事件发生时可以调动相关力量。标准欺凌事件的处理，由校长为直接负责人；严重欺凌事件和重大暴力事件的处理，应由上级教育管理部门一把手为直接负责人。

（1）机构。成立由校长任组长的防治学生欺凌和暴力工作领导小组。成员除中层负责人外，还包括教师代表、家长代表、社区代表、派出所代表和司法部门代表。

（2）职责。依据上级指导文件精神和本校实际情况，确定各成员及其所代表的各部门、各组织群体的职责。

校长：负责预防与处理学生欺凌和暴力的主要工作，组织全校师生开展各项培训活动，对校园欺凌和暴力事件进行处置，建设无欺凌校园。

教师：负责预防与处理校园欺凌和暴力的具体工作，发现并判断学生欺凌和暴力事件，配合学校处理校园欺凌和暴力事件，开展各类班级活动。

家长：协助并配合学校预防和处理校园欺凌和暴力事件，强化家庭教育，担负起监护人的职责。

社区：协助学校发现、预防和处理校园欺凌和暴力事件，加强对学校周边环境的监控，帮扶社区中在家庭教育方面有困难的家庭。

派出所：协助学校预防和处理校园欺凌和暴力事件，参与学校开展的法治教育活动与培训，对行为情节严重的欺凌者及家长进行警示教育。

（3）流程。发生严重校园欺凌和暴力事件，由校长启动“应急处置预案”。预案流程为：立即组织人力现场制止欺凌和暴力行为—带领师生有序离场，救治并转送伤员—公安机关介入处理，通知学生家长—防治学生欺凌和暴力工作领导小组确定善后恢复计划—对受害者进行慰问和保护，对全校师生进行专业心理辅导，做好善后恢复记录以及学校安全整改方案。

（4）善后。以保护学生生命安全、健康为根本宗旨，以迅速平息学生、家长与教师不安情绪、恢复正常教学工作为具体目标，以在校外相关专业部门帮助下妥善处置欺凌者或施暴者、安抚受害者为基本措施，使事态迅速转向平稳，进入教育、辅导的校内善后工作阶段。

2. 区县预防治理制度

由于第五道防线构成涉及众多校外专业机构和人员，故学校教育管理机构所在的区县也必须建立校园欺凌和暴力事件应对制度与应急预案。区县预防治理制度是学校预防治理制度的延伸、支撑和依靠。区县层面的预防治理制度的理念是：树立整体观念，采取整体预防措施，建立一整套目标、原则、机制和措施。这套完整制度包括三个方面：一是确立严重欺凌和暴力事件的应对目标和原则；二是建立由区县政府牵头，各相关专业部门参加的综合预防和治理体制；三是建立日常教育、培训、宣传和监控体系。第五道防线不同于前四道防线的特殊之处在于，一方面，它必须由当地政府牵头建立，其中，公安司法部门要承担主要责任；另一方面，这个治理体系同时还包括了对前四道防线的督促、检查职责。只有这样的体制，才能将面对突发严重欺凌和暴力事件时惯常采取的“动员型”做法转变为“预防型”的综合预防体制，使“早期发现、早期预防”的理念落到实处。

区县预防治理制度理论上需以三个机制作为基础支撑：

（1）事件性质判断机制。当接到欺凌和暴力事件发生报告时，应迅速组织相关专业人员对事件性质做出准确判断，从而为正确决策提供基本参考。

（2）信息发布反应机制。在自媒体时代，严重欺凌和暴力事件的信息会第一时间由自媒体发布。在区县预防治理机制中，官方权威机构的信息反应极其重要，是消除社会误解、纠正不实信息和平息师生家长恐慌心理的最有效手段。一切应对决策、组织和协调工作都要建立在快速、严密的信息基础之上，而权威信息的及时发布是防止出现恐慌局面的关键环节。

（3）事件应对处理机制。应对突发的严重欺凌和暴力事件，需要各部门、各单位的紧密协同配合，这种密切配合需要有一个具有高度权威性的机构统筹，需要在一个高效的应对机制下，分工合作、协力处理各种问题。

区县预防治理制度在实践中还要全面配合学校做好分级报告制度的建设。例如，在学校设立欺凌报告、咨询常备电话的同时，区县也要设立24小时值班电话，随时接访电话或网络报告，对重要报告立即经研判程序实行分层处理。

北京市朝阳区教育委员会在区政府协调下所建立的防治学生欺凌和暴力工作领导小组的构成、职责、应急启动机制和善后程序等，充分体现了上述精神。

该小组由区政府主管区长任组长，区教委主任任副组长，区综治办、区法院、区人民检察院、区公安局、区共青团和区妇联等相关职能部门的主管领导作为小组成员。同时规定：防治学生欺凌和暴力工作领导小组成员，由于工作变动导致不能担任小组成员时，自动终止成员资格，由工作单位接任者自动继任。

该小组的具体工作职责为：

（1）制定全区的防治中小学生欺凌和暴力的目标与任务。不断完善区级层面的防治中小学生欺凌和暴力工作规章制度，同时制定区级层面的防治中小学生欺凌和暴力的应急预案，明确防治学生欺凌和暴力工作领导小组成员的责任与义务。

（2）每学期开学前召开工作会议。制订阶段性、预防性学生欺凌和暴力工作计划，部署全区防治中小学生欺凌和暴力重点工作。会议的审议事项由组长提出，提交防治学生欺凌和暴力工作领导小组审议。

（3）各成员按照分工履行相应职责。在防治学生欺凌和暴力工作中服从领导小组组长的命令，切实配合学校完成工作任务。

（4）定期对全区防治学生欺凌和暴力工作情况进行调研。领导小组成员的所在单位需形成调研报告，向组长进行汇报。同时，综合各部门报告形成区级层面防治中小学欺凌和暴力的年度调查报告。

另外，区教委还成立教育系统内部防治学生欺凌和暴力工作领域小组，负责落实教育部、市教委关于中小学生欺凌和暴力及综合治理工作相关要求，负责联络各委办局，统筹区教委各科室，统一组织、指导、协调和监督全区中小学校落实欺凌综合治理各项工作任务。工作小组下设办公室，负责日常事务。工作小组设置主任一名，副主任一名，成员若干。工作职责为：①将区内所有中小学进行划分，由小组各成员作为联系人与负责人，协助建立健全学校防治学生欺凌和暴力的基本制度与硬性措施，每学期对所负责学校的学生欺凌和暴力防治工作进行汇总与报告。②完善预防与处置学生欺凌和暴力的应急预案及流程。明确学校及各部门的职责，提交防治学生欺凌和暴力工作领导小组进行审议，并下放各学校执行。③接到学校上报学生欺凌和暴力事件后立即启动应急预案。对事件的性质和等级进行初步认定，并形成初步处理意见呈报防治学生欺凌和暴力工作领导小组进行审议，并协调各部门依据职责要求第一时间赶赴学校开展工作。④每学期举行防治中小学生欺凌和暴力的学校演练活动。制订演练活动计划与重点，并协调领导小组各部门时间，做到全员参与，进行真实有效的演练，同时形成演练报告，总结问题与经验。⑤防治中小学生欺凌和暴力工作小组原则每季度举行工作会议。讨论近期各学校防治中小学欺凌和暴力工作反映的问题，及时总结、改进，必要时主任可根据情况临时召开会议。

3. 完善专门学校职能

专门学校指专为转变问题学生所设的学校。20 世纪 80 年代中期以前统称为工读学校，缘起于 20 世纪 50 年代，由教育机构和公安机构共同设置与管理，办学目标主要是教育和挽救有违法犯罪行为的青少年学生。工读学校在几十年的发展中，运用专业的方式为培养问题学生拥有一技之长成为社会有用人才做出了巨大贡献。后根据社会形势变化，逐渐改设为职业学校。《教育部等九部门关于防治中小学生欺凌和暴力的指导意见》中指出："对屡教不改、多次实施欺凌和暴力的学生，应登记在案并将其表现记入学生综合素质评价，必要时转入专门学校就读。"从法律上讲，专门（工读）学校作为一种惩戒手段，是防治严重欺凌和暴力的重要载体。2021 年修订的《中华人民共和国未成年人保护法》《中华人民共和国预防未成年人犯罪法》都确认了专门（工读）学校的责任和义务，对在学校接受教育的有严重不良行为（含严重欺凌）的未成年学生进行矫治和教育。依据现有的法律法规，对专门学校的转入基本流程、教育内容、矫治手段、管理制度和效果等方面重新进行梳理，细化对问题学生的接纳流程，强化对问题学生的矫正功能，从而强化对欺凌者和施暴者进行惩戒的有效机制。

第二节　校园欺凌的早期发现

预防校园欺凌和暴力的前提是能够"发现"，因此"发现"在本研究中自然形成一个基础性概念，并由此引申出一个关于校园欺凌行为的基本假设：学生欺凌行为的形成有一个从小到大、从弱到强、从轻到重的酝酿、发生、发展过程。这个过程的起点称为"欺凌种子"，终点称为"严重欺凌"。整个过程无论从心理学的角度还是从发生学的角度看，都是连续的、无缝衔接的过程，但从预防欺凌行为的角度来说，为了能准确识别欺凌行为的早期发生形态，本研究通过实验将该过程分为五个清晰可辨的阶段，以便于实践现场的教师和学生能通过每个阶段的标志性要素进行识别（早期发现），进而采取对应措施（早期处理），予以终止欺凌行为的进程，从而达到预防欺凌行为的目的。

这五个阶段中的前三个阶段尚不构成“标准欺凌”行为或事件，因而通过准确地发现、识别、判断，进而采取对应措施以终止其发展，是对“早期发现、早期预防”原则的实践阐释和操作化落实。

一、“早期”和“发现”

“早期发现、早期处理”是世界各国对治理校园欺凌提出的一个共识度极高的基础性原则。本研究通过实验学校的实验，对该原则在学校预防和治理欺凌实践中所涉及的两个概念，即“早期”和“发现”，分别做出以下操作性界定。

早期一是指在标准欺凌生成之前便发现和干预欺凌的苗头，二是指在欺凌行为初次发生时便被发现并进行处理。早期是个相对概念。在欺凌种子阶段的发现，相对于在欺凌初发时再发现，便是早期发现；在标准欺凌第一次出现便发现，相对于在第二次重复出现时才发现，便是早期；在标准欺凌第二次出现时便发现，相对于第三次再反复出现才发现，也属早期。早期因其相对性和不确定性特征，在预防实践中，任何早期的本质含义都是更早，都是相对于较晚 而言。比如，相对于欺凌事件发生后引起了社会关注而言，在其刚一发生就被发现并被妥善干预，便属于早期发现和干预；相对于欺凌事件刚一发生便被发现和干预而言，在欺凌尚处于萌芽期就被发现并实施干预，便属于早期发现和干预；相对于刚出现欺凌萌芽便被发现和干预而言，在欺凌初发（欺凌种子破壳）期就被发现并实施干预，便属于早期发现和干预；相对于欺凌初发期便被发现和干预而言，在欺凌尚处于种子时就被发现并实施干预，便属于早期发现和处理。套用一句俗语，所谓早期，没有最早，只有更早。因此，由于其更早的理念性质，所谓早期带有更多的愿景含义，只有当其与发现组合在一起时，才能显现出其实践价值。

发现指通过日常观察，对欺凌行为标志性现象的识别和判断。识别是指对观察到的现象进行真假、轻重的知性辨识；判断指在对现象进行识别的基础上，做出定性的理性判断。发现在学校实践中具有相当程度的模糊性，这也使得其成为操作上的难点。经北京市朝阳区实验学校的教师、学生利用剖析案例、模仿演示等方式进行反复讨论，确定了欺凌各生成阶段的标志性特征及发现、辨识和判断这些特征的要素。通过识别和判断，确定某一行为现象目前所处发展阶段，从而予以准确定性，以确定采取何种恰当措施予以处理。① 发现的形式包括教师自己对不同阶段欺凌行为标志性现象的发现、来自学生的报告、来自家长的报告及来自其他相关人士的报告。对来自各方面的报告，教师通过调查分析进行判断，形成发现。

在这两个概念中，发现是关键。本研究的重点在于处理，但处理的前提是发现，而发现的前提是对欺凌生成的阶段性标志进行准确描述和定义。因此，本研究在实验学校花费较多时间、精力组织班主任和学生对欺凌生成的阶段性标志进行全方位的讨论与描述。

二、欺凌生成的各阶段临界点标志

学校实验中提供了大量各类型欺凌行为的案例。不同类型、不同案例中的阶段临界点的标志性特征略有差异。此处仅以一个案例的发生、发展过程来划定和描述其各阶段临界点的标志性特征。

一天中午，潘离开教室时已经比较晚了，到食堂后发现自己所在初一年级的队伍排得很长。于是，他就想取巧排到队伍还不太长的初三年级一队中，不想刚站进队伍就被随后来的几名初三学生发现。这几名初三学生将潘从队伍中推搡出来并责骂他。之后，潘中午再去食堂打饭，时不时就会被那几名

---

① 北京市朝阳区 14 所课题实验学校共提供 459 个原始分析案例，其中教师提供 205 个，学生提供 254 个。案例编号的结构为：区+学校+问卷主体+案例序号。

初三学生叫住，让潘替他们排队并打饭。潘不愿意，他们就口头威胁要打他。潘有些害怕，只得照办。这样的事情一周之内发生了好几次，潘想躲开却无法躲开。再后来，一到中午，这几名初三学生就索性堵在潘所在班级的门外，要求潘给他们打饭。潘尽管不愿意但也不敢得罪他们。看到潘好欺负，这几名初三学生开始要求潘给他们带零食和饮料。如果潘没有按他们的要求办，放学后就会遭到他们的搜身和辱骂，身上的钱也会被他们抢走。这几名初三学生还威胁潘，如果潘告诉老师，就会让他好看。潘心里非常难受，但不敢将此事告诉任何人。（案例编号：CY00TB）

1. 欺凌种子的临界点标志特征：时常被强逼做自己不愿做的事（潘中午去食堂打饭，时不时就会被那几名初三学生叫住，让他替他们排队并打饭）。

2. 欺凌初发的临界点标志特征：被强逼做不该自己做的事（每次故意在食堂堵住该生要求其为他们打饭。这样的事情一周之内能发生好几次，潘想躲开却无法躲开）。

3. 欺凌萌芽的临界点标志特征：遭到谩骂、殴打和侮辱，对方从中取乐（几位高年级同学威胁男生为其打饭、占座位，其间伴有言语、肢体的谩骂、殴打，逼迫其按自己的要求做事，甚至演变为不让该生正常就餐吃饭，让他站在几人旁边，嘲笑、讥讽他以取乐）。

4. 标准欺凌的临界点标志特征：欺凌者从被欺凌者的精神痛苦中获得快感，并持续加剧实施欺凌行为（几名高年级学生开始要求潘给他们带零食和饮料。如果潘没有按他们的要求办，放学后就会遭到他们的搜身和辱骂，身上的钱也会被他们抢走）。

上述欺凌行为发生、发展各阶段临界点标志特征的描述，为学生、教师和家长所充分讨论掌握后，对早期发现便有了充分的把握。

三、欺凌生成的各阶段识别要素

各阶段临界点标志特征，需要通过一系列要素进行识别，进而构成“发现”的完整机制。识别要素在不同类型的欺凌行为案例中有不同的反映，也有轻重不同、典型性不同的区别。实验结果概括出的识别要素主要有以下 9 个。

（1）频率：指单位时间内某种行为（或事件）发生周期性变化的次数，是表征某种行为（或事件）发生频繁程度的量。

（2）态度：指基于自身的道德观和价值观对某种现象或行为的评价及行为倾向，主要表现为内在感受、情感和意向。

（3）程度：指某种行为（或事件）达到的状况和水平。

（4）人数：指参与某种行为（或事件）的个体数量。

（5）性质：指某种行为（或事件）所具有的基本事实，可反映该行为的本性和特质。

（6）范围：指某种行为（或事件）所涉及的一定的时间长短或空间大小。

（7）场景：指在一定时空里发生的某种行为（或事件）与人物关系所构成的具体状况。

（8）方式：指某种行为（或事件）所采用（或展示）出的方法或行为（或事件）的样态。

（9）特质：指因受到个体、家庭和社会等方面的不良因素的影响，在认识、心理和行为等方面具有偏离常态的情况。具有此类特质学生中的一部分，可能会成为潜在的欺凌行为涉及者。

上述 9 个识别要素可视为“发现”的操作手段，但各要素并非都会在某一欺凌事件中全部出现，并且在特定事件中有些要素还可能交叉出现。如频率、程度、范围等，有时又会交织在一起，如从频率判定程度，从程度判定范围等。因此，学校组织教师进行相应的讨论和演练，是熟练运用要素手段提高早期发现水平的必要做法。

第三节　法律法规中的校园欺凌：界定与判定

法律法规中对校园欺凌的界定与学术层面的定义不完全一致。2020 年修订、2021 年 6 月 1 日实施的《中华人民共和国未成年人保护法》（简称《未成年人保护法》）第一百三十条中规定了“学生欺凌”的定义，即“发生在学生之间，一方蓄意或者恶意通过肢体、语言及网络等手段实施欺压、侮辱，造成另一方人身伤害、财产损失或者精神损害的行为”。这个定义是在 2017 年教育部等十一部门联合印发的《加强中小学生欺凌综合治理方案》（简称《治理方案》）对学生欺凌界定的基础上形成的，在《治理方案》中，学生欺凌是指发生在校园（包括中小学校和中等职业学校）内外、学生之间，一方（个体或群体）单次或多次蓄意或恶意通过肢体、语言及网络等手段实施欺负、侮辱，造成另一方（个体或群体）身体伤害、财产损失或精神损害等的事件。

这两个定义在主体构成、主观意愿、行为方式、伤害结果、因果关系等方面基本是一致的，将“欺凌”具体解释为“欺压（欺负）”和“侮辱”的行为。然而，“欺压（欺负）”并不是一个法律用语，而且放在该定义中有循环定义之嫌。我们可以从“侮辱”的法律解释和界定入手来探讨“校园欺凌”。根据《中华人民共和国刑法》（简称《刑法》）第二百四十六条，“侮辱罪是指使用暴力或者以其他方法，公然贬损他人人格，破坏他人名誉，情节严重的行为”。其中，“公然贬损他人人格，破坏他人名誉”是侮辱行为的核心要素，但只有“情节严重的”才会被认定为侮辱罪，情节不严重的侮辱行为通常会按照《治安管理处罚法》进行处理。结合法律对“侮辱”行为的界定以及“欺压（欺负）”概念所强调的力量不对等，我们可以将“校园欺凌”界定为：发生在校园（包括中小学校和中等职业学校）内外、学生之间，具有力量或地位优势的一方（个体或群体）使用暴力或者其他方法，主观上恶意、客观上伤害其他学生的身体，贬损其人格、破坏其名誉，造成了另一方（个体或群体）身体伤害、财产损失或精神损害的行为。

这个定义强调了欺凌的行为主体、主观状态、行为手段、伤害结果四个要素，构成了法律实践中识别校园欺凌、做出相应的司法判决的关键依据。下面结合具体案例来进一步分析校园欺凌的几个构成要件。

一、主观上强调恶意，打闹嬉戏不是校园欺凌

无论是法律法规的条款，还是司法实践，都强调在实际工作中要严格区

分学生欺凌与学生间打闹嬉戏的行为，并对其进行正确合理处理。一般来说，主观上没有恶意的行为，即使造成了身体伤害的结果，也不属于校园欺凌，而属于人身伤害事故的范畴。下述案例由于主观上不存在恶意，因此法院判决其不属于校园欺凌。

案例 1

李某1、雷某1、马某系左权县某某学校住校生。2017年6月27日18时20分左右，雷某1与李某1、马某在学校前院打闹，打闹过程中，马某手持银灰色展开约为10cm长的小刀在雷某1面前做挥舞刀具的姿势后，将小刀递给雷某1。雷某1随即采取同样的姿势用小刀划向李某1，后划到李某1右胳膊手腕处，致使李某1右胳膊手腕处被割伤。(《雷某1、雷某2生命权、健康权、身体权纠纷二审民事判决书》)

该案中，雷某1的家长认为：雷某1之前曾遭到同班同学李某1的欺凌，包括踢肚、扒校服等，因此雷某1是在受到欺凌之后，才出手伤害李某1的。然而，法院在两次审理的过程中依据学校监控视频和公安机关的调查材料等，认定该案件是雷某1与李某1在学校下课时，相互嬉戏打闹而引发的。在玩闹过程中，雷某1用马某的小刀，将李某1划伤。根据上述证据，该案不存在雷某1方陈述的存在校园欺凌的情形。

二、客观上必须含有贬损人格、破坏名誉的行为

欺负、侮辱的行为是校园欺凌的核心要素，因此，主体实施的行为在客观上贬损了他人人格、破坏了他人名誉，并极有可能带来精神损害或心理伤害的结果。学生之间因为琐事打架斗殴、单纯的身体暴力行为一般不被认定为校园欺凌，而那些扇耳光、强迫吃沙子、拍裸照等行为因为贬损人格、

破坏名誉就属于校园欺凌了。在司法实践中，法院往往还会依据伤害行为的结果造成他人精神或心理伤害而判定其为校园欺凌。结合以下案例来进行说明。

案例 2

路某1与姚某1均是某某中学学生。2018年4月3日6时许，毕某与张某因琐事发生纠纷，姚某1看见并参与其中，致毕某嘴角受伤后，双方各自回班级上课。路某1与沈某得知毕某受伤一事后，均表示要去找姚某1，但被毕某阻止。后沈某上厕所时，遇见姚某1并想要殴打他，但被他人拉开并未打到姚某1。路某1与毕某上厕所遇见姚某1时，路某1向其询问毕某被打一事，并用拳头打了姚某1胸口一下，姚某1回手打了路某1两下。沈某听说路某1被打后，遂与路某1、沈某及毕某三人商议中午在学校食堂殴打姚某1。同时，路某1与沈某事先准备好殴打姚某1的工具——木棒（拖布把）。当日12时许，路某1、沈某拿着木棒与毕某（未携带任何工具）到学校食堂寻找姚某1，看见姚某1后三人朝其走去。毕某先踹姚某1一脚，随后路某1、沈某拿着木棒殴打姚某1，毕某又用拳头打了姚某1几下。这时姚某1从兜里拿出小刀（削铅笔用的）朝路某1左脸划了一下，路某1左脸出血，双方停止了打斗。后路某1被同学搀扶至教务处，并由学校老师拨打120及报警电话。（《姚某1、路某1生命权、健康权、身体权纠纷二审民事判决书》）

在这个案例中，虽然双方都有身体的伤害，主观上也是故意的。但双方行为没有涉及贬损人格、破坏名誉的行为，因此，法院在判决时也将其视为打架事件而不是校园欺凌，并根据各方过错判定赔偿责任的比例。

三、强调因果关系的直接性

在司法实践中，法院往往是从侵权的角度审理校园欺凌的案件。就侵权归责来说，侵权行为与伤害结果之间必须具有直接的因果关系。从这个意义上说，学术研究中所强调的欺凌“重复性”“长时间性”等特征由于举证困难、难以与伤害结果找到直接的因果对应关系等，往往在现有的司法实践中不予考虑。案例 3 就是典型的法院判定逻辑，即伤害结果与侵权事实之间是否具有直接因果关系。按照这个逻辑，法院通常会截取伤害结果或侵权行为发生当下这个时间段的具体行为，而对之前发生的累积性的没有明显伤害结果的行为通常不予采信。

案例 3

邵某 1（2007 年 11 月 29 日出生）生前系某某小学学生。2019 年 4 月 11 日，邵某 1 在校正常上学。当日放学后，邵某 1 奶奶接其回家。后邵某 1 发现其资料袋遗失，遂与奶奶多次返回学校寻找，但未找到。邵某 1 在同学微信群中询问，母亲倪某也致电部分家长，但均无结果。当晚，邵某 1 支开其奶奶独自在家做作业。其在作业本上留下“这个世界黑洞洞的我很害怕——邵某 1”后，从家中坠楼而亡。（《邵某某等与某某区实验小学生命权、健康权、身体权纠纷二审案件二审民事判决书》）

在该案起诉过程中，邵某 1 家长提出了孩子跳楼是因为长期在学校受到欺凌，才会在作业本找不到之后跳楼自杀，并提供了与其他家长的聊天记录，证明班上有个孩子经常欺负邵某 1，而案发当天那个孩子和邵某 1 发生过争吵。然而，法院在审理后认为，资料袋遗失是邵某 1 坠楼的诱因。事发当天，邵某 1 在放学后同其奶奶先后三次回教室寻找资料袋未果，事发次日校方于教室讲台内找到了该资料袋。在教室内没有安装摄像装置的情况下，根据现有证据无法得出是其他同学恶作剧将资料袋藏到讲台内的结论。至于邵某1生前是否在学校受到欺凌，欺凌是否为其坠楼的原因，法院认为仅凭家长之间的聊天记录无法证明邵某1生前在校园内受到了欺凌，所以对该项证据不予采纳。由于举证不力，因果关系难以确定，因此，该案中法院没有采信“校园欺凌致死”的主张。

四、校园欺凌的法律责任

校园欺凌首先是一个教育问题，对欺凌事件的处置以学校为主。然而，对于情节特别恶劣、涉及违反治安管理或者涉嫌犯罪的学生欺凌事件，应交由公安机关、人民法院、人民检察院处置。在司法实践过程中，大多数校园欺凌因其造成了人身伤害结果而需要承担民事赔偿责任，这时候法院通常会将其视为侵权行为，依据《中华人民共和国民法典》（简称《民法典》）来进行审理。严重的校园欺凌行为可能触及法律的类型有两种：触犯《治安管理处罚法》的违法行为和触犯《刑法》的犯罪行为。从法律性质上看，触犯《治安管理处罚法》的违法行为需要承担的是行政违法责任，而触犯《刑法》的犯罪行为则需要承担刑事责任。法院通常依据“被告人的主观恶性”和“社会危害性”将其裁定为“校园欺凌行为构成的犯罪”。

在确定校园欺凌法律责任和法律适用方面，一个重要方面就是违法或犯罪主体的客观年龄标准。《中华人民共和国刑法修正案（十一）》（简称《刑法修正案（十一）》和《治安管理处罚法》依据“年龄”区分了不同年龄主体的法律适用（见图1-3）。

《刑法修正案（十一）》第十七条规定：“已满十六周岁的人犯罪，应当负刑事责任。已满十四周岁不满十六周岁的人，犯故意杀人、故意伤害致人重伤或者死亡、强奸、抢劫、贩卖毒品、放火、爆炸、投放危险物质罪的，应当负刑事责任。已满十二周岁不满十四周岁的人，犯故意杀人、故意伤害罪，致人死亡或者以特别残忍手段致人重伤造成严重残疾，情节恶劣，经最

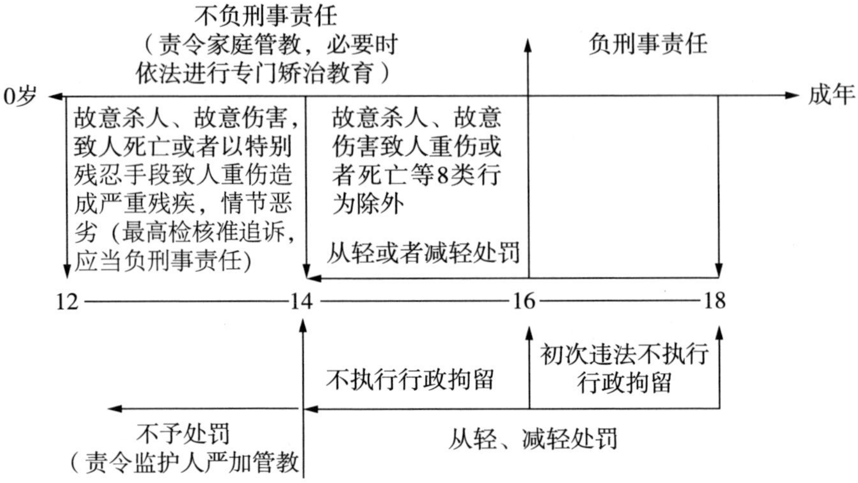

图 1-3 《刑法》和《治安管理处罚法》关于责任年龄的规定

高人民检察院核准追诉的，应当负刑事责任。对依照前三款规定追究刑事责任的不满十八周岁的人，应当从轻或者减轻处罚。因不满十六周岁不予刑事处罚的，责令其父母或者其他监护人加以管教；在必要的时候，依法进行专门矫治教育。”《治安管理处罚法》第十二条规定：“已满十四周岁不满十八周岁的人违反治安管理的，从轻或者减轻处罚；不满十四周岁的人违反治安管理的，不予处罚，但是应当责令其监护人严加管教。”第二十一条规定：“违反治安管理行为人有下列情形之一，依照本法应当给予行政拘留处罚的，不执行行政拘留处罚：已满十四周岁不满十六周岁的；已满十六周岁不满十八周岁，初次违反治安管理的。”

依据法律规定，除非校园欺凌行为产生了死亡和重伤的严重后果，小学、初中以及高中低年级的施暴未成年学生（16 岁以下）一般可以免于刑责，也不会受到包括行政拘留在内的治安处罚。在《刑法修正案（十一）》审议通过之前，《刑法》对这部分触刑学生留有“政府收容教养”的处置空间。然而，《刑法修正案（十一）》审议通过之后，对于因不满十六周岁不予刑事处罚的未成年学生在必要时可以依法进行专门矫治教育。

综上所述，校园欺凌并不是一个严格意义上的法律概念，因此，法院在判定过程中往往依据《民法典》对其伤害结果进行民事赔偿，依据《治安管理处罚法》和《刑法》对其违法犯罪行为进行制裁和惩罚。由于欺凌者往往都是未成年人，因此仍然要以教育惩戒为主。

第四节 校园欺凌和暴力早期预防

多年来，中小学校和教育管理部门一般将对校园欺凌的预防统称为安全教育，目前尚有不少地区的教育行政管理部门将预防校园欺凌的管理职责划分到后勤管理和安全管理机构负责。安全教育的基本含义包括：（1）从师生生命健康和安全出发，预测正常行为中潜在的危险；（2）学校制定一系列有针对性的预防制度、机制和措施；（3）通过防护和防卫技能的教育和演练，培养学生提高自我防护和防卫能力；（4）通过教职员工的处置安全问题的针对性演练，提高每个教师的事件判断能力和行动选择能力，培养积极参加安全维护活动的主动性和积极性。学校安全教育的目标一般是：（1）提高对安全问题的思考、判断和行动选择力；（2）能预测危险，能考虑到自己和其他人的安全；（3）培养能积极参加安全教育活动并在需要时做出贡献的基本技能。

一、预防的概念

预防，指欺凌和暴力事件（行为）发生前，对学生进行的相关知识、技能和心理等针对性教育活动以及对防止和处理（干预）此类行为和事件预先制订的制度机制和措施。

预防是本研究的核心概念，也是本研究的核心内容，是实验学校的核心工作。

针对校园欺凌和暴力的早期预防，与早期处理、早期干预虽操作上稍有差异，但性质上基本同义，或者可以说是针对一个事物的两种视角。同一种教育活动，在“事”先开展的，称作预防，在“事”后开展的，便称作处理或干预。用上述欺凌行为生成阶段理论来表示如图 1-4 所示。

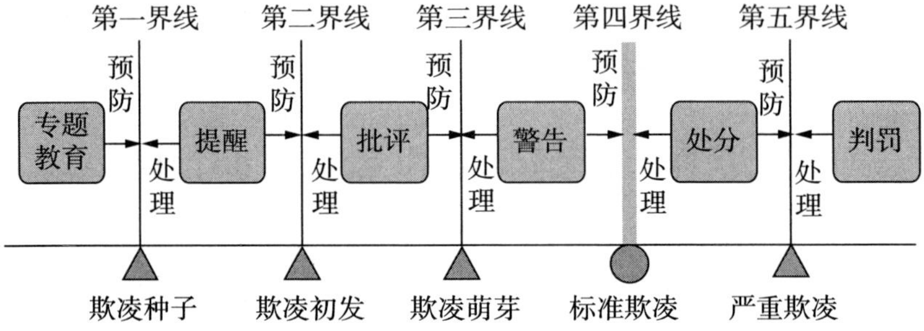

图 1-4　欺凌行为生成阶段理论的五道界（防）线

从图 1-4 可见，预防和处理（干预）均处于同一条界线之处。预防指发生在该条界线之前的正面教育工作，处理指发生在该条界线之后的应对措施。具体而言，“提醒”是对“欺凌种子”的处理，也是针对“欺凌初发”的预防；“批评”是针对“欺凌初发”的处理，也是针对“欺凌萌芽”的预防；“警告”是针对“欺凌萌芽”的处理，也是针对“标准欺凌”的预防；“处分”是针对“标准欺凌”的处理，也是针对“严重欺凌”的预防。“专题教育”是学校日常教育中有目的、有系统、渗入性开展的教育活动。“判罚”是针对“严重欺凌”的处置措施。

二、五阶段预防

早期预防，指在五个阶段的欺凌行为发生之前的教育工作。

（1）专题教育。这是所有学校都应开展的预防校园欺凌的专题教育工作。其主要内容是针对所有学生进行尊重、友爱教育，对什么是欺凌、欺凌的危害、欺凌的生成等内容的知识性教育。“专题教育”内容的设计是有目的、有系统的，方式是平和地渗透相关内容的日常正面教育活动。主要形式包括专题班会、角色扮演、漫画和倡议书等。

（2）提醒教育。“提醒”是针对“欺凌种子”行为的事后处理或干预工作，但重心放在对“欺凌初发”行为的事先教育工作上面。“提醒”的主要内容和方式是针对出现过分现象的嬉闹行为（欺凌种子），对学生进行预防教育。作为处理措施，“提醒”可在办公室、学生宿舍和学校操场等私下场合进行，对涉事学生进行谈话了解、从旁指点、提示注意和教育引导；作为预防措施，“提醒”须在公开场合对学生展开教育。

（3）批评教育。“批评”是针对“欺凌初发”行为的事后处理或干预工作，但重心放在对“欺凌萌芽”行为的事先教育工作上面。“批评”的主要内容和方式是对出现程度加重或在较大群体范围出现过分的嬉闹行为（欺凌初发），对学生进行预防教育。作为处理措施，“批评”可在班级范围（或年级范围）内进行集体的思想教育和个体的点名批评，指出问题，提出意见，责令改正，要求做出口头或书面检讨；作为预防措施，“批评”须在问题解决之后，对学生进一步展开以友好交往为重点的教育。

（4）警告教育。“警告”是针对“欺凌萌芽”行为的事后处理或干预工作，但重心放在对“标准欺凌”行为的事先教育工作上面。“警告”的主要内容和方式是对有向着恶劣和伤害方面发展的过分倾向的行为（欺凌萌芽），对学生进行教育。作为处理措施，“警告”可在学校范围内对涉事学生予以训导，要求其公开道歉，做出口头纪律警示和隔离反省，并向其说明如不停止，将依规给予处分；作为预防措施，“警告”须在问题解决之后，对全体学生进一步展开以尊重和友善为重点的教育。

（5）处分教育。“处分”是针对“标准欺凌”行为的事后处理或干预工作，但重心放在对“严重欺凌”行为的事先教育工作上面。“处分”的主要内容和方式是对具备欺凌定义基本特征的欺凌行为（标准欺凌），对学生进行教育。作为处理措施，“处分”可在学校范围内对涉事学生予以训诫，要求其在全校范围内公开道歉，并依照校规校纪和参与程度深浅给予其不同程度的处分，给予停课、停学、转学等处理；作为预防措施，“处分”须在问题解决之后，对全体学生进一步展开以反省自己行为为重点的教育。

针对严重欺凌和暴力事件的“判罚”，指对已经引发严重后果的欺凌行为（严重欺凌），由公安机关和司法机关依照法律法规做出拘留或判刑等，属于公安、司法机关的事务。虽然从社会的角度看，“判罚”也属于广义上的教育工作，但从学校预防欺凌和暴力的角度说，它已超出学校教育工作的范畴，不属于学校预防教育工作的性质。“判罚”治理制度的安排，是学校预防欺凌和暴力教育工作的坚强后盾。

第五节　友善班级建设

友善班级，指班内各成员间始终呈现一种相互尊重、团结友爱、积极活泼的文化氛围的班级。治理校园欺凌和暴力的工作重点在预防。预防的工作基础在于教育学生懂得尊重和友善。尊重和友善的教育工作体现在深入开展友善班级建设。

在发展心理学中，青春期是认知发展的最重要阶段之一。对青春期心理发展特征的描述、解释、预测和控制等心理学知识，是中小学班主任应该必备的基本知识和技能。这一时期学生认知水平的提升程度，是一个从量变到质变的过程。对待事物，从理解表象发展到了理解其内涵和抽象概念的地步；对待情感，从单纯转向了复杂；对待同学，从一般玩伴到区分亲疏；对待矛盾，从以教师、家长提出的规范要求为依据进行处理，到用自己的喜好或“理论”作为理由来解决。认知失调、情感发育不良并且伴有负面影响，是青春期学生的突出问题。按照美国社会心理学家利昂·费斯廷格（Leon Festinger）的理论，认知失调是指做了一项与态度不一样的行为而引发的不舒服的感觉。例如，明知道吸烟有害，但为了哥们“义气”，依然会从他人手中接过香烟来吸；明知打人、伤人违规、犯法，却还是要尝试打架伤人，从中获取自认为的“快乐”。

有研究表明，归属感与欺凌行为有密切关联。学生的归属感既源自家庭，也源自学校（班级）。在一个师生关系和同学关系融洽、课上秩序井然、课下活动欢快的班级文化氛围中，发生欺凌的概率很小；而在班集体涣散、缺乏凝聚力、课上秩序差、课下活动组织不起来的散漫氛围中，发生欺凌的概率很大。

学生在校学习生活的主要场所是教室，面对的主要群体是班级同学。因此，开展“友善班级”建设是帮助学生缓解认知失调、情感发育不良问题的有效方式，是预防校园欺凌行为发生的基础性措施，也是常规班级文化建设工作的应有要求。

一、集体主义教育

中小学的班集体属于社会学所讲的“亚文化群体”。从班级生活形态来说，也是一个学习的共同体和人际交往的群体。将这个群体建成一个集体，即班集体建设；所开展的集体建设活动，即集体主义教育。

从亚文化群体视角看，集体主义教育的主要内容和方式包括：确立体现班级特色、文化价值和集体荣誉感的班级发展目标，制订群体共同遵守的成文班规、不成文规范以及执行规范的褒奖和处罚形式，建立班级学生自我管理的组织模式，培养师生间、生生间的信任关系和情感，学习解决矛盾问题的方法。从学习共同体视角看，集体主义教育的主要内容和方式包括：建设温馨的教室环境，在共同的活动目标、学习任务、评价标准下，形成有机分工、密切合作、相互启发、互相帮助的团队。从人际交往群体视角看，集体主义教育的主要内容和方式包括：学会尊重，学会在平等基础上的相互理解和交流，学会换位思考，学会处理个体欲望和集体荣誉的关系，懂得感恩，懂得为他人和集体付出的价值与意义等。

从班主任角度看，集体主义教育的目标，首先是形成集体愿景，构建团队精神，建设集体文化；其次是要在师生关系、生生关系、个人与集体关系等方面广泛开展以尊重、友善为核心的教育活动。目标是把班集体建设成为以相互信任、支持为基础，以能够合作、协同为目标，以学会沟通、妥协为途径的团结友善、有着强烈集体荣誉感的团队。

二、友善价值观教育

友善交往与沟通技巧是预防校园欺凌产生和发展的两个重要预测指标，即懂得友善交往与拥有沟通技能的学生参与欺凌的可能性很小。

友善交往与沟通的教育，一方面要求班级每个个体都要学会尊重和理解；另一方面要求班内学生之间的关系横向上要扩展至全班，纵向上要扩展至各个层次。纵向层次，指班内学生之间客观存在的力量大小、成绩高低、朋友多寡以及诸多其他因素导致的事实分层。

在对学生开展价值观教育方面，从预防校园欺凌和暴力的角度，要特别注重细化友善价值观的教育。通过各种班级教育活动，让全班学生共同关注同学交往中的嬉闹越界行为，强化团结友爱、尊重同学、不歧视同学、不欺负他人、不围观欺凌、勇于制止欺凌行为的教育内容，提高学生的是非判断能力和价值判断能力。

作为价值观教育的基础，还要教育学生学会解决矛盾冲突的方法和技巧。主要包括学会维护友善关系的方法和技巧，学会处理交往中出现矛盾的方法和技巧，学会遇事主动换位思考的方法和技巧。在上述教育活动深入开展的基础上，最后可在班级中通过学生的集体讨论，达成反欺凌共识。

三、表扬和批评、奖励与惩罚

在班集体建设中，要在一切活动中全方位渗透关于民主与集中、监督与自觉、纪律与自由的教育。

班级中的干部选举、评优评先等活动，重要集体议题的征集讨论与集中活动，学生的民主意见与班主任的集中概括等，是学习体验和渗透民主与集中思想意识的主要途径。

在班级中进行自觉意识的培养，对学习纪律的自觉遵守与监督机制的建立，经过充分酝酿讨论制定班级行为规范的做法等，是使学生体验监督与自觉的有效途径。

通过班级行为规范和纪律的制订过程，让学生充分体验遵守规范和纪律的约束的感受与保障自由张扬个性和维护集体统一意志的关系，是开展纪律与自由教育的有效方式。

中小学生的成长需要教师进行适时的表扬和批评。表扬是对学生表现出的受期望行为的肯定和赞美，通过表扬，学生会朝着受期望行为的方向持续努力。奖励是表扬的强化。表扬和奖励都需要考虑恰当的内容与时机。过多的表扬会导致表扬变得“廉价”，从而失去激励效应。表扬的时机不对或缺乏公正性，则会违背表扬和奖励的初衷。

批评是对学生表现出的违反行为规范或既定纪律行为的提醒和制止，通过批评能使学生反省自己的行为，改正自己的错误。惩罚是批评的强化。批评的目的是让学生反省和改正错误行为，故教师对学生的任何批评都应是带有建议性方向的，即在批评的同时让学生明确改正的方向，明白教师的期待所在。批评的原则是对事不对人，即针对行为而不针对人格进行批评。批评要讲明道理，必要时还可理性分析原因。惩罚是对违反明文规定的学生进行教育惩戒。惩罚的前提是事先制定出明确的惩罚条款，明确惩罚的方式和力度，以确保必需的惩罚一定是“依照规定”所实施的。惩罚同样是针对违规行为，而非针对学生人格。从学生角度说，只要是依规惩罚，就具备充分的“挨罚”性质。

四、家校合作

家校合作通常指家长与学校所建立的合作制度和机制以及在这种制度（如家长委员会、家长教师协会等）和机制下有计划开展的教育活动。在实际运作中，家校合作的制度虽然是由学校层面制定，但主要的合作形式和内容却是在班级中展开的。

家庭氛围、父母之间的关系、子女教育方式、家长与学校的关系等因素都深刻影响着学生欺凌行为的发生。本研究的大样本量调查表明“父母婚姻状况不稳定、长期不与父母共同生活”的学生更容易卷入欺凌事件。因此，营造良好的家庭氛围，提升家长对校园欺凌的认识程度，改进教育方式，掌握发现欺凌迹象的亲子沟通方式，实现家校协同育人，才能实现共同预防校园欺凌的目的。

密苏里大学教育学院的研究人员对全美各地偏僻地区的九百多名中学生进行了一次问卷调查，问题包括“我的家人对我感兴趣的事情也有兴趣”“学校里有一位老师或是职员接纳原来的我”等，问卷同时也调查学生是否参与欺凌行为、是否因为好玩而喜欢惹怒别人、是否会传播谣言，以及学生对于家庭、同学和学校的人际关系等内容。结果发现：“孩子越感到与家人、同学及学校有紧密联结，他们就越不会欺凌他人。”①

该项研究表明，学生在家庭及学校的人际关系，与欺凌行为模式存在相关性。这种相关性与一个心理学概念有关，即“归属感”。简言之，如果学生觉得自己对家庭有归属感，则在很大程度上该生也会同时觉得对学校有归属感，于是就不大可能产生欺凌行为，也不大可能参与欺凌围观，并有很大可能充当欺凌行为的阻止者（直接干预）和报告者（间接干预）。此类关于归属感的研究结果表明了家庭教育方式和环境对青春期学生心理健康成长的重要性。

北京市朝阳区所有参与预防校园欺凌和暴力研究的实验学校，都把“家校合作”作为预防校园欺凌的主要措施之一。这些实验学校通常采取的合作措施有：（1）建立和健全家长教师协会制度；（2）赋予家长教师协会更多主动拟订活动计划和开展教育活动的权限；（3）组织开展预防校园欺凌的学习和拟订预防校园欺凌的措施；（4）设立专门小组负责与教师共同处理轻微欺凌行为的事件。学校通过让家长更多地参与预防教育活动，使家长能够产生自觉性和敏感性，注意在家里与孩子的交谈沟通（不只是简单询问孩子的学习情况，而是了解孩子在学校的生活状况），以提高孩子对家庭的归属感，

---

① Héctor Alejandro Arzate. Students Who Feel They Belong Are Less Likely to Bully, Study Finds [EB/OL]. (2019-08-15) [2021-04-15]. https://www.edweek.org/education/students-who-feel-they-belong-are-less-likely-to-bully-study-finds/2019/08.

使孩子愿意主动跟家长谈论学校发生的事情。

学校方面特别是班主任，经常与家长就学生的交友情况、心理状况进行沟通，建立通畅的沟通交流与合作机制。以北京市三里屯一中为例，学校对家庭主要从四方面开展指导工作。

1. 营造温暖的家庭氛围

（1）为让孩子养成良好人格，父母要保持和谐的关系，不能冷淡相对甚至相互厌恶。

（2）为让孩子不情绪化处事，家庭应该保持平和的氛围，父母之间要减少冲突，杜绝暴力和极端情绪化行为。

（3）为让孩子不畏惧退缩，家庭应保持温暖的氛围，让孩子感受到温暖和安全感。

（4）为让孩子学会关爱别人，家庭成员之间应充满关爱，让孩子学会爱他人。

（5）为让孩子不欺负弱小，父母应将孩子视为独立的个体，让孩子感受到民主、平等的家庭氛围。

（6）为让孩子学会独立自主，父母应鼓励孩子自己面对问题，教给孩子解决问题和人际冲突的方法。

2. 应对孩子欺凌问题的方法

（1）当孩子正遭受欺凌：仔细观察孩子；引导孩子说出发生了什么；做孩子的后盾；及时与校方沟通；教给孩子应对欺凌事件的正确方法。

（2）当孩子欺凌别人：告诉孩子欺凌是错误的；严肃教育孩子；找出孩子欺凌同学的原因；主动承担责任并配合学校处理。

（3）当孩子成为欺凌事件的围观者：让孩子不要害怕；教育孩子不要模仿欺凌行为；教会孩子以正确方式帮助被欺凌者。

3. 家长应采取的教育方式

（1）重新认识孩子。

（2）经常与孩子坦诚沟通。

（3）给孩子做出表率。

（4）努力做到正面管教。

（5）增加亲子活动的机会。

4. 家长与学校的密切配合

（1）主动参与学校日常活动。

（2）积极参加学校预防欺凌的专题教育活动。

（3）保持与班主任的密切联系与合作。

在完善家长教师协会制度方面，重点是强化家长教师协会在预防欺凌方面的参与职能，通过建立多种机制提升家校合作预防欺凌的效果。包括：家长教师协会定期举行预防欺凌的相关讲座；协会成员间保持密切沟通，主动反映问题，主动查找原因，主动寻找方法，主动寻求工作支持；完善班级博客、微信群和QQ群等预防校园欺凌交流平台；明确家长教师协会在预防欺凌和暴力工作方面的职责范围；共同制定并严格遵守保密协议，确保相关学生及其家长的隐私信息不被泄露；建立家长教师协会的相应档案制度，并由专人整理保管。

第六节　“无欺凌校园”建设

“无欺凌校园”指学校制定完善的预防校园欺凌和暴力的制度、机制与措施，充分开展相应的教育活动。对于“无欺凌校园”的概念，不能理解为完全没有欺凌发生，因为校园欺凌行为一是青春期学生中的客观存在，二是绝大多数欺凌行为都产生于正常的嬉闹行为，有一个从欺凌种子到标准欺凌的发展过程。“无欺凌校园”建设的真正意义在于通过完善的预防制度体系和预防教育活动，确保学生间自然产生的冲突、矛盾不会恶化为欺凌事件。

“无欺凌校园”在两个方向上实施建设，一个方向是预的工作，另一个方向是防的工作。防的方向要设置两个等级的标志性终极控制目标。

（1）“零发生”。这取决于学校预防工作措施是否完全到位。为此，一要有一套系统的预防措施，二要有一套有效的评价监督机制。一所学校能够做到不发生标准欺凌事件，便属于“无欺凌校园”。

（2）“零自杀”。世界各国预防校园欺凌问题的研究表明，校园欺凌的根除有相当难度，但通过“防之于种子、克之于初发、灭之于萌芽”的系统预防工作，学校完全有能力做到不发生严重欺凌，从而杜绝学生因长期遭受欺凌而自杀的事件。

由此，本研究将“无欺凌校园”定义为：因预防工作到位而未发生标准欺凌行为或事件的校园。“零自杀”就是发生标准欺凌事件后的底线目标，虽已不能再视为“无欺凌校园”，但从危机管理角度来说，也属于“无欺凌校园”必须实现的最终控制目标。

一、“零发生”

“零发生”，指学校因预防工作到位而未发生标准欺凌行为或事件。“预防工作到位”，指预防制度健全、预防教育完整、预防措施能有效做到“早期发现、早期处理”；“未发生标准欺凌行为或事件”，学校通过有效的预防教育和制度措施，能够有效消解标准欺凌之前三个阶段（种子期、初萌期、萌芽期）学生间的冲突行为。

“零发生”如同“早期”一样，属愿景性口号。即“零发生”的提出是为了不发生标准欺凌事件，是一种为了学生健康快乐成长而致力于完整预防工作的目标性表达。

二、“零自杀”

“零自杀”，指学校和校外社会相关组织机构因预防和处置措施到位，不发生因严重欺凌和暴力事件而造成被欺凌者自杀的事件。校园欺凌形势所以严峻，世界各国政府和社会之所以高度关注校园欺凌问题，是因为对欺凌预防不到位、处理不到位、社会相关组织和机构与学校协作的惩罚措施不到位，最终很可能会造成被欺凌者自杀的情况。依据联合国《儿童权利公约》和《中华人民共和国未成年人保护法》《中华人民共和国预防未成年人犯罪法》

为代表的儿童生命安全保护法律，预防校园欺凌的工作必须以保护儿童生命安全为目标。

如同发生校园欺凌是一种客观存在现象，“零发生”是学校设定的努力目标一样；“零自杀”也是学校和相关社会机构为应对校园欺凌所设定的努力目标。“零发生”是“无欺凌校园”建设的努力方向和目标；“零自杀”是“无欺凌校园”建设的终极底线构筑。

三、“无欺凌”

依据两个等级的设置，“无欺凌”的第一标志是“零发生”，第二标志是“零自杀”，“无欺凌校园”建设的目标也由此设定为两个层级，即第一力求欺凌“零发生”，第二确保被欺凌者“零自杀”。

“零发生”和“零自杀”是具体的标志性预防目标，“无欺凌”是鼓舞性号召目标。对于预防目标，教育管理部门及相关部门应联合组建督导检查机构，定期对学校的预防制度、措施进行检查。对于号召目标，则不能作为督导检查和评价学校的标准。

“零发生”不意味着不出现欺凌种子、不发生欺凌萌芽。对“零发生”的评价标准依据是“早期发现、早期处理”，而不是“是否发生了欺凌萌芽”。对“零自杀”的评价标准依据是“迅速启动应急处置机制”，快速有效地处置严重欺凌和暴力事件，而不是“是否发生了标准欺凌或严重欺凌和暴力事件”。

预防欺凌关注的是安全、健康问题。依据马斯洛的需要层次，学生在学校的学习生活要从满足底层需要做起。越是底层需要，越具有基础性和有限性。对于学校和家庭来说，确保青少年的生命安全、健康，比“自我实现、自我超越”更具优先性。“无欺凌校园”建设需要学校转变办学理念，始终将学生的身心安全、健康成长放在第一位，将尊重教育和友善交往教育作为保障健康、预防欺凌的基础性重点工作。

第二章

校园欺凌和暴力的发生现状及预防政策

校园欺凌和暴力问题是当今时代背景下世界各国面临的共同问题，根据联合国教科文组织 2017 年发布的全球校园欺凌相关报告显示，全世界每年有近 2.46 亿儿童和青少年遭受校园欺凌①；中国国内开展的有关校园欺凌的调查也反映有近 3 成的青少年报告曾遭受校园欺凌②。校园欺凌和校园暴力问题在世界各国都存在。摸清我国中小学校园欺凌和暴力的发生率，是有效防治校园欺凌和暴力问题的前提与基础。本章我们依据在 2017 年开展的我国十五省份学生欺凌和暴力现状调查数据，描述我国学生欺凌的整体与各类欺凌的发生率，为我国制定预防校园欺凌和校园暴力的相关措施提供参考与依据。校园欺凌和校园暴力的治理离不开法律、制度、规定和要求的约束，但我国对于校园欺凌的立法还不够完善。本章即对我国目前涉及校园欺凌和校园暴力的法律法规、政府文件、部门制度和各地规定进行讨论，分析我国在没有专门法律的背景下，如何通过其他法律法规、政府文件等形式进行校园欺凌预防机制、应对处理机制和救助机制建设，并针对这一情况提出预防治理的

---

① 联合国教科文组织．联合国报告：全球每年有 2.46 亿儿童遭受校园霸凌［EB/OL］.（2017-01-17）［2019-10-05］. https：//news. un. org/zh/story/2017/01/269362.

② 人民日报．调查显示：近 3 成中小学生表示偶尔遭受校园欺凌［N/OL］.（2016-05-29）［2019-10-05］. http：//news. cctv. com/2016/05/29/ARTI96mmmR5BQqxTcNQTJkk8160529. shtml.

基本定位。

第一节 我国校园欺凌现状分析

项目组于 2017 年进行的全国中小学生欺凌和暴力问题调查共有 114290 名学生和 6646 名教师参与，涉及 778 所学校。根据抽样方案，此次调查的对象为小学五、六年级学生，初中七、八年级学生和高中高一、高二年级学生。有效学生被试为 110347 人，有效教师被试为 6634 人。

此次调查对校园欺凌的概念进行严格的划分，将校园欺凌行为分为标准欺凌和欺凌萌芽。所谓标准欺凌，是指在校学生间强势一方对弱势一方重复实施身心攻击，使被攻击的一方遭受身心痛苦的行为。此定义中，标准欺凌由四个关键要素和两个附加要素构成，四个关键要素为以强凌弱、身心攻击、重复实施、遭受痛苦；两个附加要素为主体为在校学生、地点不限于校内。标准欺凌是具备欺凌定义的关键要素的欺凌行为，计算欺凌发生率时往往指标准欺凌的发生率。所谓欺凌萌芽，是指过分的玩闹行为中一方获取了超过一般玩闹的快乐，另一方遭受到超过一般玩闹的痛苦，且一方的快乐与另一方的痛苦具有一定的关联性，此种有可能因获得快乐的一方希望再次通过更加“过分”的行为获取更大快乐的情况便属于欺凌萌芽行为。这种欺凌萌芽行为若没有得到及时制止，实施欺凌行为的学生未受到及时教育，则这种行为很容易演变为标准欺凌行为。

一、不同类别学生（群体）被欺凌和欺凌他人比例比较

（一）不同性别学生被欺凌和欺凌他人的比例比较

不同性别学生被欺凌和欺凌他人的比例见表 2-1，从标准欺凌发生率来看，男生和女生被欺凌的比例分别为 16.5%和 11.3%，欺凌他人的比例分别为 6.5%和 3.3%，说明男生遭受欺凌和实施欺凌的比例均高于女生，男生更

易卷入欺凌事件。从欺凌萌芽发生率来看，男生和女生遭受欺凌萌芽事件的比例大致相当，分别为23.2%和24.5%；男生对他人实施欺凌萌芽事件的比例略高于女生，分别为15.3%和13.1%。

表2-1 不同性别学生被欺凌和欺凌他人的比例比较

性别	标准欺凌比例（%）		欺凌萌芽比例（%）	
	被欺凌	欺凌他人	被欺凌	欺凌他人
男生	16.5	6.5	23.2	15.3
女生	11.3	3.3	24.5	13.1

（二）不同年龄学生被欺凌和欺凌他人的比例比较

不同年龄学生被欺凌和欺凌他人的比例见表2-2。不同年龄学生遭受欺凌和实施欺凌的比例存在差异并呈现特定的趋势。就被欺凌比例而言，10~14岁的学生被欺凌的比例基本相当，且均较高（约为15%），14岁之后，学生被欺凌的比例开始下降，16岁时比例最低（10%）。就欺凌他人比例而言，10~15岁的学生欺凌他人的比例相当，且均较高，在15岁之后学生欺凌他人的比例开始呈现下降趋势。

总体而言，学生欺凌问题突出表现在10~15岁的学生群体中（就调查的年龄范围而言），在此年龄阶段，学生被欺凌和欺凌他人的比例均较高，在14~15岁之后，学生欺凌问题相对缓解，学生被欺凌和欺凌他人的比例开始下降。

表2-2 不同年龄学生被欺凌和欺凌他人的比例比较

年龄（岁）	标准欺凌比例（%）		欺凌萌芽比例（%）	
	被欺凌	欺凌他人	被欺凌	欺凌他人
10	14.9	5.5	28.2	14.9

续表

年龄（岁）	标准欺凌比例（%）		欺凌萌芽比例（%）	
	被欺凌	欺凌他人	被欺凌	欺凌他人
11	14.8	5.1	24.1	14.0
12	14.8	5.1	22.4	14.2
13	14.9	4.5	25.1	15.9
14	14.9	5.3	26.5	16.2
15	13.6	5.8	24.2	14.7
16	10.0	4.1	21.2	10.6
17	10.6	3.8	19.6	10.5
18	11.7	4.9	20.1	12.0

（三）父母婚姻状况不同的学生被欺凌和欺凌他人的比例比较

父母婚姻状况不同的学生被欺凌和欺凌他人情况见表2-3。从标准欺凌发生率来看：一方面，父母婚姻稳定、分居、离婚、再婚、一方去世和双方去世情况下，学生被欺凌的比例分别为13.3%、21.6%、19.3%、19.7%、15.5%和33.2%；当父母婚姻稳定时，学生被欺凌的比例最低；父母婚姻不稳定或父母去世的学生被欺凌的比例更高，其中父母双方都去世的学生被欺凌的比例最高，达33.2%。另一方面，父母婚姻稳定、分居、离婚、再婚、一方去世和双方去世情况下，学生欺凌他人的比例分别为4.6%、8.2%、6.9%、6.6%、5.5%和24.7%；当父母婚姻稳定时，学生欺凌他人的比例也最低；父母双方都去世的学生欺凌他人的比例亦远高于其他类别的学生。

综合可知，与父母婚姻稳定的学生相比，父母婚姻不稳定或父母一方去世的学生易成为被欺凌者，也容易成为欺凌事件的主动实施者，而父母双方都去世的学生被欺凌和欺凌他人的比例都远高于其他类别学生。

表2-3 父母婚姻状况不同的学生被欺凌和欺凌他人比例比较

父母婚姻状况	标准欺凌比例（%）		欺凌萌芽比例（%）	
	被欺凌	欺凌他人	被欺凌	欺凌他人
婚姻稳定	13.3	4.6	23.7	13.9
分居	21.6	8.2	26.3	17.9
离婚	19.3	6.9	25.4	17.1
再婚	19.7	6.6	27.0	18.2
一方去世	15.5	5.5	27.7	15.5
双方去世	33.2	24.7	11.7	12.4

（四）与谁一起生活对被欺凌和欺凌比例的影响

与不同人一起生活的学生被欺凌和欺凌的比例见表2-4。从标准欺凌发生率来看：与父母、与爷爷奶奶（或外公外婆）及父母亲、与父亲或母亲、与爷爷奶奶或外公外婆、与亲戚一起生活的学生被欺凌的比例分别为12.5%、15.9%、16.9%、18.4%和23.0%，欺凌他人的比例分别为4.3%、5.5%、6.0%、7.2%和11.5%。由此可知，与父母一起生活的学生被欺凌的比例和欺凌他人的比例都最低，与亲戚一起生活的学生被欺凌的比例和欺凌他人的比例都最高，其次为与爷爷奶奶或外公外婆一起生活的学生（见表2-4）。

综合可知，与父母一起生活的学生相对不易遭受或实施欺凌，而未与父母一起生活的学生则易遭受欺凌，也易主动实施欺凌。

表 2-4 与谁一起生活对学生被欺凌和欺凌他人比例的影响

与谁一起生活	标准欺凌比例（%）		欺凌萌芽比例（%）	
	被欺凌	欺凌他人	被欺凌	欺凌他人
父母	12.5	4.3	23.0	13.2
爷爷奶奶（或外公外婆）及父母亲	15.9	5.5	25.3	15.4
父亲或母亲	16.9	6.0	26.1	16.7
爷爷奶奶或外公外婆	18.4	7.2	26.4	18.1
亲戚	23.0	11.5	21.6	16.5

（五）成绩不同的学生被欺凌和欺凌他人的比例比较

从标准欺凌发生率来看：一方面，学习成绩中等偏下、中等、良好和优秀的学生被欺凌的比例分别为 17.6%、13.2%、13.5%和 12.9%，其中，学习成绩中等偏下的学生被欺凌的比例最高，成绩优秀的学生被欺凌的比例最低，且与成绩中等和良好的学生差异较小。另一方面，学习成绩中等偏下、中等、良好和优秀的学生欺凌他人的比例分别为 6.8%、4.7%、4.5%和 4.2%，类似地，学习成绩中等偏下的学生欺凌他人的比例也最高，成绩中等及以上的学生欺凌他人的比例较低且都相当（见表 2-5）。

从欺凌萌芽的发生率来看，学习成绩中等偏下的学生遭受欺凌萌芽和对他人实施欺凌萌芽的比例均最高，成绩优秀的学生比例均最低。

综合可知，与学习成绩较好的学生相比，学习成绩较差的学生易成为被欺凌者也容易成为欺凌事件或欺凌萌芽事件的主动实施者。

表 2-5 成绩不同的学生被欺凌和欺凌他人的比例比较

学习成绩	标准欺凌比例（%）		欺凌萌芽比例（%）	
	被欺凌	欺凌他人	被欺凌	欺凌他人
中等偏下	17.6	6.8	26.0	17.1
中等	13.2	4.7	25.6	15.1
良好	13.5	4.5	23.7	13.9
优秀	12.9	4.2	19.3	10.7

二、学生应对欺凌的方式

（一）围观者目睹欺凌时的做法

表 2-6 呈现了当学生发现其他同学受到欺凌时的常见做法。有 85.4%的学生选择“告诉老师”，说明绝大多数欺凌围观者都有向教师报告的意向。

此外，还分别有 45.1%、33.2%、26.4%和 25.4%的人选择了“告诉家长”“告诉同学或朋友”“帮助被欺凌的同学”和“报警”。选择无视（离开或只管做自己的事）或协助欺凌者（看热闹、起哄或也跟着欺凌这个同学）的学生都很少。

总体来看，作为围观者的学生在发现欺凌行为时，能做到及时向教师、家长报告，不围观、起哄或协助欺凌者实施欺凌行为，这在一定程度上能制止欺凌行为，避免欺凌行为进一步恶化。

表 2-6　作为围观者目睹欺凌时的做法（多选）

围观者应对做法（目睹欺凌）	选择该做法的人数比例（%）
告诉老师	85.4
告诉家长	45.1
告诉同学或朋友	33.2
帮助被欺凌的同学	26.4
报警	25.4
离开	3.6
看热闹、起哄	2.0
只管做自己的事	1.8
其他	1.8
也跟着欺凌这个同学	0.4

（二）被欺凌者被欺凌后的做法

表2-7呈现了当学生在学校遭受欺凌后的常见做法。分别有56.0%和40.6%的学生选择了“告诉学校老师”“告诉家人”；另外还分别有23.5%、13.8%和11.3%的学生选择“从朋友那里寻求帮助”“报警”和“找学校心理咨询员”。

选择一些错误做法，包括“找机会报复”“忍让、逃避”及“因害怕而不上学”的学生都为少数，其中，选择“忍让、逃避”的学生比例相对稍高，为5.1%。此外，还有很多学生选择了“没有被欺凌过”这一选项。

总体来看，作为被欺凌者的学生在遭受欺凌后，多数愿意主动向他人寻求帮助，其中大多愿意向教师、家人寻求帮助，也有部分学生会向朋友、警察或学校心理咨询员寻求帮助，但也有小部分被欺凌者会忍让、逃避或找机会报复。

表2-7　作为被欺凌者遭受欺凌后的做法（多选）

被欺凌者应对做法（遭受欺凌）	选择该做法的人数比例（%）
告诉学校老师	56.0
告诉家人	40.6
从朋友那里寻求帮助	23.5
报警	13.8
找学校心理咨询员	11.3
忍让、逃避	5.1
找机会报复	3.8
其他	0.8
因害怕而不上学	0.7

三、遭受欺凌的地点及常充当欺凌者的角色

（一）常充当欺凌者的角色

表 2-8 的数据通过询问学生“常被谁欺凌”得到。选择“班里的普通同学”的学生最多，占总人数的 13%，其次为“班里的班干部”，比例为 4.6%，选择“高年级的同学”的学生也较多，比例为 3.5%。此外，还有很多学生选择了“没有被欺凌过”这一选项。

总体来看，同班的普通同学是欺凌者的主要来源。要特别注意班里的班干部和高年级的学生，班干部为了协助班主任开展班级工作，往往具有一定的权利，在班级中也有一定威望，这会使一些班干部利用“职权”欺凌他人；高年级学生较低年级学生而言，本身身心发展程度较高，有可能利用其生理优势去欺凌他人。

表 2-8 常充当欺凌者的角色（多选）

可能的欺凌者	经常被其欺凌的比例（%）
班里的普通同学	13.0
班里的班干部	4.6
高年级的同学	3.5
同级不同班的同学	3.2
外校的学生	1.5
辍学的学生	1.1
低年级的同学	0.6

（二）欺凌的地点

表 2-9 的数据通过询问学生“常在什么地方受到欺凌”得到。选择“教

室”的学生最多，占总人数的 13%，其次为“走廊”，比例为 4.7%，选择“操场”的学生也较多，比例为 3.8%。此外，还有很多学生选择了“没有被欺凌过”这一选项。

总体来看，教室是欺凌最常发生的地方，走廊和操场等地也是欺凌的“高发地”。而上下学路上、学校的厕所、宿舍以及校外偏僻场所虽然所选比例并不高，但以往的真实欺凌事件反映这四类场所因其隐蔽、处于监控盲区、较少有成年人监管等特点，同样是欺凌行为的“高发地”，需引起教育工作者的高度重视。

表 2-9　常遭受欺凌的地点（多选）

可能的实施欺凌地点	常在该处被欺凌的比例（%）
教室	13.0
走廊	4.7
操场	3.8
上学或放学的路上	2.8
厕所	2.6
宿舍	1.9
校外偏僻场所	1.8
学校门口	1.7
校内偏僻场所	1.5
其他	1.0

四、教师对校园欺凌相关文件的了解程度

表 2-10 呈现了教师对《教育部等九部门关于防治中小学生欺凌和暴力

的指导意见》（简称《指导意见》）的了解程度，并比较了班主任和科任教师的了解程度。有58.6%的教师“知道，并认真看过”该文件，29.2%的教师大致了解其内容，12.2%的教师不知道或没看过该文件。有65.4%的班主任认真看过该文件，比例高于科任教师（52.7%），较多科任教师虽然知道该文件，却没看过或只是大致了解内容。

总体而言，教师对《指导意见》了解程度较高，一半以上的教师认真看过该文件，但依旧有相当一部分的教师不了解该文件（没看过或仅大致了解），其中，科任教师对该文件的总体了解程度低于班主任。

表2-10 对《指导意见》的了解程度

是否了解《教育部等九部门关于防治中小学生欺凌和暴力的指导意见》	是否班主任（%）		总计（%）
	班主任	科任教师	
知道，并认真看过	65.4	52.7	58.6
知道，并大致了解内容	25.7	32.3	29.2
知道，但没看过	6.9	12.1	9.7
不知道	2.0	2.9	2.5

五、校园欺凌和暴力事件预防工作的开展情况

（一）学校及教育行政部门举办各类欺凌与暴力防治活动的情况

表2-11呈现了学校及教育行政部门举办各类欺凌和暴力防治活动的情况。各项活动均有超过半数的学校及行政部门开展了。超过3/4的学校能做到“加强防治学生欺凌和暴力的学校管理”“学校加强对周边环境的监控力度”“将防治学生欺凌纳入日常德育工作”和“开展相关的学生课程和活动”。有超过40%的学校未“组织学生家长进行相关培训”、未“与有关部门

联合防治”、未“制定相关工作制度”、未“制定相关的处罚办法和教育方案”、未“成立防治学生欺凌和暴力的工作小组”。

这些工作对防治学生欺凌和暴力具有重要作用，学校应结合自身情况加强这些方面的工作。

表2-11　学校及教育行政部门举办各类欺凌和暴力防治活动的情况

防治活动（多选题）	占总人数的比例（%）
加强防治学生欺凌和暴力的学校管理	85.5
学校加强对周边环境的监控力度	79.4
将防治学生欺凌纳入日常德育工作	75.2
开展相关的学生课程和活动	75.1
组织教师进行相关培训	68.0
建立防治校园欺凌和暴力应急预案	67.2
成立防治学生欺凌和暴力的工作小组	59.4
制定相关的处罚办法和教育方案	58.8
制定相关工作制度	58.0
与有关部门联合防治	55.5
组织学生家长进行相关培训	54.5
尚未组织相关活动	1.6
其他	0.5

（二）对各项欺凌与暴力防治措施有效性的评价

教师对各项欺凌和暴力防治措施有效性的评价见表2-12。对于列出的各项学生欺凌和暴力防治措施，均有超过80%的教师认为它们非常有用。这些防治措施涉及学校建设、班级活动、家校合作和社会联动等各个方面，学校应从各个方面制定有效措施以防治欺凌和暴力。

表2-12　教师对各项欺凌与暴力防治措施有效性的评价

各项欺凌与暴力防治措施	非常有用（%）	有一定作用（%）	不清楚（%）	不太有作用（%）	完全没有作用（%）
创造温馨和谐、积极向上的校园环境	86.5	12.3	0.3	0.3	0.6
依法落实家长监护责任，追究欺凌者监护人的法律责任	86.2	12.3	0.6	0.3	0.6
加强家校合作与家庭教育	86.0	12.6	0.2	0.6	0.6
强化学校周边综合治理	85.3	13.3	0.5	0.3	0.6
公安机关进行警示，强化惩戒威慑作用	85.3	13.1	0.7	0.3	0.6
建立多部门合作的沟通协作机制	84.6	13.5	0.9	0.4	0.6
欺凌和暴力事件处置后，持续对当事学生追踪观察和辅导教育	84.2	14.2	0.6	0.4	0.6
学校制定相关制度与处置预案	82.4	15.8	0.5	0.6	0.7
开展预防学生欺凌和暴力专题教育	81.7	16.5	0.5	0.6	0.7
开展学生欺凌和暴力专项防治活动	80.2	18.0	0.4	0.7	0.7

六、校园欺凌事件的应对及善后工作的开展情况

本部分呈现教师开展学生欺凌事件的应对和善后工作的情况，包括教师对欺凌萌芽的早期干预方法、教师对欺凌者的即时处置方法、教师对欺凌事件的善后处理方法、教师在处理学生欺凌事件中遇到的困难以及教师在处理欺凌事件时得到过的帮助。

（一）对欺凌萌芽的早期干预方法

图 2-1 呈现教师对欺凌萌芽的早期干预措施，仅处理过学生欺凌事件的教师填答本题。在所有处理过学生欺凌事件的教师中，当发现学生欺凌事件苗头时，几乎所有教师都会采取一定的措施进行早期干预，其中，32. 2%的教师会言语警告欺凌者，16. 3%的教师会用不悦的眼神警告欺凌者，还有 7. 2%的教师会使用肢体行为来防止欺凌行为的恶化。总体而言，教师对欺凌萌芽（或苗头）事件进行早期干预以防止其恶化成标准欺凌事件的意识较强。

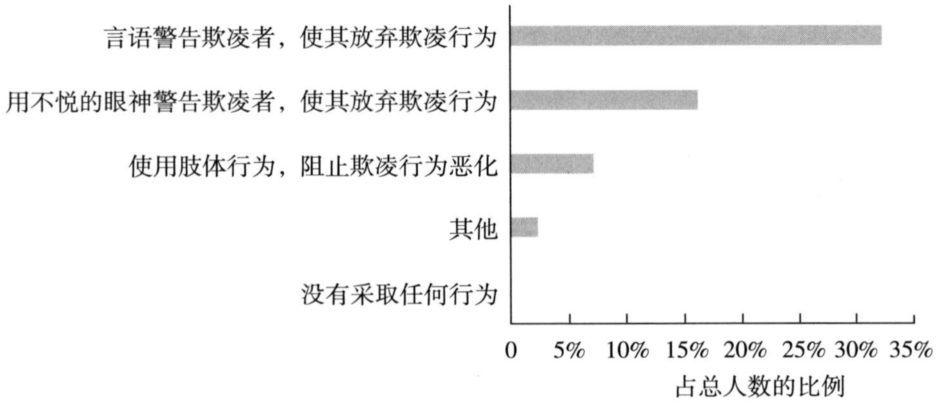

图 2-1　教师对欺凌萌芽的早期干预措施

（二）对欺凌者的即时处置方法（看到欺凌事件时）

图 2-2 呈现了教师在看到欺凌事件时，对欺凌者的即时处置方法，仅处理过学生欺凌事件的教师填答本题。当教师看到欺凌者在实施欺凌时，绝大多数教师都会立刻制止；在对欺凌者的教育上，有 30. 0%的教师（占处理过欺凌事件教师的比例）会口头批评和警告欺凌者，22. 0%的教师会隔离欺凌者使其冷静，但仅有 12. 5%的教师会对欺凌者进行惩戒。

总体而言，教师在看到学生实施欺凌事件时大多会采取警告、批评和隔离欺凌者的方式对欺凌者进行即时处置，但表现出对欺凌者惩戒不够的趋向。我们认为，对严重的欺凌行为，教师应对欺凌者施加适当的惩戒。

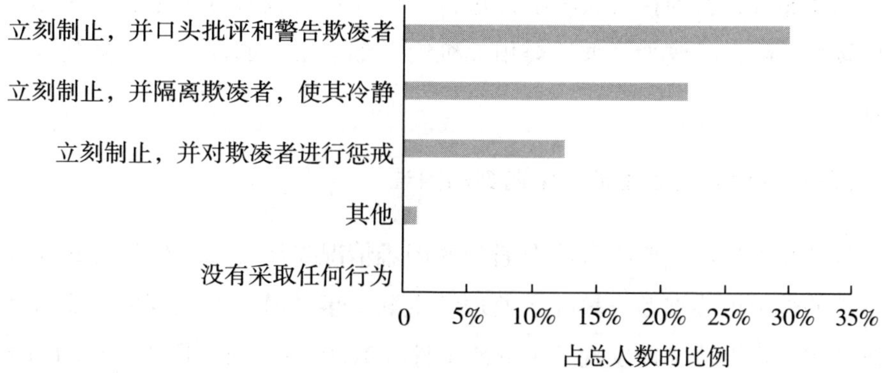

图 2-2 教师对欺凌者的即时处置方法

（三）欺凌事件发生后的善后处理

在欺凌事件发生后，教师选用善后处理方法的情况见图 2-3，仅处理过学生欺凌事件的教师填答本题。教师在善后时最常请家长参与处理（32.4%），请学校领导参与处理（20.9%）、请学校心理教师参与处理（19.1%）或教师自己处理（18.2%）也较多，而请警察（6.2%）或社会相关机构（如妇联、社区居委会）（4.4%）协助处理的很少。

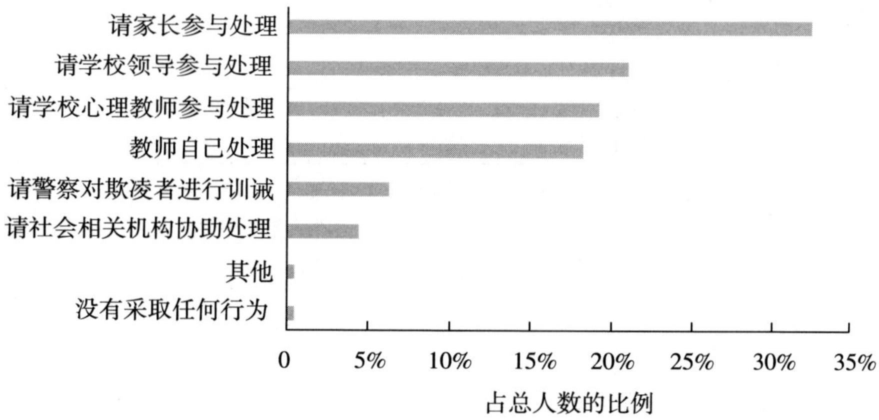

图 2-3 教师对欺凌事件的善后处理方法

总体而言，教师在对欺凌事件进行善后处理时较常寻求家长、校领导和心理教师的配合，较少寻求社会相关机构（如公安、妇联、社区）的参与和配合。

（四）处理学生欺凌事件中遇到的困难

教师在处理学生欺凌事件中遇到的困难情况见图 2-4，仅处理过学生欺凌事件的教师填答本题。教师在处理学生欺凌事件时最常遇到的几个较大的困难依次为：无法早期发现学生欺凌事件（21.9%）、缺乏切实可行的防治措施（16.3%）、缺乏处理事件的制度依据（15.2%）和缺少社会各部门的协作支持（13.3%）。这些困难理应成为指导学校开展校园欺凌防治工作的重点。

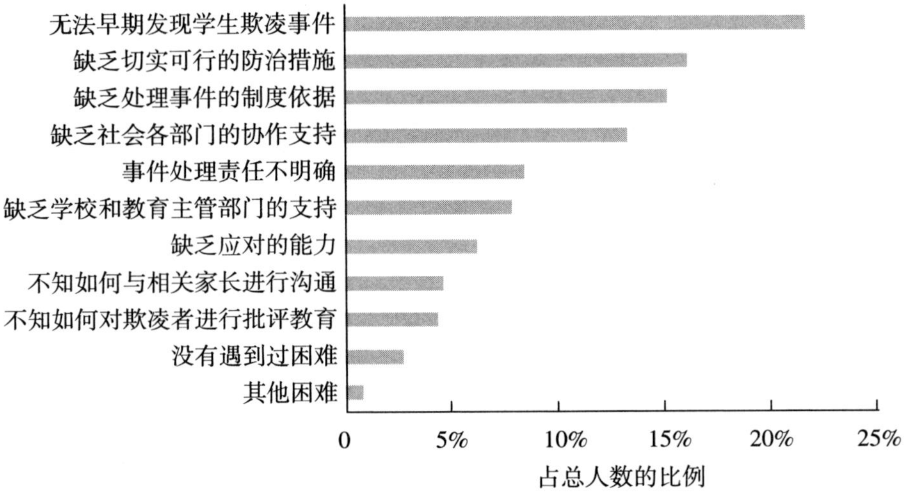

图 2-4　教师在处理学生欺凌事件中遇到的困难

（五）在处理欺凌事件时得到过的帮助

教师在处理欺凌事件时得到的相关机构的支持情况见图 2-5。该题很多教师都选择了“没有处理过学生欺凌事件”这一选项，在此仅分析处理过学生欺凌事件的教师的作答。教师在处理欺凌事件时，较常得到公安部门、教育研究机构和心理咨询机构的帮助，很少得到司法部门、媒体和非政府组织与社会团体的帮助，得到过医疗机构、村委会或居委会支持的人也较少，且有较多人没有得到过这些部门的支持。

总体而言，教师在处理欺凌事件时得到的相关机构的支持不足，虽然这些部门或机构在防治校园欺凌和暴力事件时理应承担相应职责，但实际在处理欺凌事件时未能发挥社会联动作用，未能充分发挥各部门和机构的支持作用。在防治校园欺凌和暴力的工作上，一方面，应从政策上明确各部门的责任，各部门应为学校防治欺凌和暴力提供帮助；另一方面，学校和教师也应主动向各相关部门寻求帮助。

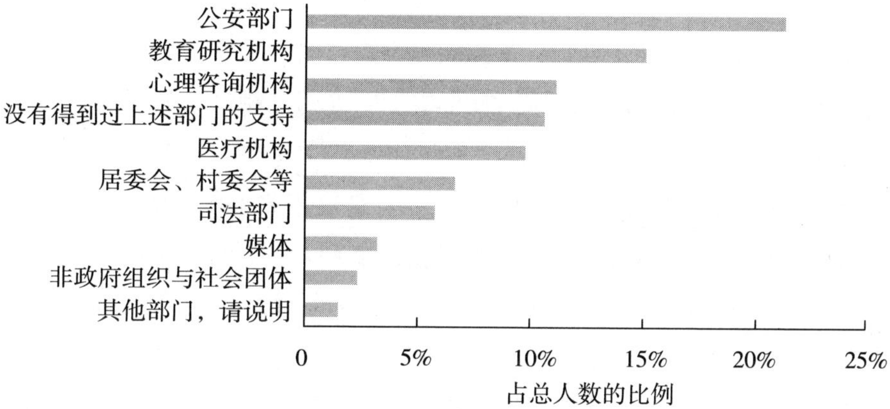

图 2-5 教师在处理欺凌事件时得到的相关机构的支持情况

七、对我国校园欺凌现状分析的主要结论

我国中小学校学生欺凌的整体发生率为 13.9%，欺凌萌芽的发生率为 23.9%。围观者倾向于报告更高的欺凌发生率，欺凌者则倾向于报告更低的欺凌发生率。语言性欺凌为发生率最高的欺凌类型，其次为排斥性欺凌和逼

迫性欺凌，网络欺凌①的发生率相对最低。男生、10～15 岁的学生、父母婚姻不稳定或父母去世的学生、未与父母一起生活的学生及学习成绩较差的学生相对更易被欺凌或欺凌他人。

欺凌者往往为同班的普通同学、班里的班干部或高年级的同学。教室是欺凌最常发生的地方，走廊和操场也是欺凌的“高发地”。作为围观者的学生在发现欺凌行为时，能及时向教师、家长报告，不围观、起哄或协助欺凌者实施欺凌行为；作为被欺凌者的学生在遭受欺凌后，多数愿意主动向他人寻求帮助。作为欺凌者的学生多数能认识自身错误，但有部分欺凌者认为被欺凌者活该甚至享受欺凌他人的过程。

教师对教育部印发的欺凌相关文件的了解程度较高，但依旧有一部分教师对文件不了解。有超过 1/3 的中小学教师处理过学生欺凌事件，且中学教师处理过学生欺凌事件的比小学多，班主任处理过学生欺凌事件的比科任教师多。在欺凌发生场所上，教师作答与学生回答完全相反，教师多认为学生欺凌事件发生在校外或偏僻场所。有超过 40%的学校没有开展“组织学生家长进行相关培训”“与有关部门联合防治”“制定相关工作制度”“制定相关的处罚办法和教育方案”“成立防治学生欺凌和暴力的工作小组”等工作。学校应结合自身情况加强这些方面的工作。教师对欺凌萌芽（或苗头）事件进行早期干预以防止其恶化成标准欺凌事件的意识较强。教师在看到学生实施欺凌事件时大多会采取警告、批评和隔离欺凌者的方式对欺凌者进行即时处置，但表现出对欺凌者惩戒不够的趋向。教师在对欺凌事件进行善后处理时较常寻求家长、校领导和心理教师的配合，较少寻求社会相关机构（如公安、妇联、社区）的参与和配合。教师在处理学生欺凌事件时最常遇到的几个较大的困难依次为：无法早期发现学生欺凌事件，缺乏切实可行的防治措施，缺乏处理事件的制度依据，缺少社会各部门的协作支持。教师在处理欺

① 排斥性欺凌和逼迫性欺凌：欺凌者多通过与其他人共同排挤、孤立被欺凌者，使其被排挤在团体之外。这一类型的欺凌多伴随着语言性欺凌（如散布谣言、说坏话等）实施。网络欺凌：主要通过 QQ、微信、电子邮件、聊天室等多元网络媒介散播伤害被欺凌者的言论、图片或视频等，使被欺凌者再次、重复地在更大范围受到围观，从而造成更大、更深的精神痛苦。

凌事件时得到的社会相关机构和部门的支持不足，相对较常得到公安部门、教育研究机构和心理咨询机构的帮助，很少得到司法部门、媒体和非政府组织与社会团体的帮助，得到过医疗机构、村委会或居委会支持的人也较少。学校教师所观察到的学校及周边校园暴力事件主要有三类：学生打群架、学生财物被勒索或被抢劫、校外人员殴打学生。

第二节 我国中小学校园安全的宏观政策

防治校园欺凌和暴力对于中小学校来讲，既是德育工作，更是学校安全工作。从德育工作来看，防治校园欺凌和暴力主要以正面预防教育为主，通过社会主义核心价值观、中华优秀传统文化等方面的教育，引导学生友善互助、宽己达人。而从学校安全教育来看，校园欺凌和暴力事件属于校园安全事件，需要通过制度约束来处置应对，一些严重的欺凌暴力事件甚至触犯相关法律法规。因此，对中小学校园安全宏观政策的全面把握，有助于加强学校对校园欺凌和暴力事件的宏观认识与法律认识。

我国中小学校园安全的宏观政策，既有国家相关法律中对校园安全的要求，也有发生校园安全事件的法律规制，还有国家有关部门对于校园安全的政策要求等。当前，我国尚未制定针对校园欺凌和校园暴力的专门性法律，对校园欺凌和暴力问题的处置应对散见于各项法律条文中。通过梳理相关法律条文，目前与校园欺凌和暴力防治有关的法律主要有：《中华人民共和国民法典》（简称《民法典》）、《中华人民共和国刑法》（简称《刑法》）、《中华人民共和国教育法》（简称《教育法》）、《中华人民共和国教师法》（简称《教师法》）、《中华人民共和国治安管理处罚法》（简称《治安管理处罚法》）、《中华人民共和国未成年人保护法》（简称《未成年人保护法》）、《中华人民共和国预防未成年人犯罪法》（简称《预防未成年人犯罪法》）等。

一、《民法典》的规定

《民法典》适用于所有民事主体，并规定民事主体的人身权利、财产权利以及其他合法权益受法律保护，任何组织或者个人不得侵犯。《民法典》第二章规定，自然人从出生时起到死亡时止，具有民事权利能力，依法享有民事权利，承担民事义务。十六周岁以上的未成年人，以自己的劳动收入为主要生活来源的，视为完全民事行为能力人。八周岁以上的未成年人为限制民事行为能力人，实施民事法律行为由其法定代理人代理或者经其法定代理人同意、追认；但是，可以独立实施纯获利益的民事法律行为或者与其年龄、智力相适应的民事法律行为。不满八周岁的未成年人为无民事行为能力人，由其法定代理人代理实施民事法律行为。

在校园欺凌和暴力事件中，欺凌者（施暴者）会对被欺凌者实施攻击性欺凌、语言性欺凌、排斥性欺凌、逼迫性欺凌和网络欺凌，这些不同类型的校园欺凌会侵犯被欺凌者的生命健康权、人格尊严权、隐私权和肖像权，因此，校园欺凌和暴力需要以法律形式对其进行规制。自 2021 年 1 月 1 日起施行的《民法典》并没有对校园欺凌进行直接规定，在暴力方面也只规定了家庭暴力的相关条款，而对校园欺凌和校园暴力所涉及的生命权、身体权、健康权、姓名权、名称权、肖像权、名誉权、荣誉权和隐私权等方面的内容进行了规定。《民法典》第四编第九百九十七条规定，民事主体有证据证明行为人正在实施或者即将实施侵害其人格权的违法行为，不及时制止将使其合法权益受到难以弥补的损害的，有权依法向人民法院申请采取责令行为人停止有关行为的措施。第九百九十五条规定，人格权受到侵害的，受害人有权依照本法和其他法律的规定请求行为人承担民事责任。

二、《刑法》的规定

《刑法》第十七条规定，已满十六周岁的人犯罪，应当负刑事责任。该条还规定已满十四周岁不满十六周岁，犯故意杀人、故意伤害致人重伤或死亡、强奸、抢劫、贩卖毒品、放火、爆炸、投放危险物质罪的、应当负刑事责任。2020 年 12 月 26 日，十三届全国人大常委会第二十四次会议表决通过《中华人民共和国刑法修正案（十一）》（简称《刑法修正案（十一）》），2021 年 3 月 1 日起正式实施。《刑法修正案（十一）》修改了低龄涉罪未成年人刑事责任年龄，提出："已满十六周岁的人犯罪，应当负刑事责任"；"已满十四周岁不满十六周岁的人，犯故意杀人、故意伤害致人重伤或者死亡、强奸、抢劫、贩卖毒品、放火、爆炸、投放危险物质罪的，应当负刑事责任"；"已满十二周岁不满十四周岁的人，犯故意杀人、故意伤害罪，致人死亡或者以特别残忍手段致人重伤造成严重残疾，情节恶劣，经最高人民检察院核准追诉的，应当负刑事责任"；"对依照前三款规定追究刑事责任的不满十八周岁的人，应当从轻或者减轻处罚"；"因不满十六周岁不予刑事处罚的，责令其父母或者其他监护人加以管教；在必要的时候，依法进行专门矫治教育"。

未成年人犯罪低龄化是当今社会各界高度关注的热点问题，也是世界性的难题。《刑法修正案（十一）》对刑事责任年龄没有"一刀切"地修改，而是根据不同性质、不同类型做了相应规定。从校园欺凌和暴力事件可能触犯的罪名来看，欺凌者、施暴者可能会触犯故意杀人罪、故意伤害罪、抢劫罪和寻衅滋事罪等。

三、《教育法》的规定

《教育法》中没有具体指向防治校园欺凌和暴力的条款，而是散落在一些条款中，有的是正向教育，有的是负向惩戒；有的是规定学生义务，有的是要求学校尽责。比如，第六条规定，教育应当坚持立德树人，对受教育者加强社会主义核心价值观教育，增强受教育者的社会责任感、创新精神和实践能力；国家在受教育者中进行爱国主义、集体主义、中国特色社会主义的教育，进行理想、道德、纪律、法治、国防和民族团结的教育。第三十条规定，学校及其他教育机构应当履行维护受教育者、教师及其他职工的合法权益等义务。第四十四条规定，受教育者应当履行遵守法律、法规，遵守学生行为规范，尊敬师长，养成良好的思想品德和行为习惯等义务。第七十二条规定，结伙斗殴、寻衅滋事，扰乱学校及其他教育机构教育教学秩序或者破坏校舍、场地及其他财产的，由公安机关给予治安管理处罚；构成犯罪的，依法追究刑事责任。

四、《教师法》的规定

《教师法》第二章规定了教师在日常教学工作中享有的权利和履行的义务。第八条规定了六项教师应履行的义务，其中“关心、爱护全体学生，尊重学生人格，促进学生在品德、智力、体质等方面全面发展”和“制止有害于学生的行为或者其他侵犯学生合法权益的行为，批评和抵制有害于学生健康成长的现象”两项与校园欺凌和暴力防治间接相关。

校园欺凌和暴力作为学生的不良行为，会严重影响学生良好品德的形成，会侵犯被欺凌、被施暴学生的合法权利。按照《教师法》规定，教师有责任有义务去批评、制止并抵制校园欺凌和暴力行为，维护学生的合法权利。

值得注意的是，虽然《教师法》规定了教师应当制止侵犯学生合法权利的行为和批评、抵制影响学生健康成长的现象，但《教师法》在法律责任部分并未明确规定教师没有履行这两种义务所应当承担的法律责任。

五、《治安管理处罚法》的规定

《治安管理处罚法》规定，扰乱公共秩序，妨害公共安全，侵犯人身权利、财产权利，妨害社会管理，具有社会危害性，依照《刑法》的规定构成犯罪的，依法追究刑事责任；尚不够刑事处罚的，由公安机关依照本法给予治安管理处罚。在校园欺凌和校园暴力事件中，一些行为虽给被欺凌者造成了伤害，但不涉及刑事责任、不追究刑事责任，在此种情况下，就适用于

《治安管理处罚法》。出于保护未成年人的目的，该法第十二条规定了对未成年人的保护条款：已满十四周岁不满十八周岁的人违反治安管理的，从轻或者减轻处罚；不满十四周岁的人违反治安管理的，不予处罚，但应当责令其监护人严加管教。

在现实生活中，校园欺凌中的欺凌者对被欺凌者实施攻击性欺凌、网络欺凌等行为，校园暴力中施暴者对被施暴者的暴力行为等都违反了《治安管理处罚法》的相关规定，但依该法第十二条规定，对于有些满足条件的欺凌者无法对其进行行政处罚。可以看出，第十二条的出发点是教育为主、教育与惩戒相结合，实践中却使部分未成年人在实施违法行为后免于处罚。

六、《未成年人保护法》的规定

2020 年 10 月 17 日，未成年人保护法修订案经十三届全国人大常委会第二十二次会议表决通过，该法自 2021 年 6 月 1 日起施行。新修订的《未成年人保护法》增加、完善多项规定，着力解决社会关注的涉未成年人侵害问题，其中就包括监护人监护不力、学生欺凌、性侵害未成年人、未成年人沉迷网络等当前教育领域的热点难点问题。新修订的《未成年人保护法》在防治校园欺凌方面做了较为明确、细致的规定。

一是对学生欺凌概念做了界定。学生欺凌，是指发生在学生之间，一方蓄意或者恶意通过肢体、语言及网络等手段实施欺压、侮辱，造成另一方人身伤害、财产损失或者精神损害的行为。

二是明确学校应建立相关工作制度。学校应当建立学生欺凌防控工作制度，对教职员工、学生等开展防治学生欺凌的教育和培训。学校对学生欺凌行为应当立即制止，通知实施欺凌和被欺凌未成年学生的父母或者其他监护人参与欺凌行为的认定和处理；对相关未成年学生及时给予心理辅导、教育和引导；对相关未成年学生的父母或者其他监护人给予必要的家庭教育指导。对实施欺凌的未成年学生，学校应当根据欺凌行为的性质和程度，依法加强管教。对严重的欺凌行为，学校不得隐瞒，应当及时向公安机关和教育行政部门报告，并配合相关部门依法处理。

三是专门就防治网络欺凌提出要求。任何组织或者个人不得通过网络以文字、图片或音视频等形式，对未成年人实施侮辱、诽谤、威胁或者恶意损害形象等网络欺凌行为。遭受网络欺凌的未成年人及其父母或者其他监护人有权通知网络服务提供者采取删除、屏蔽、断开链接等措施。网络服务提供者接到通知后，应当及时采取必要的措施制止网络欺凌行为，防止信息扩散。

七、《预防未成年人犯罪法》的规定

《预防未成年人犯罪法》提出，预防未成年人犯罪的教育的目的，是立足于教育和保护未成年人相结合，坚持预防为主、提前干预，对未成年人的不良行为和严重不良行为及时进行分级预防、干预和矫治。未成年人应当遵守法律法规及社会公共道德规范，树立自尊、自律、自强意识，增强辨别是非和自我保护的能力，自觉抵制各种不良行为以及违法犯罪行为的引诱和侵害。国家、社会、学校和家庭应当对未成年人加强社会主义核心价值观教育，开展预防犯罪教育，增强未成年人的法治观念，使未成年人树立遵纪守法和防范违法犯罪的意识，提高自我管控能力。未成年人的父母或者其他监护人对未成年人的预防犯罪教育负有直接责任，应当依法履行监护职责，树立优良家风，培养未成年人良好品行；发现未成年人心理或者行为异常的，应当及时了解情况并进行教育、引导和劝诫，不得拒绝或者怠于履行监护职责。教育行政部门、学校应当将预防犯罪教育纳入学校教学计划，指导教职员工结合未成年人的特点，采取多种方式对未成年学生进行有针对性的预防犯罪教育。

新修订的《预防未成年人犯罪法》强调，教育行政部门应当会同有关部门建立学生欺凌防控制度，学校应当加强日常安全管理，完善学生欺凌发现和处置的工作流程，严格排查并及时消除可能导致学生欺凌行为的各种隐患。教育行政部门鼓励和支持学校聘请社会工作者长期或者定期进驻学校，协助开展道德教育、法治教育、生命教育和心理健康教育，参与预防和处理学生欺凌等行为。

值得注意的是，《预防未成年人犯罪法》对于专门学校教育做了较为细致的规定。第四十五条规定，未成年人实施《刑法》规定的行为、因不满法定刑事责任年龄不予刑事处罚的，经专门教育指导委员会评估同意，教育行政部门会同公安机关可以决定对其进行专门矫治教育。第四十六条规定，专门学校应当在每个学期适时提请专门教育指导委员会对接受专门教育的未成年学生的情况进行评估。对经评估适合转回普通学校就读的，专门教育指导委员会应当向原决定机关提出书面建议，由原决定机关决定是否将未成年学生转回普通学校就读。第四十七条规定，专门学校应当对接受专门教育的未成年人分级分类进行教育和矫治，有针对性地开展道德教育、法治教育和心理健康教育，并根据实际情况进行职业教育；对没有完成义务教育的未成年人，应当保证其继续接受义务教育。

同时，《预防未成年人犯罪法》还规定，国家机关、人民团体、社会组织、企业事业单位、居民委员会、村民委员会、学校、家庭等各负其责、共同配合，共同做好预防未成年人犯罪工作，为未成年人身心健康发展创造良好的社会环境。

梳理以上七部与防治校园欺凌和校园暴力相关的法律可以看出，我国在立法层面对于校园欺凌和校园暴力问题越发重视，无论是在《预防未成年人犯罪法》中专门规定建立学生欺凌防治制度，还是在《民法典》中对于人格权的强化，抑或在《刑法修正案（十一）》中调低低龄涉罪未成年人刑事责任年龄，都是在通过法律手段不断强化对于校园欺凌和暴力问题的管制和教育。同时也要看到，立法层面对校园欺凌和暴力的防治只是宏观层面，在法律执行和具体操作层面仍需要更为细化的法律解释、判例、案例、规定等指导教育行政部门和学校。作为教育主阵地的学校来说，有多部法律作为坚强保障是必需的，但更重要的是学校如何用好法律保护学生合法权益，如何用好法律处理校园欺凌和校园暴力事件，如何用好法律教育引导学生遵守法律法规及社会公共道德规范，这是教育工作者需要高度重视的。教育工作者本身就应学习领悟上述七部法律的各项条款，了解涉校园欺凌和校园暴力问题的法律规定，并将其作为法治教育的重要内容教给学生，师生和其他教职工都对法律规定有基本了解后，才能使法律的权威性和震慑性发挥相应作用。

第三节　校园欺凌和暴力防治的专门政策

从2016年起，国务院办公厅、教育部、国务院教育督导委员会等部门开始密集出台关于校园欺凌和暴力防治的相关政策：《教育部等九部门关于防治中小学生欺凌和暴力的指导意见》；《国务院办公厅关于加强中小学幼儿园安全风险防控体系建设的意见》；教育部印发《中小学德育工作指南》；教育部等十一部门联合印发《加强中小学生欺凌综合治理方案》；《国务院教育督导委员会办公室关于开展中小学生欺凌防治落实年行动的通知》；《教育部办公厅关于印发〈防范中小学生欺凌专项治理行动工作方案〉的通知》。

一、《关于防治中小学生欺凌和暴力的指导意见》

针对个别地方和学校在落实主体责任、健全制度措施、实施教育惩戒、形成工作合力等方面还存在薄弱环节，少数地方学生之间欺凌和暴力问题仍时有发生，损害了学生身心健康，造成了不良社会影响，2016年11月，教育部会同中央综治办、最高人民法院、最高人民检察院、公安部、民政部、司法部、共青团中央和全国妇联印发了《教育部等九部门关于防治中小学生欺凌和暴力的指导意见》（简称《指导意见》），首次对积极预防、依规处置学生欺凌和暴力事件提出了宏观性、原则性、指导性意见。

《指导意见》从积极有效预防学生欺凌和暴力、依法依规处置学生欺凌和暴力事件、切实形成防治学生欺凌和暴力的工作合力三个方面提出了11项措施。

1. 强调预防为主

一是有效预防校园欺凌和校园暴力，加强中小学生思想道德教育、法治教育和心理健康教育是关键。《指导意见》提出，要引导全体中小学生从小知礼仪、明是非、守规矩，做到珍爱生命、尊重他人、团结友善、不恃强凌弱，弘扬公序良俗、传承中华美德；让学生知晓基本的法律边界和行为底线，消除未成年人违法犯罪不需要承担任何责任的错误认识，养成遵规守法的良好行为习惯；培养学生健全人格和积极心理品质，对有心理困扰或心理问题的学生开展科学有效的心理辅导，提高其心理健康水平。

二是认真开展专题教育，使中小学生、中小学教师、中小学生家长提高对校园欺凌和校园暴力的认识。《指导意见》要求，通过课堂教学、专题讲座、班团队会、主题活动、编发手册和参观实践等多种形式，提高学生对欺凌和暴力行为严重危害性的认识，增强自我保护意识和能力，自觉遵守校规校纪，做到不实施欺凌和暴力行为；通过学校防治学生欺凌和暴力的指导手册，全面加强教职工特别是班主任专题培训，提高教职工有效防治学生欺凌和暴力的责任意识及能力水平；通过家访、家长会和家长学校等途径，帮助家长了解防治学生欺凌和暴力知识，增强监护责任意识，提高防治能力。

三是严格学校日常管理，强化学校周边综合治理，对于营造校内校外良好育人环境起到重要作用。校园内环境主要由中小学校负责，《指导意见》明确，要制定防治学生欺凌和暴力工作制度，将其纳入学校安全工作统筹考虑，健全应急处置预案，建立早期预警、事中处理及事后干预等机制；严格落实值班和巡查制度，禁止学生携带管制刀具等危险物品进入学校，针对重点学生、重点区域和重点时段开展防治工作；对发现的欺凌和暴力事件线索与苗头要认真核实、准确研判，对早期发现的轻微欺凌事件，实施必要的教育、惩戒。

2. 规范处置工作

《指导意见》的一大亮点是对于处置校园欺凌和暴力事件提出了指导性措施，并要求各地各校成立防治学生欺凌和暴力工作领导小组，明确任务分工，强化工作职责，完善防治办法，加强考核检查，健全工作机制。

一是建立报告和应对机制。《指导意见》要求各地建立中小学生欺凌和暴力事件及时报告制度，一旦发现学生遭受欺凌和暴力，学校和家长要及时相互通知，对严重的欺凌和暴力事件，要向上级教育主管部门报告，并迅速联络公安机关介入处置。报告时，相关人员有义务保护未成年人合法权益，学校、家长、公安机关及媒体应保护遭受欺凌和暴力学生以及知情学生的身心安全，严格保护学生隐私，防止泄露有关学生个人及其家庭的信息。特别要防止网络传播等因素导致事态蔓延，造成恶劣社会影响，避免受害学生受到二次伤害。

二是强化教育惩戒作用。《指导意见》明确了教育与惩戒并重的工作原则，提出既做到真情关爱、真诚帮助，力促学生内心感化、行为转化，又充分发挥教育惩戒措施的威慑作用。对实施欺凌和暴力的学生，学校和家长要进行严肃的批评教育、警示谈话，情节较重的，公安机关应参与警示教育。对屡教不改、多次实施欺凌和暴力的学生，应登记在案并将其表现记入学生综合素质评价，必要时转入专门学校就读。对构成违法犯罪的学生，根据《刑法》《治安管理处罚法》《预防未成年人犯罪法》等法律法规予以处置，区别不同情况，责令家长或者监护人严加管教，必要时可由政府收容教养，或者给予相应的行政、刑事处罚，特别是对犯罪性质和情节恶劣、手段残忍、后果严重的，必须坚决依法惩处。对校外成年人教唆、胁迫、诱骗和利用在校中小学生违法犯罪行为，必须依法从重惩处，有效遏制校园欺凌和暴力等案事件发生。

三是强调有效追踪辅导。《指导意见》提出要针对被欺凌者、欺凌者、施暴者、被施暴者提供持续、有效的追踪辅导教育，体现教育性、人文性。《指导意见》要求，欺凌和暴力事件妥善处置后，学校要持续对当事学生追踪观察和辅导教育。对实施欺凌和暴力行为的学生，要充分了解其行为动机和深层原因，有针对性地进行教育引导和帮扶，给予其改过机会，避免歧视性对待。为遭受欺凌和暴力的学生及其家人提供帮助，及时开展相应的心理辅导和家庭支持，帮助他们尽快走出心理阴影，树立自信，恢复正常学习生活。对确实难以回归本班或本校学习的当事学生，教育部门和学校要妥善做好班级调整和转学工作。要认真做好学生欺凌和暴力典型事件通报工作，既要充分发挥警示教育作用，又要注意不过分渲染事件细节。

二、《关于加强中小学幼儿园安全风险防控体系建设的意见》

2017年4月，《国务院办公厅关于加强中小学幼儿园安全风险防控体系建设的意见》（简称《意见》），针对影响学校安全的突出问题、难点问题，进一步整合各方面力量，加强和完善相关制度、机制，深入改革创新，加快形成党委领导、政府负责、社会协同、公众参与、法治保障、科学系统、全面规范、职责明确的学校安全风险预防、管控与处置体系，切实维护师生人身安全，保障校园平安有序，促进社会和谐稳定。

《意见》紧密围绕中小学校存在的安全风险点，坚持统筹协调、综合施策，以人为本、全面防控，依法治理、立足长效，分类应对、突出重点，有针对性地构建安全风险防控机制，集中解决群众关心、社会关注的校园安全问题，其中，明确将构建防控欺凌和暴力行为有效机制纳入学校安全风险防控的整体范畴。

《意见》指出，要将提高学生安全意识和自我防护能力作为素质教育的重要内容，着力提高学校安全教育的针对性与实效性。将安全教育与法治教育有机融合，全面纳入国民教育体系，把尊重生命、保障权利、尊重差异的意识和基本安全常识从小根植在学生心中。在教育中要适当增加反欺凌、反暴力、反恐怖行为、防范针对未成年人的犯罪行为等内容，引导学生明确法律底线、强化规则意识。

《意见》要求，构建防控学生欺凌和暴力行为的有效机制。教育部门要会同有关部门研究制定学生欺凌和暴力行为早期发现、预防以及应对的指导手册，建立专项报告和统计分析机制。学校要切实履行教育、管理责任，设立学生求助电话和联系人，及早发现、及时干预和制止欺凌、暴力行为。对有不良行为、暴力行为的学生，探索建立由校园警务室民警或者担任法治副校长、法治辅导员的民警实施训诫的制度。对实施暴力情节严重，构成违法犯罪的学生，公安、司法机关要坚持宽容但不纵容、关爱又严管的原则，指定专门机构或者专门人员依法处理，特别是对犯罪性质和情节恶劣、手段残忍、后果严重的，必须坚决依法惩处，形成积极正面的教育作用。改革完善专门教育制度，健全专门学校接收学生进行教育矫治的程序，完善专门学校管理体制和运行机制。网络管理部门发现通过网络传播的欺凌或者校园暴力事件，要及时予以管控并通报相关部门。

三、《中小学德育工作指南》

2017 年 8 月，教育部印发《中小学德育工作指南》（简称《指南》），不断完善中小学德育工作长效机制，着力构建方向正确、内容完善、学段衔接、载体丰富、常态开展的德育工作体系，全面提高中小学德育工作水平。

《指南》是中小学校开展德育工作的基本遵循，其中明确要求加强思想道德教育，在安全等专题教育中突出防范学生欺凌和暴力的教育内容，提高在校学生自觉守法意识和自我保护意识。《指南》指出，学校要制定防治学生欺凌和暴力工作制度，健全应急处置预案，建立早期预警、事中处理及事后干预等机制；会同相关部门建立学校周边综合治理机制，对社会上损害学生身心健康的不法行为依法严肃惩处。

四、《加强中小学生欺凌综合治理方案》

针对近年来部分引起各界广泛关注和不良社会影响的中小学生欺凌事件，党中央、国务院高度重视，时任国务院总理李克强同志专门作出批示，指出“校园应是最阳光、最安全的地方”。校园暴力频发，不仅伤害未成年人身心健康，也冲击社会道德底线。为建立健全防治中小学生欺凌综合治理长效机制，有效预防中小学生欺凌行为发生，2017 年 12 月，教育部会同中央综治办、最高人民法院、最高人民检察院、公安部、民政部、司法部、人力资源和社会保障部、共青团中央、全国妇联、中国残联等十一部门联合印发《加强中小学生欺凌综合治理方案》（简称《治理方案》），进一步明确细化了学生欺凌的判定标准、预防措施、处置程序、惩戒措施、各部门和学校具体职责分工等。

《治理方案》强调，要以习近平新时代中国特色社会主义思想为指导，全面贯彻党的教育方针，按照教育为先、预防为主、保护为要、法治为基的原则，健全预防、处置学生欺凌的工作体制和规章制度，形成防治中小学生欺凌长效机制，确保把中小学生欺凌防治工作落到实处，把校园建设成最安全、最阳光的地方。

1. 主要贡献

一是我国教育行政部门在《治理方案》中首次提出并明确了学生欺凌的界定。《治理方案》指出，中小学生欺凌是发生在校园（包括中小学校和中等职业学校）内外、学生之间，一方（个体或群体）单次或多次蓄意或恶意通过肢体、语言及网络等手段实施欺负、侮辱，造成另一方（个体或群体）身体伤害、财产损失或精神损害等的事件。要求各地各校在实际工作中，要严格区分学生欺凌与学生间打闹嬉戏的界定，正确合理处理。

二是《治理方案》明确了积极有效预防学生欺凌的措施。①学校加强教育。各中小学校通过每学期开学时集中开展教育、在道德与法治等课程中专门设置教学模块等方式，定期对中小学生进行学生欺凌防治专题教育。②开展家长培训。通过组织学校或社区定期开展专题培训课等方式，加强家长培训，引导广大家长增强法治意识，落实监护责任，帮助家长了解防治学生欺凌知识。③强化学校管理。加快推进校园视频监控系统、紧急报警装置等建设，建立健全防治学生欺凌工作各项规章制度，学校根据实际成立学生欺凌治理委员会。④定期开展排查。通过委托专业第三方机构或组织等方式，定期开展针对全体学生的防治学生欺凌专项调查，及时查找可能发生欺凌事件的苗头迹象或已经发生、正在发生的欺凌事件。

三是确定了中小学生欺凌综合治理的四个原则。①坚持教育为先，通过加强教育，培养校长、教师、学生及家长等不同群体积极预防和自觉反对学生欺凌的意识。②坚持预防为主，强化学校及周边日常安全管理，及时排查可能导致学生欺凌事件发生的苗头隐患。③坚持保护为要，切实保障学生的合法权益，严格保护学生隐私。④坚持法治为基，按照全面依法治国的要求，依法依规处置学生欺凌事件。

2. 具体要求

一是学生欺凌事件须依法依规处置。明确学生欺凌事件的处置以学校为主。学校发现欺凌事件线索后，应当按照应急处置预案和处理流程对事件及时进行调查处理，由学校学生欺凌治理委员会对事件是否属于学生欺凌行为进行认定。由县级防治学生欺凌工作部门处理学生欺凌事件的申诉请求，对确有必要的，要启动复查。涉法涉诉案件纳入相应法律程序办理。

二是针对不同情形的欺凌事件，各部门要结合职能共同做好教育惩戒工作。情节轻微的一般欺凌事件，由学校对实施欺凌学生开展批评、教育；情节比较恶劣、对被欺凌学生身体和心理造成明显伤害的严重欺凌事件，学校在对实施欺凌学生开展批评、教育的同时，可请公安机关参与警示教育或对实施欺凌学生予以训诫；屡教不改或者情节恶劣的严重欺凌事件，必要时可将实施欺凌学生转送专门（工读）学校进行教育；涉及违反治安管理或者涉嫌犯罪的学生欺凌事件，处置以公安机关、人民法院和人民检察院为主。

三是要求各地各有关部门逐步建立具有长效性、稳定性和约束力的防治学生欺凌工作机制。①完善培训机制，明确将防治学生欺凌专题培训纳入教育行政干部和校长、教师在职培训内容。②建立考评机制，将本区域学生欺凌综合治理工作情况作为考评内容，纳入文明校园创建标准，纳入相关部门负责同志年度考评，纳入学校校长、行政管理人员、教师、班主任及相关岗位教职工学期和学年考评。③建立问责处理机制，对职责落实不到位、学生欺凌问题突出的地区和单位要追究责任。④健全依法治理机制，建立健全中小学校法制副校长或法制辅导员制度，推进学校完善规章制度、落实各项预防和处置措施。

四是明确了学生欺凌综合治理中各部门作用。明确了教育、综治、人民法院、人民检察院、公安、民政、司法、人力资源社会保障、共青团、妇联、残联等十一个部门和学校的职责，并强调要建立健全防治学生欺凌工作协调机制，形成多部门有效沟通、各负其责、齐抓共管的良好局面。各地各有关部门将按照属地管理、分级负责的原则，进行综合治理，结合本地区、本部门实际制定具体实施方案。

五、《关于开展中小学生欺凌防治落实年行动的通知》

为推动《教育部等九部门关于防治中小学生欺凌和暴力的指导意见》和教育部等十一部门联合印发的《加强中小学生欺凌综合治理方案》落地生根，促进中小学生欺凌防治工作取得明显成效，2018 年 4 月，国务院教育督导委员会办公室印发《关于开展中小学生欺凌防治落实年行动的通知》（简称《通知》）。《通知》要求通过落实工作机构、部门分工、日常管理等方式建立健全国、省、市、县、学校五级学生欺凌防治工作责任体系和制度体系，基本形成学生欺凌防治部门齐抓共管、责任落实到位、管理制度健全、预防措施有效、处置程序规范的工作局面，具体有六项要求。

一是落实工作机构，做到责任到位。各教育部门要明确学生欺凌防治工作机构，明确学生欺凌防治工作负责人和联系人，制定学生欺凌防治工作实施方案，并在本单位官方网站公开学生欺凌防治工作信息（含工作机构名称、办公电话、实施方案）。

二是落实部门分工，做到齐抓共管。各教育部门要协调组织相关部门建立健全防治学生欺凌工作机制，推动综治、法院、检察院、公安、民政、司法、人力资源社会保障等部门及共青团、妇联、残联等组织落实职责分工，加强协作，共同治理。

三是落实日常管理，做到制度健全。学校要成立学生欺凌治理委员会，明确工作职责和工作方式；明确学校相关岗位教职工特别是法治副校长或法治辅导员防治学生欺凌的工作职责和具体任务；明确学生欺凌的早期预警和事中处理及事后干预的具体流程；在校规校纪中明确不同程度欺凌情形的处罚规定。

四是落实预防措施，做到防患未然。学校每学期至少开展一次学生欺凌专题教育，结合思想道德教育、法治教育和心理健康教育，普及防治学生欺凌知识和反欺凌技能。开展针对全体学生的防治学生欺凌专项调查，及时查找可能发生欺凌事件的苗头迹象或已经发生、正在发生的欺凌事件。

五是落实处置程序，做到规范有度。学校要细化调查处理欺凌事件、判定欺凌事件严重程度和教育惩戒欺凌实施者、安抚保护欺凌受害者的具体流程和办法。县级教育行政部门要细化欺凌事件处理申诉和复查程序。各教育部门和学校要依据管理权限，对本地本校学生欺凌事件及处置情况建立专门档案。

六是落实长效机制，做到专业有效。各教育部门要按照《治理方案》要求建立学生欺凌防治工作培训、考评、问责处理和依法治理等长效机制，在教育行政干部、校长、教师培训和考评中增加学生欺凌防治内容，细化培训内容、范围和次数等要求，细化纳入考评内容和标准，细化问责处理规定等；要求责任督学将学校开展学生欺凌防治工作情况纳入挂牌督导内容，监督指导学校围绕学生欺凌防治健全工作制度、开展专题教育、加强预防排查。

六、《防范中小学生欺凌专项治理行动工作方案》

为持续深入做好中小学生欺凌防治工作，着力建立健全长效机制，教育部于 2021 年 1 月印发《防范中小学生欺凌专项治理行动工作方案》（简称《方案》），启动开展防范中小学生欺凌专项治理行动。

该次防范中小学生欺凌专项治理的重点是切实加强中小学生思想品德教育、法治教育和心理健康教育，集中查处通报一批情节恶劣、社会影响大的恶性事件，指导各地进一步摸排工作死角，织牢联动网络，健全长效机制，建设平安校园、和谐校园，促进学生健康快乐成长。《方案》提出，专项治理行动分三个阶段进行。第一阶段是部署摸底，各地进行全面部署，集中开展排查摸底工作，摸清当前学生欺凌防治工作中存在的问题，建立台账，明确整改措施；第二阶段是集中整治，针对摸排结果，对发现的问题开展集中治理，依法依规做好欺凌事件的调查处置工作，健全完善防治工作机制和制度措施；第三阶段是督导检查，国务院教育督导委员会办公室对各地治理行动开展情况进行抽查，及时向社会通报有关情况。

《方案》提出六项具体举措：一是全面排查欺凌事件。对所有中小学校和在校学生开展全面排查，对可能发生的欺凌行为做到早发现、早预防、早控制。二是及时消除隐患问题。对排查发现的苗头迹象或隐患点，采取必要的干预措施，做好疏导化解工作，切实防止学生欺凌事件发生。三是依法依规严肃处置。对实施欺凌的学生，视情节轻重，分别采取批评教育、警示谈话和纪律处分、训诫、转入专门学校等惩戒措施。对遭受欺凌的学生，给予相应的心理辅导。四是规范欺凌报告制度。一旦发现学生遭受欺凌，学校要及时制止并进行调查处理；情节严重，要及时报告，并迅速联络公安机关介入处置。五是切实加强教育引导。深入开展思想道德教育、法治教育和心理健康教育，开展学生欺凌防治专题培训，加大家庭教育力度。六是健全长效工作机制。进一步健全责任、预防、考评和问责机制，切实做到警钟长鸣、防患未然。

通过梳理上述六个关于校园欺凌和校园暴力的教育行政部门政策文件可以看出，从政策制定层面讲，国家教育行政部门已通过指导意见、治理方案、行动方案等多种形式将防治校园欺凌和暴力工作提升到新的高度，将其作为落实立德树人根本任务、检验学校德育工作是否到位的重要维度，可以说在"政策文本制定"方面已无更多发挥空间，基本达到政策文本应有的效力。在肯定政策出台的良性影响的同时，也要看到政策实施过程中的一些问题。

一是预防环节较为薄弱。需要看到密集出台的几个文件中，除 2021 年《防范中小学生欺凌专项治理行动工作方案》中特别提出注重预防并化解欺凌苗头外，其他政策对于预防处置的措施提得不够细致，这就导致学校在预防和治理校园欺凌和校园暴力工作的制度设计中存在缺陷，忽视或者较少关注"苗头"事件。

二是行动落实较难评价。教育部多个文件都提出要通过"专项行动""治理行动"等方式进行校园欺凌和校园暴力防治，但防治制度不可能一日建立，相应的人防、物防和技防措施的建设也不太可能通过"行动"而全部落实到位，对于全面摸排的覆盖面、效果和发现的问题等也存在监管不到位的情况。因此，各个“专项行动”“治理行动”落实得如何，是否形成常态化的监督机制，尤其是学校是否将防治校园欺凌的意志真正落实在学生身上，需要一个更为严谨的评价过程来验证。

三是综合治理难成合力。教育部会同多部门印发的文件强调学校要推动与综治、法院、检察院、公安、民政、司法、人力资源社会保障等部门及共青团、妇联、残联等组织落实职责分工，加强协作。然而，从学校实践来看，学校很难与上述部门达成综合治理，会同周边社区（居委会）、派出所等已是不易。因此，欺凌综合治理合力的形成，不能仅依靠学校或者某一部门，政府、社会和家庭各主体都至关重要。

第四节　我国各省（自治区、直辖市）校园欺凌和暴力防治的制度措施

在校园欺凌和校园暴力问题受到国家层面高度关注后，各地方政府和教育行政部门也相继出台各种预防及治理方案并着手推进，地方政府在推动中小学校园欺凌综合治理中起着承上启下、承前启后的关键作用。根据国务院教育督导委员会办公室《关于开展中小学生欺凌防治落实年行动的通知》要求，建立健全国、省、市、县、学校五级学生欺凌防治工作责任体系和制度体系，明确学生欺凌防治工作负责人和联系人，制定学生欺凌防治工作实施方案。

截至 2018 年 12 月底，全部 31 个省（自治区、直辖市）和新疆生产建设兵团都在省级教育行政部门官网公布了学生欺凌防治工作机构、办公电话和省级学生欺凌治理实施方案。全国 31 个省（自治区、直辖市）和新疆生产建设兵团，仅个别地区未公布学生欺凌治理实施方案，其余全部地市和县（市、区）教育部门均制定了学生欺凌治理实施方案。总体来看，上述国家、省、市层面关于学生欺凌防治系列政策文件的出台和长效机制的建立，在一定程度上遏制了校园欺凌事件的发展。

1. 政策特点

分析全国学生欺凌防治政策文件和部分省、区、市、学校的具体工作制度，当前学生欺凌防治政策呈现以下特点。

一是响应及时，迅速布置。教育部在2016—2018年连续印发关于校园欺凌治理的相关文件，各地即刻着手研究本地学生欺凌实际情况，部署相关工作。例如，山东、陕西、安徽等地在行动落实年督导文件印发前，就已出台了当地的学生欺凌综合治理方案；新疆、广西、海南、四川、贵州、河南等地在督导文件印发仅一个月后，就出台了学生欺凌综合治理方案。

二是体例相同，内容相似。大多数省级教育行政部门贯彻行动落实督导年要求而制定出台的学生欺凌防治工作实施方案与教育部等十一部门联合印发的《加强中小学生欺凌综合治理方案》体例类似，主要分为指导思想、基本原则、治理内容及措施、职责分工和工作要求等方面，充分抓住落实教育为先、预防为主、保护为要、法治为基的原则，紧扣治理内容与措施，明确了学生欺凌的界定、健全防治协调机制、积极预防、依法依规处置和建立长效机制等要点。

三是强调协同，齐抓共管。各地在推进学生欺凌治理过程中，以《指导意见》和《治理方案》为基础，强调协调有关部门、群团组织，联合预防、联合整治。福建、湖北、河南、安徽、贵州、海南、广西、山东、河北等地要求教育行政部门联合有关机构或群团组织共同完成学生欺凌防治机制的构建，向社会公布具体的负责防治学校欺凌工作处室。湖北、四川、贵州、新疆、广西、安徽、福建、海南、山东等地制定的实施方案中将各部门职责分工一一列出，并重点强调教育部门作为牵头单位的组织、引导和监督职责。

四是注重规范，重视日常。规范学校的日常管理能有效促进学生欺凌的治理工作。上海、福建、贵州、北京、湖北、陕西、天津、广东等地规定在校园欺凌治理过程中要关注和规范学校的日常管理工作。广东强调县级以上地方政府完善中小学校法治副校长制度，明确规定法治副校长在综合管理中应履行的职责。河北做出中小学校要积极做好防欺凌专题的要求，并规定每学期至少举行一次；对于已发生的欺凌事件，不能草草调查了事，应明确各种细节，对严重程度做出准确判断。北京市朝阳区教委要求所有中小学校开展包括学生欺凌和暴力防治在内的学校日常教育与管理，要求所有学校明确欺凌和暴力防治工作制度，成立学校防治学生欺凌和暴力工作领导小组。

五是明确规定，严肃惩戒。各地在实施方案中明确提出对欺凌行为依照法律和规定进行严格处理。安徽、福建等地对处理欺凌事件有严格的时限规定，在发生欺凌事件时，学校学生欺凌治理委员会应迅速对事件进行判断，且学校需在启动调查处理程序之日起十天内完成调查，并依据相关规定予以处置。广东要求学校展开对欺凌事件苗头的评估，主要由学校欺凌治理委员会对欺凌苗头进行排查及评估，根据欺凌苗头的实际情况将其评估为一般风险、较大风险和重大风险，继而对学生欺凌苗头按照整改程序进行整改，以消除欺凌隐患。天津《天津市预防和治理校园欺凌若干规定》中，针对欺凌的处理工作设置了 7 章 43 条目，明确了违反规定的国家机关工作人员、学校负责人和教职工、学生监护人应承担的法律责任。

2. 存在的问题

一是对欺凌认识程度仍不够深刻。无论是《指导意见》和《治理方案》，还是各地密集出台的防治工作方案，均提出教育为先的原则，认为明确欺凌界定、加强专题教育、提高反欺凌认识是十分重要的。然而，从实际来看，学校、家庭和社会对于学生欺凌的认识程度还明显不足，对于欺凌重在预防的特征把握还不到位。仅有个别省份（如广东）专门就欺凌苗头进行了描述，并对不同苗头事件的特征和处理方式做了区分。各地针对学生欺凌开展的专题教育也未能覆盖每一所学校、每一名学生、每一个家庭，这就造成了学生、家庭、学校和社会还无法深入认识、分析、反思学生欺凌事件。

二是具体承担治理工作机构混乱。根据教育部教育督导局公开的《各省区市学生欺凌防治工作机构、联系电话及实施方案》，全国 31 个省（自治区、直辖市）和新疆生产建设兵团的学生欺凌防治工作机构设置在了不同的业务处室。天津、河北、内蒙古、吉林、黑龙江、浙江、福建、山东、湖南、广东、重庆、四川、贵州、西藏、陕西、甘肃等地设在安全管理相关的处室（如安全管理处、安全稳定处、应急工作处），北京、云南等地设在后勤保卫相关的处室（如学校后勤处、保卫后勤处），江西、河南、湖北、青海等地设在基础教育相关的处室（如基础教育处），辽宁、宁夏、新疆生产建设兵团等地设在体育卫生艺术相关的处室（如体育卫生艺术教育处），山西、安徽、广西、海南、新疆等地设在教育督导委员会办公室，上海设在了青少年保护工作处。这些职能和业务分工不同的处室，实际承担着本省的学生欺凌防治工作，还分别指导各地市和学校的学生欺凌防治工作，其处室能否承担起指导职责，是否具备相当专业的指导能力，需进一步斟酌。当学生欺凌事件发生时，部分省（自治区、直辖市）的业务处室是能否开展协调多方配合共同解决的工作，也需要在实际工作中进一步调研并加以指导。

三是工作举措不够贴合实际。尽管各地和大部分中小学校都已制定学生欺凌防治的具体举措，但从举措内容分析，有些并不符合学校实际和欺凌发生特点。从目前媒体报道的学生欺凌事件分析来看，学生欺凌发生在校内的以语言性欺凌等轻微欺凌为主，一些恶性的如攻击性欺凌、排斥性欺凌和逼迫性欺凌则通常发生在教师和学生都比较少的偏僻角落，这就造成学生欺凌行为难以被发现，仅靠学校教师的日常关注是不够的。中小学生心智发展不成熟，尚不能很好处理同学间矛盾，不能正确看待学生欺凌，部分被欺凌者迫于惧怕心理，会选择忍气吞声，因而单一或片面地指望依靠教师发现欺凌行为是不现实的。同时，一些省市规定了学生欺凌事件发现后上报的时间（如，北京市东城区教委要求发生欺凌事件，各校应在10分钟内口头向教工委办公室、教委办公室、德育科、保卫科汇报情况，2小时内递交详细文字材料并随时汇报工作进展；北京市海淀区教委要求30分钟内口头上报区教委，1小时内提交书面报告，并及时汇报工作进展），但值得注意的是，学生欺凌行为可细分为语言性欺凌、攻击性欺凌、排斥性欺凌和逼迫性欺凌等类型，不同类型应具体问题具体分析，笼统规定学生欺凌必须在一定时间内上报反而会掩盖一些比较严重的欺凌行为，影响真正的治理和防范。

四是协同配合机制运行存在困难。目前，学生欺凌防治工作仍以中小学校实际承担为主，并没有在全社会和家庭中形成良好的治理合力，仅依靠学校防治学生欺凌的效果极为有限。在学生欺凌防治培训方面，培训对象主要以在校中小学生和教师为主，对家长和社区工作人员等培训较少，对家长和社区如何发现、制止以及家庭教育缺少比较系统、具体的培训。2017—2018 年在全国范围内开展中小学生欺凌和暴力问题调查的结果显示，学校教师在处理学生欺凌事件中会遇到各种困难，突出反映在缺少社会各部门的协作支持（35.5%）和缺乏学校和教育主管部门的支持（21.1%）。各地在政策制定中，如笼统、宏观地指定牵头部门却又未谋划具体的多部门协同配合措施和机制，无疑将在实践中使“密切协同配合”沦为形式。

五是对网络欺凌严重性重视不够。网络欺凌是通过电脑和手机等电子设备，运用短信、社交网站、聊天软件和电子邮件等通信载体在网络上发生的欺凌行为。随着中小学生在生活、学习和娱乐等方面使用网络的时间越来越长、范围越来越广，网络欺凌在近年来学生欺凌事件中所占的比例越来越高，“人肉搜索”“拍裸照发布在空间”“组群谩骂”“PS 丑照”“随意造谣”等新的网络欺凌形式越发猖獗，且对被欺凌者造成的影响是反复、持续、短时间内难以消除的。当前，各地和学校已开始重视发生在现实生活中的欺凌行为，教师也通过培训掌握了发现和处置发生在校园的欺凌事件的能力与方法，但对于网络欺凌及其带来的危害，学校、家庭和社会的认识和重视程度还远远不够，教师和家长的信息素养、媒介素养也亟待提高。各地印发的防治校园欺凌的政策文件中，仅有上海市的《预防中小学生网络欺凌指南 30 条》用以指导学生、家长、学校和社会预防学生网络欺凌。

六是高压政策可能引起负面作用。当前，防治学生欺凌工作的督导结果已作为评价政府教育工作成效的重要内容，对学生欺凌问题突出的地区和单位通过通报、约谈、挂牌督办和实施“一票否决权”等方式进行责任追究。各地出台的工作方案也明确了具体举措和严厉的问责机制，高压、高强度、高利害关系的政策措施无疑会推动各地认真落实欺凌防治工作，压实学校欺凌防治主体责任，但也会带来一定负面作用。从媒体报道的学生欺凌事件来看，个别地区和学校，刻意回避或辩解发生在本地区或学校的事件仅为学生冲突或一般矛盾，不按照学生欺凌事件进行处理。这对于学校和地区来说是“大事化小、小事化了”，但对于欺凌双方和学校其他学生来讲，这样的处理方式无法对其进行教育引导，无法有效遏制学生欺凌。

第三章

欺凌的生成

本研究聚焦校园欺凌和暴力的预防实践问题，旨在从教育的视角帮助中小学师生及学生家长准确认知欺凌和暴力行为的危害，使其能有效进行识别并主动加以防范，为建设“无欺凌校园”提供实效性强且可操作的教育方案。因此，探讨校园欺凌行为发生、发展过程，展开欺凌生成的阶段、描述各阶段行为表现、揭示各阶段行为特征、提炼各阶段临界点标志行为和识别要素，以及准确认识与欺凌关联的暴力行为是做好这项研究的重要前提和基础，也是本章主要阐释的内容。

第一节　欺凌行为的生成阶段

学界对欺凌概念的认知始于20世纪70年代瑞典心理学家丹·欧维斯（Dan Olweus）。欧维斯认为，一个学生受到欺凌是指其长时间、重复地暴露在一个或多个学生的负面行为中，并且难以保护自己。[①] 从这一经典定义出发，结合后续学界不断丰富的研究成果，可以看出，欺凌行为是发生在同伴

---

① OLWEUS，D. Bullying at School：What We Knew and What We Can Do［M］. Oxford：Cambridge，1993：9.

群体中的现象，且存在一个长时间、重复的过程。换言之，欺凌行为的发生必定有着一个动态生成的过程。① 本研究在部分中小学的实验也证实了欺凌行为有一个动态的生成、发展过程。对于这个过程的解析有助于学校师生和学生家长在实践中辨识欺凌行为并有效加以防范，以更好地促进学生的身心健康成长和社会性逐步发展。

一、欺凌行为的构成要素

随着欺凌行为被越来越多的人知晓，公众对于欺凌行为构成要素的认识也逐渐陷入多元化迷思，尤其是对于欺凌行为的边界缺乏足够、清晰的认识。一些学校教师和学生家长对现实中发生的欺凌行为认识模糊，因对欺凌行为误读而导致不当应对的情况屡见不鲜。因此，从提高预防欺凌的实践指向性出发，为帮助中小学师生和学生家长了解什么样的行为是欺凌行为、如何进行识别，我们结合文献分析和在部分中小学的实验，从过程和结果两个维度来概括欺凌行为的构成要素。

（一）过程要素

欺凌行为的过程要素主要包括参与主体、发生时空、伤害形式、行为性质、实施方式。

1. 参与主体

欺凌行为通常有三种主体参与，分别是欺凌者、被欺凌者和围观者。欺凌者是指行为的发起者和主动一方，由其实施欺凌行为，可以是个体，也可能是团伙（群体）。欺凌者若为团伙，可分解为欺凌主要策划和领导者、跟随者、参与者。被欺凌者是指行为的承受者和被动一方，是行为的受害者，可以是个体，也可能是群体。围观者是指除欺凌者和被欺凌者之外的其他参

① 耿申，龚杰克．学生欺凌行为的生成阶段与早期发现［J］．教育研究，2018，39（6）：48-53.

与者，一般情况下多为群体，也可能是个体。围观者若为群体，可分解为协助者、围观者、干预者等，欺凌协助者会在有意无意间成为欺凌行为的助长因子，只有干预者是欺凌行为的遏制因子，围观者从主观上看似与任何一方无关，但客观上已成为欺凌行为的消极因子；围观者若为个体，则角色可能是协助者、围观者和干预者中的任何一个，也相应地成为助长、消极、遏制这三种因子中的任意一种。因此，围观者群体的作为不容忽视，这也揭示了预防教育的价值和意义所在。欺凌行为的参与主体及其逻辑结构如表 3-1 所示。

表 3-1　欺凌行为的参与主体及其逻辑结构

<table>
<tr><th>角色定位</th><th>关系</th><th>作用</th><th colspan="2">构成</th></tr>
<tr><td>行为的发起者</td><td>主动一方</td><td>实施欺凌行为</td><td colspan="2">个体或团伙（群体）</td></tr>
<tr><td>行为的承受者</td><td>被动一方</td><td>行为的受害者</td><td colspan="2">个体或群体</td></tr>
<tr><td rowspan="4">其他</td><td rowspan="2">主动意愿</td><td>行为的助长因子</td><td rowspan="3">群体</td><td>欺凌协助者</td></tr>
<tr><td>行为的遏制因子</td><td>欺凌干预者</td></tr>
<tr><td>被动超脱</td><td>行为的消极因子</td><td>围观者</td></tr>
<tr><td>主动或被动</td><td>三种因子之一</td><td colspan="2">个体</td></tr>
</table>

2. 发生时空

（1）发生时段

校园欺凌事件发生的时间。既有研究结果和来自实验校及社会的案例显示，上课前后、放学后、考试前后和晚上欺凌行为的发生率较高。对这些时段学生的行为表现是否正常，教师和家长需要保持较高的敏感性和觉察度。

（2）发生空间

校园欺凌发生的地点与场所。欺凌行为多发生在校内，但不限于校内，还包括学校周边。校内主要包括：教室及其过道（主要是课间）、宿舍（寄宿制学校）、食堂（餐厅）、厕所、操场。学校周边主要包括：校门口、学生上下学路上（僻静地）等。这些都是欺凌行为的高发地。值得一提的是，除了传统的视听触可感的欺凌行为外，伴随信息科技的不断发展而出现的网络欺凌这一欺凌方式虽然不存在有形的发生地，但可将借助网络等实施欺凌行为的电子媒介视为无形的发生地。有研究者通过对2015年网络媒体曝光的51例中小学生欺凌行为的研究发现，校内及学校附近为欺凌行为的高发地，占比为72.55%。①

分析上述欺凌行为的高发时空，可以看出，无论在校内还是校外，不管是课上抑或课后，欺凌行为主要生发于学校监管的薄弱处或盲区，具有实施的便利性和隐蔽性等特点，而网络欺凌还具有时空的全覆盖性和无限制性。

3. 伤害形式

伤害形式指的是欺凌者通过什么样的方式或手段伤害被欺凌者。欺凌形式主要包括排斥性欺凌、语言性欺凌、攻击性欺凌、逼迫性欺凌、强索性欺凌、性别欺凌和网络欺凌七种。实际上，现实中的欺凌行为往往更为复杂，通常表现为几种形式的混合体。对欺凌的七种形式进行区分的依据在于哪种形式更为主导且便于归类和识别，有助于增强预防实践中的操作性。

例如，在日常生活中，叫他人侮辱性绰号、羞辱、谩骂、无端指责以及写侮辱性文字等是语言性欺凌。通过踢打、推搡、拉扯头发、逼迫下跪等导致他人身体红肿、淤青、流血等就是攻击性欺凌。抢夺他人财物，敲诈，藏匿、损毁或占有他人物品，逼迫同学带零食或其他物品到学校等属于强索性欺凌。通过散布谣言等对人际关系的操控，使同伴关系疏远甚至恶化则是排斥性欺凌和逼迫性欺凌。在网络上捏造、散布某个同学的不实之词属于网络欺凌。男生因为喜欢芭蕾舞、女生因长相中性等被侮辱、歧视就是性别欺凌。

4. 行为性质

行为性质指的是欺凌者行为的主观意图或实际动机，反映的是欺凌行为本身所具有的故意伤害性本质。例如，有目的、有企图地实施某种欺凌行为；

---

① 陈银银，管华.2015年中小学生欺凌行为年度分析报告［J］.现代教育论丛，2017（1）：7-13.

而被欺凌者面对欺凌行为表现得很无助，也无力抵抗。

5. 实施方式

实施方式指的是欺凌行为是单独所为（单干）还是团伙（群体）的行为。

（二）结果要素

欺凌行为的结果要素主要包括身体创伤、财物损毁、精神痛苦、心理伤害。其中，前两者是有形的结果，而后两者则是隐性的结果，但较前两者更为严重。此外，欺凌行为对学业、行为等方面也会产生不可忽视的负面影响，这里不做讨论。过程要素中欺凌行为的伤害形式与结果要素呈因果关联，即不同欺凌形式造成的结果是不同的，如攻击性欺凌直接导致身体创伤，排斥性欺凌和逼迫性欺凌则造成心理伤害。

1. 身体创伤

身体创伤是指由欺凌行为带来的肢体伤害，主要针对被欺凌者而言。身体创伤容易被发现，相对也容易恢复。

2. 财物损毁

财物损毁也很容易理解，主要是指欺凌行为造成的物品损坏或钱财损失，也主要针对被欺凌者而言。

3. 精神痛苦

精神痛苦指欺凌行为使被欺凌者精神紧张、遭受压力，这种痛苦往往具有持续、可能叠加而难以自行消弭的特点。例如，精神恍惚、不敢上学、怕见生人等。

4. 心理伤害

上述三种负面影响主要针对被欺凌者，是单向度的，而由欺凌行为带来的心理伤害则是多向度的，这是心理伤害区别于前三种负面影响的特点。谈及心理伤害，人们往往将其理解为仅对被欺凌者产生影响，对欺凌者和围观者的心理影响容易被忽略。事实上，欺凌行为一旦发生，对欺凌者、被欺凌者和围观者都会产生负面影响。例如，导致被欺凌者出现情绪抑郁、焦虑及相关症状，出现社会化障碍，极端情况下甚至会导致自杀；使欺凌者形成攻击性人格特点，增加其成人后反社会行为发生的可能性，使其犯罪的倾向加重；使围观者受刺激产生不良的心理反应。因此，欺凌事件中没有赢家，尤以对被欺凌者心理的负面影响最大，也最持久。

二、欺凌行为的动态生成过程

本研究的一个基本假设是：欺凌行为有一个动态的生成、发展过程。近些年来，随着校园欺凌和暴力现象社会关注度的不断攀升，校园欺凌和暴力问题也成为学者研究与实践关注的热点。然而，梳理国内外校园欺凌相关研究文献和实践经验，我们发现，研究倾向于对欺凌本质、发生机理和影响因素等的分析，而对欺凌的预防和治理缺乏基于实践层面尤其是中小学预防视角的探究与应对，尤其是从个体的视角了解欺凌行为是如何产生的，以及同伴交往中矛盾和冲突是如何发生、发展的研究成果并不多见。因此，从“早期发现、早期干预”的原则出发，针对欺凌行为识别模糊、应对存在偏差的现实问题，有必要对欺凌行为如何演变的具体过程进行实践审视和理论解释。对相关问题进行实验研究有助于解密欺凌行为生成的“暗箱”，在把握欺凌行为生成、发展规律的基础上，更好地服务于欺凌行为的预防实践工作。

（一）实验校的质性研究逻辑

注重对欺凌本质、发生机理和影响因素等的学理分析是当前欺凌研究比较突出的倾向。在这些研究中，多隐含着一个前提性认识，即将欺凌作为一种宏观层面的、静态的、已经发生的行为来对待；而将欺凌行为视为一个分析单元，从微观领域和动态生成的角度来解析的研究相对较少。

反映到实践层面则是学校师生和学生家长在预防及应对这一问题上的普遍滞后。究其原因，主要是由欺凌行为的三个特点决定的：一是常态性，学校中欺凌的发生往往始于学生间的玩笑、嬉闹，而玩笑、嬉闹的普遍性和必然性使得师生对欺凌行为的悄然出现认识不足；二是隐蔽性，欺凌行为发生的时空较为隐蔽，如果没有足够的意识和能力加以特别留意的话，一般情况下很难被觉察，而欺凌行为一旦发生，后果就比较严重了；三是复杂性，欺凌行为存在于同伴互动中，由于行为主体间、主体与情境间等关系的多样性、模糊性和复杂性，导致对欺凌行为过程辨识的难度增大，也不易准确、及时判断，进而产生应对上的偏差。

因此，从欺凌的预防实践视角，选择实验校并对相关问题进行质性研究是本课题的逻辑出发点和行动落脚点，旨在通过引导实验校师生关注发生在身边的、真实的欺凌问题，并进行深入探讨和不断追问，发现欺凌行为生成、发展的真实过程及样态。

（二）实验校的实验论证过程

2018 年，北京市朝阳区教育委员会（简称“朝阳区教委”）提交的有关朝阳区作为实验区加入“预防中小学校园欺凌和暴力研究”的申请获得本研究批准。与此同时，经公开招募，朝阳区教委所辖的北京市三里屯一中、北京市电气工程学校、东北师范大学附属中学朝阳学校、北京市东方德才学校、北京市陈经纶中学、北京市中央商务区实验学校、北京市日坛中学实验学校、北京市朝阳区花家地实验小学、北京师范大学三帆中学朝阳学校、北京市朝阳区十八里店小学、北京市朝阳区高家园小学、北京市第九十四中学朝阳新城分校、对外经济贸易大学附属小学、北京市朝阳区定辛庄小学等 14 所学校被确定为“预防中小学校园欺凌和暴力研究”的实验校。

这 14 所实验校承担的研究任务就是在总课题研究设计的基础上，验证课题的两个基本假设：一是校园欺凌有一个生成过程，不是突然发生的；二是在标准欺凌之前的“酝酿”过程可分解为若干阶段。研究目标是构建一套完整的防治校园欺凌和暴力的管理体系与制度流程，形成区域预防校园欺凌的实践指导方案。本研究以 14 所实验校为基地，进行了三轮实验。第一轮实验针对实验校中个别研究进展较快的学校，进行学生调研和教师调研，对标准欺凌发生之前的一系列过程进行描述，找到临界点的标志，给出相对应的处理措施。同时，修订调研工具。第二轮实验，在完善第一轮调研工具的基础上，对实验校中少部分学校再次进行学生调研和教师调研，描述事例，找出临界点标志和预防、处理措施。第三轮实验，扩大实验范围，对朝阳区所有实验校进行全面调研，对所获取的实验资料进行文本分析，验证研究假设。

三、欺凌行为的生成阶段划分

（一）欺凌行为生成、发展的阶段划分

事实上，同伴关系由玩笑、嬉闹到对立再到破裂直至最后瓦解的变化过程就是欺凌行为动态生成的过程。现实中的大量案例也表明，欺凌行为中对立关系的形成往往源于当事双方的“失和”，“失和”由一般的矛盾、冲突甚至玩笑和嬉闹引起，而“失和”升级便可能引发欺凌行为。对欺凌行为进行阶段划分是由欺凌行为动态生成的过程特点决定的。因此，准确地界定欺凌行为的边界，清晰地给不同阶段欺凌行为“画像”的目的在于：改变对欺凌行为笼统、粗放和模糊的认识，便于学校师生和学生家长准确识别，是指导学校及时应对欺凌行为的前提条件，有助于预防校园欺凌，更有利于“无欺凌校园”建设实践的有效执行、监管和评估。

通过对既有研究成果、调查数据以及来自实验校的经验案例、国内外新近发生的典型案例的分析，我们抽象出欺凌行为动态发展过程的五个阶段。借用生物学描述植物从种子到幼苗再到成熟植株的生长发育过程，将欺凌行为的生成、发展概括为“两过程五阶段”模型（见图 3-1）。

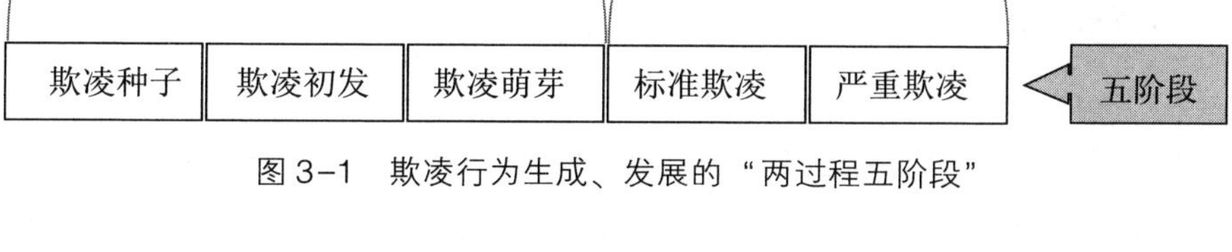

图 3-1 欺凌行为生成、发展的“两过程五阶段”

“两过程”指的是：①欺凌行为“从无到有”的动态生成过程；②欺凌行为“由轻到重”的发展过程。“五阶段”涵盖：“欺凌种子”—“欺凌初发”—“欺凌萌芽”—“标准欺凌”—“严重欺凌”的全过程。

（二）对欺凌生成、发展各阶段标志的界定

1. 欺凌种子

欺凌种子或称未萌欺凌，是指玩闹中出现的过分或越界行为，抑或指对身心有特殊情况难被同学接纳的学生的不当行为。

例如，小Z害怕与人交流，反应比同班同学慢。课堂上被叫回答问题也不出声音，有时甚至不起立。

起初，同学们对此觉得新鲜，课间在他旁边主动与他搭话。时间久了，同学们因为他上课回答不出问题或者拒绝回答，且无法完成学习任务而开始觉得他很笨。有同学在课间问他“1+1”等于几的问题，小Z说“不知道!”，同学们更加认为他什么都不会。教室里小Z出现怪声或者怪动作，同学们就会笑。（案例编号CY05T24）

2. 欺凌初发

欺凌初发或称欺凌初萌，指的是出现程度加重或在较大群体范围出现的过分的玩闹行为。

例如，某校四年级某班有一个身材胖胖的同学张某某，有同学给他起了个外号叫“大肥猪”，时间长了越来越多的人跟着一起叫，这让他感觉很不舒服。逐渐地，班里有同学在上课时也有意无意地疏远他，很多同学故意拿他开玩笑。例如，说比喻句的时候，把他比喻成肥猪；课间操时，同学们说他肯定不冷，他肉多。课下，身边也没有什么朋友，每当这时他都很自卑。队列比赛时，他没有自信地说：“老师，我不上去了，我太胖了，不好看。”（案例编号CY05T26）

3. 欺凌萌芽

欺凌萌芽是指有向着恶劣和伤害方面发展的过分倾向的行为。

例如，三年级某班的男生秦某，因为个头小、体形瘦、长相一般、寡言

少语、学习成绩不理想，遭到同学嘲笑。

开始时，班里有一名学生解某下课时故意把秦某的橡皮拿走，表面上说是借来用用，但始终没有还给秦某。秦某虽然多次去要，但解某总是以各种理由不归还，并说那是他自己的，不应该还给秦某。

班里的其他几个男生见解某拿秦某的学习用品不归还，于是也纷纷向秦某“借”东西。后来，解某和几个男生在厕所里扮鬼的样子故意吓唬秦某，不让他回班。致使秦某去厕所的次数减少了。课上秦某回答问题错误时，几个男生故意哈哈大笑。秦某在班里变得更沉默了，甚至有时以不舒服为理由不想来学校上课。（案例编号 CY07T37）

4. 标准欺凌

标准欺凌指的是具备欺凌定义基本特征的欺凌行为。

例如，何同学因为体形胖、不讲卫生、发育迟缓，被同学“另眼相待”。

开始时，他的同桌会笑话他不讲卫生。后来何同学说话不小心把口水喷溅到同桌脸上，同桌就动手打何同学。几名同学围拢过来也跟着指责他，这让何同学感觉很不舒服。逐渐班里同学都很嫌弃他，谁也不愿意和他坐一起。个别学生甚至借机将他的书包、文具藏起来或将他的衣物弄脏。（案例编号 CY04T20）

5. 严重欺凌

严重欺凌是指已经引发严重后果的欺凌行为。

例如，2015 年，某地初三学生小黄在中考前两天遭三名同班同学围殴，导致脾脏破裂。参加完中考语文科目的考试后，小黄因剧痛放弃下午考试，此时才向家长道出自己多年来被同学欺凌的事实。经检查，小黄脾脏出血严重，经手术切除了脾脏。

据小黄透露，此次殴打他的三名同学自五年级起就时常欺凌他。小黄体格瘦小，被欺凌时无力反抗，且被威胁不能告诉家长与老师，否则“下次打得更重”。此外，小黄的父母平时在外地打工，平时与儿子很少联系。家长、教师的不知情是导致欺凌行为一再发生、变本加厉的重要原因。

四、欺凌行为各阶段的识别要素

在学校“早发现、早干预”的防治欺凌的实践中，识别是最为重要的一步。而要做到准确识别，就必须借助合适的方法和恰当的路径来实现。而明晰“识别要素”即为一种可操作的手段，可为进一步的判断提供依据。具体来说，“识别要素”指的是依据什么来辨识、判断欺凌行为处于生成的哪个阶段或者发展到哪个阶段，进而帮助师生和家长及时遏制欺凌苗头和行为。“识别要素”具有可观测、可感知的直观特性和可操作、可评估的实施特性。

（一）识别要素的确定

通过在部分中小学实验校的三轮实验，本项目组成员经过与实验校师生的反复研讨，提炼并确定了用于欺凌行为阶段识别的九个要素，即频率、态度、程度、人数、性质、范围、场景、方式、特质。我们可以将其理解为“早发现”的技术手段。

在实验中，我们发现这九个识别要素不是常量，而是欺凌行为五个阶段生成和发展过程中的一个变量。而且，由量变逐渐产生质变，进而发生阶段性改变。值得注意的是，这五个阶段中每一个阶段都会涉及若干识别要素，但这九个识别要素也并非在每个阶段中都会显现进而成为标识。正是由于各个阶段之间的界限并非泾渭分明，确定识别要素才更具有现实意义。

1. 频率

频率：指单位时间内某种行为（或事件）发生周期性变化的次数，是表征某种行为（或事件）发生频繁程度的量。

通常，频率有快慢、高低之别。在欺凌行为的生成、发展过程中，频率一般表现为由低到高。例如，“偶尔—经常——一周一次——一周三次—频繁出现”的变化。

2. 态度

态度：指基于自身的道德观和价值观对某种现象或行为的评价及行为倾

向，主要表现为内在感受、情感和意向。

态度尽管是主体内隐的一种质素，但可从其外在表现来捕捉。在欺凌行为的生成、发展过程中，态度主要表现为由好到坏。例如，“从借东西主动还—借东西不还—强行索要财物等”的变化。

3. 程度

程度：指某种行为（或事件）达到的状况和水平。

程度可表征高低或深浅。在欺凌行为的生成、发展过程中，程度表现为由轻微到严重。例如，“私下议论—群体讥笑—公然辱骂”等的变化。

4. 人数

人数：指参与某种行为（或事件）的个体数量。

人数的多少是反映行为主体数量的词语。在欺凌行为的生成、发展过程中，人数表现为主动一方的涉入数量一般由少到多。例如，“一个人—几个人——群人—全班同学”的变化。

5. 性质

性质：指某种行为（或事件）所具有的基本事实，可反映该行为（或事件）的本性和特质。

性质与本性和特质关联，主要用来区分善、恶，主观、被动或其中间属性。在欺凌行为的生成、发展过程中，性质表现为从无意到故意、由平常到恶劣。例如，“不小心碰到—找碴拉扯—故意推搡—任意殴打”，“个人躲避—小范围排斥—号召所有同学集体孤立”等的变化。

6. 范围

范围：指某种行为（或事件）所涉及的一定的时间长短或空间大小。

范围可指代时间的长短、空间的大小、数量的多寡等。在欺凌行为的生成、发展过程中，范围主要表现为时空由小到大延展。例如，“班级—年级—全校—校外”；“踢几脚—打骂半小时—殴打两个小时”等的变化。

7. 场景

场景：指在一定时空发生的某种行为（或事件）与人物关系所构成的具体状况。

一般而言，场景是行为（或事件）背景性的构成要素。在欺凌行为的生成、发展过程中，场景主要表现为发生地由单一到多元的扩展。例如，课堂—课间—食堂—操场—厕所—放学路上等。实际上，这一线性列举只是为表述上的便利，在多数情况下，场景的形式是几种形式的叠加。例如，课堂—食堂+操场（操场+厕所）。

8. 方式

方式：指某种行为（或事件）所采用（或展示）的方法或行为（或事件）的样态。

方式其实就是行为实际发生时的样子，数量上可多可少，形态上或单一或多元。在欺凌行为的生成、发展过程中，方式主要表现为由简单到复杂。例如，“嘲笑—损坏物品+勒索钱财—辱骂+殴打+拍照发朋友圈”等的变化。

9. 特质

特质：指因受到个体、家庭和社会等方面的不良因素的影响，认识、心理和行为等具有偏离常态的情况。

在实践中，有一类群体需要特别加以关注，这就是具有某种特质的学生。主要包括三种类型：（1）生理、心理有缺陷；（2）特定群体，如留守儿童；（3）人格特质（偏差或异化）。有研究者发现，那些超重的、晚发育的、残疾的学生更加容易被欺凌。① 在欺凌行为的生成、发展过程中，具有这三类特质学生中的一部分，可能会成为潜在的欺凌行为涉入者。在身体、智力、情绪和感官等方面有障碍的个体有“特殊需求”，他们涉入欺凌的风险要高于正常个体。②

具体表现为：具有某种特质的学生会出现由被嫌弃、厌恶到被排斥、欺凌的情况。例如，被嫌弃愚笨、被嫌弃有怪异的体味。由暴怒、打架、损毁同学物品到经常欺凌特定同学等情况，无缘由地发怒大喊大叫、打人、撕毁

---

① 魏重政，刘文利．性少数学生心理健康与遭受校园欺凌之间关系研究［J］．中国临床心理学杂志，2015，23（4）：701-705.

② 陈爱花．阻止欺凌，你可以做到！［M］．谢影，译．长沙：湖南少年儿童出版社，2018：31-32.

同学的书本等。

（二）识别要素的类型及其结构属性

通过对上述各识别要素的分析，可以将其分为三类：行为性识别要素、背景性识别要素、主体性识别要素（见表3-2）。

表3-2 欺凌行为各阶段识别要素的类型及其结构属性

类型	结构属性	欺凌行为的识别要素
行为性识别要素	主导性	频率、态度、程度、性质、范围、方式
背景性识别要素	从属性	场景
主体性识别要素		人数、特质

由表3-2可以看出，在这九种识别要素中，“频率”“态度”“程度”“性质”“范围”“方式”这六种特质都是就欺凌行为本身而论的行为性识别要素，“场景”是背景性识别要素，“人数”“特质”是针对欺凌行为主体而言的主体性识别要素。其中，行为性识别要素的结构属性为主导性，背景性识别要素和主体性识别要素的结构属性为从属性。

第二节 欺凌种子的行为特征

在学生的正常交往活动中，玩笑、嬉闹行为时常发生，那么，如何将学生间的玩笑、嬉闹与欺凌种子区分开？将两者区分开来意义何在？如何对其进行准确研判和教育处置？2017年11月，教育部等十一部门联合印发的《加强中小学生欺凌综合治理方案》明确规定：“在实际工作中，要严格区分学生欺凌与学生间打闹嬉戏的界定，正确合理处理。”

欺凌种子是欺凌行为生成的初始阶段，通过对其表现形式的描述、基本特征的归纳、临界点标志的概括和识别要素的解析，旨在为学校师生和学生家长对一种可能异化的行为从初始就建立正确的概念提供帮助。

一、欺凌种子的表现形式

社会学和心理学的相关理论揭示了儿童青少年是在活动中认识世界、与他人交往，逐步完成个体的社会化和个性化发展的。在中小学生的现实生活中，由于个体的成长阶段特点、个性心理特征和社会心理状况①等决定了他们在活动中必然会面临各种问题和挑战，而学会解决矛盾、冲突是其探索和成长的必然过程，凸显了教育的意义。

欺凌种子的表现形式指的是对其客观呈现的状态即实际上是什么样子的认识，包括外在形态和存在方式两个方面。

（一）外在形态

所谓种子，是指在一段时间内处于相对稳定的状态。相对稳定的状态并非静态，而是静中有动，只不过这种动体现为静悄悄的变化，一般不易觉察。学校是中小学生日常生活的主要场所，同伴交往是其实现社会化的常态与必由路径。然而，正是这种在学校中看似常态的事情，往往会有欺凌种子悄然“落地”并“生根”。

事实上，欺凌行为就常常隐藏于玩笑、嬉闹中②，我们将玩闹中出现的过分或越界行为，抑或对身心有特殊情况难被同学接纳的学生的不当行为称为欺凌种子。由于其难以被识别、不易被发现，我们也将欺凌种子称为“未萌欺凌”，其呈现的可变化的中间状态就是“未萌态”。

为便于理解，我们用直观的方式来类比其外在形态上的变化：如果“根”（即玩笑、嬉闹）尚被“种子”包裹，那么，同伴间的行为属于正常的范畴；若“根”已从“种子”里露头并向下生发，则此时同伴间的行为就

---

① 耿申，龚杰克．学生欺凌行为的生成阶段与早期发现［J］．教育研究，2018，39（6）：48-53.

② 耿申．欺凌隐藏于玩闹与暴力之间［J］．教育科学研究，2017（2）：1.

已过分或越界。这时，从整体上看，虽然还是“种子”的外观，但已有异常（出“根”）显现，这个“根”就是过分或越界行为。

（二）存在方式

欺凌行为的普遍性其实源于欺凌种子大量存在的客观事实。既然同伴交往是中小学生发现自我、探索未知、走向成熟的方式之一，既然玩笑、嬉闹是同伴交往的方式之一，那么，我们对于玩笑、嬉闹的态度就不必过度介怀而导致杯弓蛇影，而应持理性、积极的态度。从预防的视角看，在学校师生和学生家长认知、态度到位的前提下，欺凌种子较容易被阻断。在外界干预下，欺凌种子可能至少会向两个方向发展：一是往欺凌方向发展，即欺凌初发；二是卷入欺凌种子的学生向“问题学生”发展，这虽非欺凌现象，但因偏离常态也成为教育问题。

二、欺凌种子的基本特征

由欺凌种子的定义可知，在现实情境中，当两种情况出现时，玩笑、嬉闹就有可能转变为欺凌种子：一是玩闹中出现过分或越界行为；二是对身心有特殊情况难被同学接纳的学生的不当行为。其中，过分、越界、不当行为以是否“可接受”成为判定的依据；“可能”指的是一种变化的趋势。

（一）欺凌种子形成的限定性条件

欺凌种子往往是由过分或越界的玩闹行为转化而来的，但并非所有的过分或越界的玩闹行为都是欺凌种子。这取决于三个方面的限定：一是行为的被动一方因在玩闹中遭受的行为而感受到生气（或不舒服）；二是行为的主动一方感受到快乐，且快乐与对方的生气（或不舒服）相关联；三是行为轻微触犯了班级或学校的相关限定性规范。其中，第一个限定是核心标志，注重的是行为被动一方的感受；第二个限定是关键标志，看重的是行为主动一方的感受；第三个限定偏重校规（班规）等制度性的约束，是欺凌种子构成的充分条件。[①] 从本质上看，欺凌种子尚没有超出玩闹的范畴。

值得注意的是，若主动一方的过分或越界的玩闹只给被动方带来身体上的不适感，而没有使其心理感到不快或难堪，抑或冲突双方都感受到愤怒而没有快乐（如“势均力敌”双方的打架），则均不构成欺凌种子行为。

（二）理解的双重视角

对于欺凌种子，我们既可以将其看作一种未被干预的已经发生了的行为事实，也可以视为一种正在发生着的过程。前者是静态的视角，可以用来识别玩闹行为的消极程度，即属于一般性的玩闹还是过分或越界的玩闹？若是过分或越界的玩闹，其是否已触发相关限制性条件？后者则显示动态中的变化倾向，提示在此过程中，如果学校师生和学生家长能从这三个限制性条件入手，及时发现欺凌种子并加以干预的话，那么，完全可以使其止步于此。

三、欺凌种子的临界点标志

欺凌种子孕育于过分或越界玩闹的土壤中，而过分或越界玩闹由一般性的玩闹发展而来。在预防实践中，准确识别欺凌种子并将其从玩闹中区分出来，并采取有针对性的干预措施，使其终止或加以转化有现实意义。那么，欺凌种子到底有哪些行为表现？其临界点的标志是什么？我们可以采取什么样的方法来进行标定？

基于欺凌行为产生、发展过程的复杂性和多样性，我们采用质性研究的方法来进行分析和概括，以获得对相应阶段临界点的标志行为的解释。具体而言，我们使用在部分中小学进行实验提取的案例作为分析单元。本研究在北京的实验校进行了三轮实验，通过与实验校师生的讨论，采用追溯的方式，对欺凌行为的生成、发展过程进行现象描述，获得了大量关于各类欺凌行为

---

① 耿申，龚杰克．学生欺凌行为的生成阶段与早期发现［J］．教育研究，2018，39（6）：48-53.

的案例，我们提取案例中相应的片段来对欺凌种子阶段做行为临界点标志的分析，本章第二节至第五节中所引用的案例都由实验校师生提供。

需要说明的是，本章第三节至第五节对欺凌行为生成的后续阶段，即欺凌初发、欺凌萌芽、标准欺凌临界点标志的论述都采用与本节对欺凌种子相同的案例分析方法，因此，在其相应处就不再赘述具体方法。

事实上，不同行为类型欺凌种子临界点的标志行为是有差异的，我们具体通过以下四个示例的现象描述来进行具体分析，其分析逻辑为：事情起因—事态发展，以此来显示欺凌种子的生成过程，并概括欺凌种子的标志行为。

（一）案例1　不同行为主体对同一行为的不同感受：开心与生气的对比

1. 现象描述

A学校五年级学生小明是一个有注意缺陷障碍的小孩，在学校很难约束自己的行为，上课不听讲、随意说话，影响身边同学的学习。班中有个别男生很嫌弃小明，认为他是个傻子。在一次课间游戏时，有同学不小心撞到小明，小明没站住，坐在了垃圾桶上，同学们哈哈大笑。小明虽然觉得不好意思，但没有生气，也就很尴尬地笑了笑。从那之后的两周内，班里个别同学就开始故意推小明坐在垃圾桶上。当小明生气时，这种现象就会明显减少。(案例编号：CY08T45)

2. 临界点标志行为分析

事情起因：小明的同学（主动一方）因一次偶然性行为（“不小心撞到”）导致的结果（小明“坐在了垃圾桶上”）而开心（“哈哈大笑”），而小明（被动一方）对此的反应是“很尴尬地笑了笑”，“但没有生气”。

事态发展：小明的同学（主动一方）开始重复之前的行为（“故意推”），而小明的反应是不开心（“生气”），且被动一方的不开心与主动一方的开心相关联，或者说主动一方的开心是建立在被动一方不开心的基础上的。

在该案例中，事情由同学间玩闹行为而起，随着事态的发展，行为主体双方对同一行为的感受是不一样的：行为的主动一方没有变化，一直是开心的；行为的被动一方则发生了变化，由不生气到生气；行为主动一方的快乐与被动一方的生气直接关联。根据欺凌种子形成的限制性条件，该案例中的行为显然已到达欺凌种子的临界点。

欺凌种子的标志行为是：班里个别同学就开始故意推小明坐在垃圾桶上。

（二）案例 2　对行为被动一方负面影响的变化：从物品丢失发展为身体受伤害和产生心理阴影

1. 现象描述

小 H 是一个内向的男生，在班里不爱说话，总是一个人坐在座位上。他的后桌小 M 是一个淘气的男生，欺软怕硬。有一天，小 H 跟我（教师）说他的尺子不见了，问了全班同学都说没有看见，于是我借给他（小 H）一把。第二天，小 H 又和我说他的铅笔盒不见了，在班里问过之后，有同学说看见小 M 拿了他（小 H）的铅笔盒。经询问后，小 M 拿出了他（小 H）的铅笔盒，同时发现了（小 H）丢失的尺子。在对小 M 进行教育后，他意识到了自己的错误并说会改正。但过了几天，小 H 的爸爸联系我说孩子的头发被小 M 剪掉了一块，对上学有抵触心理。（案例编号：CY05T116）

2. 临界点标志行为分析

事情起因：小 H 发现自己的物品丢失（“尺子不见了”）。

事态发展：小 H 接着发现自己物品丢失的数量增多（“铅笔盒不见了”）。在教师的帮助下，找回丢失的物品后，又被其父发现自己的身体受到伤害（“头发被小 M 剪掉了一块”）且心理出现负面状况（“对上学有抵触心理”）。

在该案例中，事情从小 H 物品丢失开始，是同学间的玩闹行为。随后却是物品丢失数量的增多，最后发展到小 H 身体受到伤害、心理受到负面影响。根据欺凌种子形成的限制性条件，提示欺凌种子已经出现。

欺凌种子的标志行为是：小 H 头发被小 M 剪掉了一块，对上学有抵触心理。

（三）案例3 行为主动一方负面行为形态上的变化：由单一状态升级为复合状态

1. 现象描述

学生陈喜欢安静，性格孤僻。学生明心直口快，看到什么就说什么。他俩在课堂上也是如此，所以陈很反感明的行为。在一次课上，明没有举手就自顾自地说起话来，陈很生气，让他闭嘴。明没有听，于是陈下座位踹了明的凳子一脚说："让你闭嘴，听到没有!"这样的行为在班级中出现过两三次。（案例编号：CY08S94）

2. 临界点标志行为分析

事情起因：学生明因一次未获得教师许可（"没有举手"）的行为（"自顾自地说起话来"）而引发学生陈的不满（"很生气"）。

事态发展：学生明因未理会学生陈的阻止行为（"让他闭嘴"）而受到指责（"让你闭嘴，听到没有"）以及被施加身体上的威胁（"陈下座位踹了明的凳子一脚"），同样的事情发生不止一次（"出现过两三次"）。

在该案例中，事情由一般性的玩闹行为而起，之后，学生陈的不满行为由单一状态（口头行为）升级为复合状态（肢体和口头的联合行为），且不满行为有重复发生的现象。根据欺凌种子形成的限制性条件，该案例中的行为预示着欺凌种子已经产生。

欺凌种子的标志行为是：学生陈在玩闹中添加身体动作从而加大言语威胁的力度。

（四）案例4 负面行为本身的影响范围扩大：编造不实之词并且将其扩散出去

1. 现象描述

小红语文写作很好，很喜欢原创一些小说。她不喜欢班里成绩不好的女生小贝，于是编写故事，将故事主人公的名字换成小贝的名字，在故事中设计小贝与班里另一名成绩不好、总是违反纪律的小风相爱、结婚、离婚、再与别人结婚……，说小贝没人要，并把自己编写的故事拿给班里的好朋友看。（案例编号：CY08S220）

2. 临界点标志行为分析

事情起因：小红因个人偏好（“不喜欢班里成绩不好的女生小贝”）而用变相方式（“编写故事”）做出对他人不利的行为（“将故事主人公的名字换成小贝的名字”）。

事态发展：小红将编造没有事实依据的故事情节这一个体行为扩大范围至为多人知晓（“把自己编写的故事拿给班里的好朋友看”）的群体行为。

在该案例中，事情由玩闹行为而起，之后，小红通过编造不实之词的方式将其对小贝的负面偏好扩散出去，其实质是人际关系中的一种排斥行为，即令他人迎合这一负面偏好从而达到孤立小贝的目的。根据欺凌种子形成的限制性条件，该案例中的行为表征欺凌种子已形成。

欺凌种子的标志行为是：小红把自己编写的虚假故事拿给班里的好朋友看。

我们通过对上述四个欺凌种子临界点的标志行为示例（案例 1 至案例 4）的分析，可以看出，其受关注维度和考量的侧重点各不相同（见表 3-3）。

表 3-3　欺凌种子临界点的标志行为示例分析

案例	维度	考量的侧重点
1	比较	行为主体双方的感受
2	结果	行为的被动一方
3	观察	行为本身
4	关系	行为产生的影响

具体而言，案例 1 是比较的维度，注重行为主体双方感受的差异及其相互关系；案例 2 是行为结果的维度，发现行为的被动一方所受负面影响的变化；案例 3 是观察的维度，关注行为本身负面行为形态上的变化；案例 4 是关系的维度，提示负面行为产生影响的扩散。案例 1 和案例 3 关注的维度都属于方法层面。

由案例 1 至案例 4 来看，结合对欺凌种子基本特征的双重理解视角，既可将其欺凌种子临界点的标志行为视为“已经发生了的行为事实”（静态的视角），又可从对其解析中看到其动态的变化过程（动态的视角），即事情是如何从玩闹行为演变为欺凌种子的过程。在预防实践中，明确这一点对于在欺凌种子之处设置第一道防线至关重要，学校师生和学生家长可以采取及时、有效的针对性措施，从一开始就将欺凌行为生成的链条阻断。

四、欺凌种子的识别要素解析

对欺凌种子识别要素的解析，我们仍然采用与其临界点标志行为相同的质性研究的方法，即结合我们在部分中小学进行实验提取的案例作为分析单元来进行解析。具体而言，为获得理解的便利性和延续性，我们就在前述“欺凌种子的临界点标志”所列出的四个示例（具体的案例描述略）基础上继续探究，而不再另列其他示例。

同样需要说明的是，本章第三节至第五节对欺凌行为生成的后续阶段，即欺凌初发、欺凌萌芽、标准欺凌的识别要素解析也都采用与本节相同的案例分析方法，因此，在其相应处也不再赘述具体方法。

（一）案例 1　行为的识别要素：频率+人数+特质

我们从案例 1 的现象描述中可以发现，该案例中的欺凌种子行为涉及三个识别要素：频率、人数、特质。再进一步细分，这三个识别要素分属两种类型：行为性识别要素（频率）、主体性识别要素（人数、特质）。从识别要素的结构属性看，主导性要素（频率）的数量少于从属性要素（人数、特质）的数量。案例 1 行为的识别要素及其表现如表 3-4 所示。

表 3-4　案例 1 行为的识别要素及其表现

识别要素	类型	表现	案例描述
频率	行为性识别要素	集中出现	“两周内”
人数	主体性识别要素	几个人	“个别男生”
特质		身心有偏离常态的情况出现	“有注意力缺陷障碍症的小孩” “在学校很难约束自己的行为”

（二）案例 2　行为的识别要素：态度+范围+方式

我们从案例 2 的现象描述中可以发现，该案例中的欺凌种子行为涉及三个识别要素：态度、范围、方式。再进一步细分，这三个识别要素只涉及一种类型，即行为性识别要素（态度、范围、方式）。从识别要素的结构属性看，这三种要素都是主导性要素，没有从属性要素。案例 2 行为的识别要素及其表现如表 3-5 所示。

表 3-5　案例 2 行为的识别要素及其表现

识别要素	类型	表现	案例描述
态度	行为性识别要素	拿走物品不还	“尺子不见了”“铅笔盒不见了”
范围		在班级内	“在班里问过之后”
方式		拿走物品不还+剪他人头发	经询问后“拿出了他的铅笔盒” “发现了丢失的尺子” “头发被小 M 剪掉了一块”

（三）案例 3　行为的识别要素：方式+频率+场景

我们从案例 3 的现象描述中可以发现，该案例中的欺凌种子行为涉及三个识别要素：方式、频率、场景。再进一步细分，这三个识别要素分属两种类型：行为性识别要素（方式、频率）、背景性识别要素（场景）。从识别要素的结构属性看，主导性要素（方式、频率）的数量多于从属性要素（场景）的数量。案例3行为的识别要素及其表现如表3-6所示。

表3-6 案例3行为的识别要素及其表现

识别要素	类型	表现	案例描述
方式	行为性识别要素	口头指责+身体上的威胁	“让你闭嘴听到没有” “陈下座位踹了明的凳子一脚”
频率		不止一次出现	“出现过两三次”
场景	背景性识别要素	课堂	“在一次课上”

（四）案例4 行为的识别要素：性质+人数

我们从案例4的现象描述中可以发现，该案例中的欺凌种子行为涉及两个识别要素：性质、人数。再进一步细分，这两个识别要素分属两种类型：行为性识别要素（性质）、主体性识别要素（人数）。从识别要素的结构属性看，主导性要素（性质）与从属性要素（人数）的数量相同。案例4行为的识别要素及其表现如表3-7所示。

表3-7 案例4行为的识别要素及其表现

识别要素	类型	表现	案例描述
性质	行为性识别要素	编造不实之词	“将故事主人公的名字换成小贝的名字”
人数	主体性识别要素	多人知晓	“把自己编写的故事拿给班里的好朋友看”

综上所述，我们通过对案例 1 至案例 4 识别要素的解析可以看出，从实验结果中概括出的 9 种识别要素在这几种不同类型的案例中并非同时出现，其出现的数量和类型各不相同，具体情况如表 3-8 所示。

表 3-8　欺凌种子行为的识别要素示例解析

案例	识别要素		类型		
	主导性	从属性	行为性识别要素	主体性识别要素	背景性识别要素
1	频率	人数、特质	√	√	
2	态度、范围、方式		√		
3	方式、频率	场景	√		√
4	性质	人数	√	√	

第三节　欺凌初发的行为特征

在中小学校，当学生间过分或越界的玩闹行为已然变为欺凌种子悄然落地时，若再不加以防范，则很容易发展到欺凌的第二个阶段，即欺凌初发。

如果说欺凌种子仅仅表征过分或越界的玩闹的“可能性”变化的话，那么，欺凌初发则预示其“可能性”遇合适条件、正处在“苗头”待萌发之时。

那么，哪些是催生欺凌初发的“合适条件”呢？通过对欺凌初发表现形式的描述、基本特征的归纳、临界点标志的概括和识别要素的解析，我们来进行具体阐述。

一、欺凌初发的表现形式

相较于欺凌种子，处于欺凌初发阶段的行为从外在形态和存在方式上已发生了较大变化，即过分或越界玩闹行为中的一部分朝着程度进一步加重、波及面进一步扩大的方向发展，此时的行为状态就是欺凌初发。欺凌初发或称“欺凌初萌”，它既是欺凌萌芽的准备状态，也是欺凌行为生成阶段的中间期和过渡期。

（一）外在形态

从外在形态看，欺凌初发的显著标志就是欺凌种子有萌出的迹象，而这种迹象指的是学生间矛盾或冲突的显性化。如果用直观的方式来类比，就是“种子”具备了“适宜的条件”（学生间矛盾或冲突的加剧）而拱出“地面”，暴露在“空气”中。这种使隐藏的“种子”拱出地面的显性状态就是欺凌初发。

需要注意的是，欺凌初发实际上是一种“将出未出”的临界状态，即尽管“种子”的外壳已被拱破，但尚未“出芽”。从识别上看，既要将其与欺凌种子区别开，更要留意其与欺凌萌芽的不同以及其动态发展的过程。

（二）存在方式

在现实中，欺凌初发的情况虽然普遍存在，也存在欺凌萌芽的可能，但易受自身和外界条件的影响，一旦出现“干扰”因素，就比较容易终止。从预防的视角看，这就提示欺凌初发有两种发展方向：一是矛盾或冲突进一步加深或加剧以至产生欺凌萌芽，即“种子”“出芽”；二是学生在尊重和友善氛围较浓厚的环境中，将矛盾或冲突自行消解（内生影响下），或在第三方（同学、教师、家长）劝和性干预下（外在影响下）顺势消解，即“种子”生长“停滞”。

尽管矛盾或冲突的显性化是欺凌初发的显著标志，但不能将任何矛盾或冲突都认定为校园欺凌的征兆，因为“如果代表底线的一座警钟太过灵敏，那么这座警钟也就失去了其存在的意义”[①]。

二、欺凌初发的基本特征

在既有的欺凌研究的理论成果中，我们很难发现关于欺凌行为生成阶段的翔实的现象描述，而在实际发生的案例中，这部分的内容也往往是笼统而模糊的，也较难被剥离出来。我们在与实验校师生进行讨论时，在梳理欺凌初发基本特征的基础上，从预防实践的角度，基于案例对欺凌生成的第一个阶段欺凌种子和第二个阶段欺凌初发进行了操作层面的切分。

（一）基本特征的三个方面

前文将欺凌初发界定为出现程度加重或在较大群体范围出现的过分的玩闹行为。从动态过程来看，这一阶段的行为是在欺凌种子的基础上，由过分或越界的玩闹行为进一步发展而来的。其中，“程度加重”和“较大群体范围”是欺凌初发行为的表象。那么，就其实质而言，欺凌初发行为的基本特征可以从主动一方的目的、被动一方的感受和行为的性质这三个方面来考量。

1. 主动一方的目的

主动一方的行为有一定的主观故意性，但伤害的意愿尚不太明确，找寻快乐的成分更多一些。或可以将其理解为：行为的主要目的是为找寻快乐，行为与快乐之间有一定的关联性。

2. 被动一方的感受

被动一方因主动一方施加的行为而感到痛苦，痛苦与行为之间也有一定的关联性。

3. 行为的性质

主动一方的行为属于不被允许的行为范畴，明显触犯了班级或学校的相

---

① 孙时进，施泽艺．校园欺凌的心理因素和治理方法：心理学的视角［J］．华东师范大学学报（教育科学版），2017，35（2）：55.

关限定性规范。

（二）与欺凌种子的区别

将欺凌初发的基本特征与欺凌种子的三个限定性条件进行比较，可以发现处于这两个不同阶段的行为的异同（见表3-9）。提取出这些异同点，有助于我们更好地认识欺凌行为生成过程中的变化，从而为学校预防实践中的“早发现”提供帮助。

表3-9　欺凌初发与欺凌种子行为的比较

<table>
<tr><th rowspan="3">阶段</th><th colspan="2">本质</th><th colspan="3">行为的主动一方</th><th colspan="2">行为的被动一方</th><th colspan="2">性质</th></tr>
<tr><th rowspan="2">相同</th><th rowspan="2">不同</th><th colspan="2">感受</th><th>目的</th><th colspan="2">感受</th><th rowspan="2">相同</th><th rowspan="2">不同</th></tr>
<tr><th>相同</th><th>不同</th><th>不同</th><th>相同</th><th>不同</th></tr>
<tr><td>欺凌初发</td><td rowspan="2">玩闹行为</td><td>程度加重、范围扩大；矛盾或冲突显现</td><td rowspan="2">快乐</td><td>目的+结果</td><td>有一定的主观故意性，但伤害意愿不明确</td><td rowspan="2">负面体验（身体或心理）</td><td>痛苦</td><td rowspan="2">触犯班规或校规</td><td>明显</td></tr>
<tr><td>欺凌种子</td><td>过分或越界且未被制止</td><td>结果</td><td>无主观故意性和伤害意愿</td><td>生气（不舒服）</td><td>轻微</td></tr>
</table>

具体而言，欺凌初发与欺凌种子行为的相同之处是：①本质上都属于玩闹行为范畴，只是程度和范围上有差异；②行为主动一方的感受都是快乐的；③行为被动一方都因主动一方的行为而产生负面体验，只是程度不同；④行为都触犯了班级或学校的相关限定性规范，只是有轻重之别。

值得注意的是两者的不同之处：①在欺凌种子阶段，行为主动一方的“快乐”感受仅是行为带来的结果；而到了欺凌初发阶段，行为主动一方的“快乐”感受不仅是行为的结果，而且是行为的目的，即行为的目的与结果是一致的。换言之，欺凌初发阶段行为的主动一方是为找寻“快乐”而行动，行动之后也同时感受到“快乐”这一结果。②在欺凌初发阶段，行动的主动一方有一定的主观故意性，但伤害意愿不明确；而在欺凌种子阶段，行动的主动一方则没有此主观故意性和伤害意愿。

三、欺凌初发的临界点标志

在对实验校师生所提供案例的现象描述进行分析之后，我们提取出不同行为类型中处于欺凌初发临界点的标志行为。我们具体通过以下四个案例的现象描述进行分析，其分析逻辑为：欺凌种子—事态发展，以此来显示欺凌初发的生成过程，并概括欺凌初发的标志行为。

（一）案例 5　被群体嘲笑、讥讽的痛苦感加剧：由感觉不舒服到心理自卑

1. 现象描述

某校四年级某班有一个身材胖胖的同学张某某，有同学给他起了个外号叫“大肥猪”，时间长了越来越多的人跟着一起叫，这让他感觉很不舒服。逐渐地，班里有同学有意无意地疏远他，很多同学故意拿他开玩笑，例如，课堂上说比喻句的时候，把描述的物体比喻成肥猪；课间操时，同学们说他肯定不冷，他肉多；课下，身边也没有什么朋友……。这都让他感到很自卑。队列比赛时，他没有自信地说：“老师我不上去了，我太胖了，不好看。”（案例编号：CY05T26）

2. 临界点标志行为分析

欺凌种子：张某某同学因身材胖被同学起了一个外号（“大肥猪”），许多同学跟着叫这个难听的外号。

事态发展：由于张某某被嘲笑、被讥讽的行为不时发生（课堂上“说比喻句的时候”，“课间操时”），导致其心理受到伤害（很自卑）而不愿参加集体活动。

在该案例中，由张某某被同学叫难听的外号而导致欺凌种子的产生，该行为使其内心感受逐渐由因他人不公正的对待（嘲笑、讥讽）而难受发展为心理上的自我否定。从欺凌初发的基本特征看，该案例中的行为已构成欺凌初发。

欺凌初发的标志行为是：张某某受到心理伤害而不愿意参加队列比赛。

（二）案例6　负面行为的性质发生变化：由取笑升级为身体冲撞

1. 现象描述

陆同学身体瘦弱矮小，且因为有注意缺陷障碍，嘴角总是不自觉地向右侧抽动，开学初由于相互不熟悉，大家基本没有反应。随着时间的推进，有个身高体壮的A同学开始学他，边尾随边模仿。到后期造成多个同学都来模仿，甚至有意冲撞陆同学，虽然陆同学极力躲避这几个故意挑逗的同学，但他们依然在课下或放学时间挑逗、冲撞陆同学。（案例编号：CY10T48）

2. 临界点标志行为分析

欺凌种子：陆同学因患注意缺陷障碍导致特殊的生理状况（“嘴角总是不自觉地向右侧抽动”）从被同学疏远（“大家躲开基本没有反应”）到遭到个别同学模仿（“A同学开始学他”）。

事态发展：模仿行为的多人加入（“多个同学都来模仿”）以至发生身体上的接触（“有意冲撞陆同学”）。尽管陆同学很不情愿（“极力躲避”），但行为一直持续（“依然在课下或放学时间挑逗、冲撞”）。

在该案例中，欺凌种子行为即取笑陆同学的行为（模仿）逐渐升级为身体冲撞（性质改变），行为参与的范围和空间也逐渐扩大。从欺凌初发的基本特征看，该案例中的行为已构成欺凌初发。

欺凌初发的标志行为是：陆同学持续遭到同学的挑逗、冲撞。

（三）案例7　被不公正对待的程度和范围的加重：由被孤立到被群体鄙视

1. 现象描述

S中学初二年级学生慧，她喜欢某明星，但是她的学姐是那个明星的

“黑粉”，所以学姐和她的朋友孤立慧，起初慧还没有特别注意。

一天早上，慧到学校后，发现同学们都瞟她白眼并且还故意给她起外号叫“瞎子”，并说“我建议你去医院看看眼科”之类的话。（案例编号：CY08S42）

2. 临界点标志行为分析

欺凌种子：学生慧因与他人对某位明星的喜好不同（“她喜欢某明星”，而“学姐是那个明星的‘黑粉’”）而遭其排斥（“学姐和她的朋友孤立慧”）。

事态发展：学生慧被排斥的情况由单纯地被小部分人（“学姐和她的朋友”）孤立扩展为被多人鄙视（“同学们都瞟她白眼”）。被不公正对待的方式也增多了：“另眼看待”（“都瞟她白眼”）、被辱骂（“瞎子”）以及被讥讽（“我建议你去医院看看眼科”）。

在该案例中，随着事态的发展，欺凌种子行为的参与人数和方式都逐渐增多，显示此种排斥行为在群体范围内扩散的程度加重。从欺凌初发的基本特征看，该案例中的行为已构成欺凌初发。

欺凌初发的标志行为是：学生慧遭到同学们的辱骂和讥讽。

（四）案例 8　不良举动的多次发生：有意重复并伴随不断升级的言语威胁

1. 现象描述

一天放学后，班里 L 同学的家长主动找到老师反映了这样一件事：H 同学在午餐时，把自己吃剩下的残余食物故意放入旁边 L 同学的餐盘里，导致 L 同学无法正常就餐。L 同学想把这件事告诉老师，寻求班主任的帮助。但当时，H 同学对 L 同学说：“你敢告诉老师，我就打你。”有些胆小柔弱的 L 同学很害怕，只有回到家向家长寻求帮助。从那次与家长的谈话中，班主任老师得知了情况，并采取（进行）了一系列的调查。在这个过程中，老师从家长以及坐在 H 同学周围的人那里得知，H 同学还向周围其他同学做过类似的行为，并用更无礼、更不文明的言语威胁过周围的其他同学，其他同学都出于害怕或屈服等原因未告知家长或老师。（案例编号：CY09S96）

2. 临界点标志行为分析

欺凌种子：H 同学在学校进餐时故意做出的不良举动（“把自己吃剩下的残余食物故意放入旁边 L 同学的餐盘里”），L 同学很害怕。

事态发展：L 同学因受到 H 同学的言语威胁（“你敢告诉老师，我就打你”）而不敢告诉老师，在向其家长反映后获得了老师的帮助。H 同学的其他类似不良举动因此得以暴露（“还向周围其他同学做过类似的行为”）。

在该案例中，教师对于欺凌种子的行为是通过间接渠道获知的（“L 同学的家长主动找到老师反映”），并且发现这种行为并非一个孤立的事件（“还向周围其他同学做过类似的行为”）。其他学生之所以不报告此事同样是因为受到威胁（“用更无礼、更不文明的言语威胁过周围的其他同学”）。从欺凌初发的基本特征看，该案例中的行为已构成欺凌初发。

欺凌初发的标志行为是：类似不良举动（进餐时故意有损他人并伴随言语威胁）还发生在周围多名同学身上。

我们通过对上述四个欺凌初发临界点的标志行为示例（案例 5 至案例 8）的分析，可以看出，其受关注维度和考量的侧重点各不相同（见表 3-10）。

表 3-10 欺凌初发临界点的标志行为示例分析

案例	维度	考量的侧重点
5	结果	行为被动一方的感受
6	过程	行为本身
7	关系	行为产生的影响
8	过程	行为本身

具体而言，案例 5 是行为结果的维度，注重行为被动一方的感受；案例 6 是行为过程的维度，关注负面行为在发展过程中所发生的性质变化；案例 7 是关系的维度，考量负面行为产生影响的变化；案例 8 也是过程的维度，注重负面行为方式的改变。案例 6 和案例 8 关注的均为过程维度，只是前者侧重行为性质的变化，后者则强调行为方式的改变。

由案例 5 至案例 8 来看，结合欺凌初发的三个基本特征，我们可以发现欺凌种子萌出的“迹象”已显现，即事件中的矛盾或冲突均已清晰可辨。行为主动一方的主观故意性凸显，伤害意愿虽不明确，但其可能性已显露；行为被动一方的负面体验与主动一方的故意行为直接相关；行为显然都已触犯班级或学校的限定性规范。在预防实践中，欺凌初发生成后的行为变化须引起学校师生和学生家长的高度重视，及时发现并有效应对是将欺凌行为遏止于萌芽之中的第二道防线，也是预防欺凌全链条中的关键防线。

四、欺凌初发的识别要素解析

案例 5 至案例 8 列出的是欺凌初发行为的临界点标志的示例，下面我们将在这四个示例的基础上对这些欺凌初发行为的识别要素进行具体解析。

（一）案例 5　行为的识别要素：性质+场景+人数

我们从案例 5 的现象描述中可以发现，该案例中的欺凌初发行为涉及三个识别要素：性质、场景、人数。再进一步细分，这三个识别要素涵盖了三种类型：行为性识别要素（性质）、背景性识别要素（场景）、主体性识别要素（人数）。从识别要素的结构属性看，主导性要素（性质）的数量少于从属性要素（人数、场景）的数量。案例 5 行为的识别要素及其表现如表 3-11 所示。

表 3-11　案例 5 行为的识别要素及其表现

识别要素	类型	表现	案例描述
性质	行为性识别要素	自卑心理产生	“没有自信地”说出自己不参加队列比赛
场景	背景性识别要素	行为发生扩散	在“课下”或“课间操时”
人数	主体性识别要素	多人参与嘲讽	“说比喻句”暗讽，课间操时讥笑

（二）案例 6 行为的识别要素：性质+场景+特质+人数

我们从案例 6 的现象描述中可以发现，该案例中的欺凌初发行为涉及四个识别要素：性质、场景、特质、人数。再进一步细分，这四个识别要素涵盖了三种类型：行为性识别要素（性质）、背景性识别要素（场景）、主体性识别要素（特质、人数）。从识别要素的结构属性看，主导性要素（性质）的数量少于从属性要素（特质、人数、场景）的数量。案例 6 行为的识别要素及其表现如表 3-12 所示。

表 3-12 案例 6 行为的识别要素及其表现

识别要素	类型	表现	案例描述
性质	行为性识别要素	模仿行为升级	“有意冲撞陆同学”
场景	背景性识别要素	校内+校外	“在课下或放学时间”
特质	主体性识别要素	身体有特殊情况	“嘴角总是不自觉地向右侧抽动”
人数		多人参与取笑行为	“多个同学都来模仿”“甚至有意冲撞”

（三）案例 7 行为的识别要素：程度+人数

我们从案例 7 的现象描述中可以发现，该案例中的欺凌初发行为涉及两个识别要素：程度、人数。再进一步细分，这两个识别要素分属两种类型：行为性识别要素（程度）、主体性识别要素（人数）。从识别要素的结构属性看，主导性要素（程度）与从属性要素（人数）的数量相同。案例 7 行为的识别要素及其表现如表 3-13 所示。

表 3-13　案例 7 行为的识别要素及其表现

识别要素	类型	表现	案例描述
程度	行为性识别要素	排斥行为方式增多	“都瞟她白眼”，说讥讽的话“我建议你去医院看看眼科”
人数	主体性识别要素	被多人鄙视	“同学们都瞟她白眼”

（四）案例 8　行为的识别要素：频率+方式

我们从案例 8 的现象描述中可以发现，该案例中的欺凌初发行为涉及两个识别要素：频率、方式。再进一步细分，这两个识别要素只涉及一种类型，即行为性识别要素（频率、方式）。从识别要素的结构属性看，这两种要素都是主导性要素，没有从属性要素。案例 8 行为的识别要素及其表现如表 3-14 所示。

表 3-14　案例 8 行为的识别要素及其表现

识别要素	类型	表现	案例描述
频率	行为性识别要素	类似不良举动在周围多名同学身上的事实被教师了解	“老师从家长以及坐在 H 同学周围的人那里得知”“其他同学都出于害怕或屈服等原因未告知家长或老师”
方式		就餐时的不良举动伴随言语威胁	H 同学“用更无礼、更不文明的言语威胁过周围的其他同学”

综上所述，我们通过对案例 5 至案例 8 识别要素的解析可以看出，我们从实验结果中概括出的 9 种识别要素在这几种不同类型的案例中并非同时出现，其出现的数量和类型各不相同，具体情况如表 3-15 所示。

表 3-15 欺凌初发行为的识别要素示例解析

案例	识别要素		类型		
	主导性	从属性	行为性识别要素	主体性识别要素	背景性识别要素
5	性质	场景、人数	√	√	√
6	性质	场景、特质、人数	√	√	√
7	程度	人数	√	√	√
8	频率、方式		√		

第四节 欺凌萌芽的行为特征

由于在欺凌初发阶段，行为主体间的矛盾、冲突已显现，如果学校师生和学生家长对此阶段行为未能及时识别并加以干预的话，那么，随着矛盾、冲突的进一步加剧，欺凌初发行为就可能“变性”为欺凌萌芽而步入欺凌行为生成的第三个阶段。

因此，在学校或班级等场域中，对这种已然产生的矛盾、冲突行为不应无视或任由其发展，而应给予足够重视。对其表现形式、基本特征、临界点标志和识别要素的探讨与分析，有助于强化对欺凌萌芽的认识，进而把好防范的第三道关口。

一、欺凌萌芽的表现形式

当欺凌初发的行为出现了向着恶劣和伤害方面发展的过分倾向时，我们就可以将此时的状态视为欺凌萌芽。在欺凌行为的生成阶段中，欺凌萌芽处于一个关键期。这就意味着：一旦过了这个关键期，一种标准欺凌行为就将成型。

（一）外在形态

当欺凌初发行为发生时，行为被动一方的立场、选择以及外界是否存在干预因素就成为关键之举，往往会影响其发展方向——终止或继续。如果具备合适的条件，那么，欺凌初发行为就会适时萌发而成为欺凌萌芽。这里所指的“合适的条件”可以有两方面的理解：一是不论出于何种原因，被动方对主动方的行为选择逃避或不予理会；二是外界（被动一方的同伴、教师、家长等他人）未对主动方的行为进行任何形式的制止（包含未发现和已发现两种情况）。这两方面构成了对所发生行为事实上的“默许”。因此，我们将在“默许”的情况下因欺凌初发持续发生而导致的“升级”行为认为是欺凌萌芽。

从外在形态上看，如果说欺凌初发显示的是隐藏的“种子”拱出地面的显性状态的话，那么，欺凌萌芽就是“种子”破壳而“萌出新芽”。“萌出新芽”指的就是矛盾、冲突的加剧，其虽有向着恶劣和伤害方向发展的倾向，但其外在表现和内部实质尚不充分。

（二）存在方式

在现实的学校生活中，欺凌初发行为被“默许”进而升级为欺凌萌芽的现象并不少见。它也有两种发展方向：一种是在受到明确而强力的“劝和性”或“警告性”干预下顺势消解；另一种则可能进一步加剧，最终演变为标准欺凌行为。换言之，若外界环境的影响力不足时，则欺凌初发就可能朝着加剧的方向发展，其自行终止的难度加大。因此，对处于欺凌行为生成关键阶段的欺凌萌芽，准确把握其状态对于及时进行干预性处置极具意义。

二、欺凌萌芽的基本特征

从欺凌行为的生成过程来看，欺凌萌芽的出现是行为双方主体间恶化以及与周围环境负性互动的结果，矛盾或冲突行为的加剧而导致的“攻击行为”是其显著标识。

在分析欺凌萌芽基本特征的基础上，为便于实践操作，我们基于实验校案例，将欺凌萌芽与欺凌初发的阶段特征进行对比讨论。

（一）基本特征的五个方面

我们知道，欺凌萌芽是由欺凌初发发展而来的，"向着恶劣和伤害"方向是其行为的表象。那么，就其实质而言，欺凌萌芽行为的基本特征可以从主动一方实施的行为、行为主体间的力量对比、被动一方的感受、行为的性质以及前三项所达到的程度这五个方面来考量。

1. 主动一方实施的行为

行为的主动一方对被动一方实施了语言（自认为是玩笑）和身体（自认为只是嬉闹）的攻击行为。

2. 行为主体间的力量对比

行为的主动一方较被动一方占据较强势地位。

3. 被动一方的感受

被动一方感受到精神屈辱或痛苦，而主动一方感受到的则是快乐。

4. 行为的性质

行为明显违反了班级或学校的相关限定性规定，有的行为可能还违反了某些社会规范甚至法规。

5. 前三项所达到的程度

前三项所达到的程度均未到被第三方认定为标准欺凌的地步。

为更好地理解欺凌萌芽的上述特征，我们用以下案例来进行说明。

某寄宿小学的高年级学生不让低年级学生在晚间洗漱时使用热水，低年级学生一使用热水就遭高年级学生打或骂，低年级学生感到害怕。①

在该案例中，高年级学生是行为实施的主动一方，相较低年级学生而言，其力量占据强势地位。"高年级学生不让低年级学生在晚间洗漱时使用热水"的行为显然违反了学校的相关规定，其性质为主观故意，而打骂使用热水的

① 教育部基础教育司．发现班级中隐藏的欺凌因素［J］．人民教育，2018（12）：16-80.

低年级学生则是高年级学生利用其强势地位实施的一种身体攻击行为。低年级学生是行为的被动一方，力量相对弱势，对高年级学生的打骂行为感到害怕。由此可以看出，标准欺凌的“身心攻击、感受痛苦”要素已初步显现，但程度尚不严重，已具备欺凌萌芽的特征。

（二）与欺凌初发的区别

将欺凌萌芽的五个基本特征与欺凌初发基本特征的三个方面进行比较，可以发现这两个阶段的行为有明显的不同。从行为的性质和程度上看，欺凌萌芽已较欺凌初发恶劣和严重，两者间有了本质上的区别（见表 3-16）。

表 3-16　欺凌萌芽与欺凌初发行为的比较

<table>
<tr><th rowspan="3">阶段</th><th rowspan="2">本质</th><th colspan="2">行为的主动一方</th><th>行为主体间的关系</th><th colspan="2">行为的被动一方</th><th colspan="2" rowspan="2">性质</th></tr>
<tr><th>感受</th><th>目的</th><th>力量对比</th><th colspan="2">感受</th></tr>
<tr><th>不同</th><th>相同</th><th>不同</th><th>不同</th><th>相同</th><th>不同</th><th>相同</th><th>不同</th></tr>
<tr><td>欺凌萌芽</td><td>攻击行为</td><td rowspan="2">快乐（目的+结果）</td><td>主观故意性明显，有一定的伤害意愿</td><td>主动一方占强势地位</td><td rowspan="2">负面体验（身体或心理）</td><td>精神屈辱或痛苦</td><td rowspan="2">触犯班规或校规</td><td>甚至违反社会规范和法律</td></tr>
<tr><td>欺凌初发</td><td>矛盾或冲突显现</td><td>有一定的主观故意性，但伤害意愿不明确</td><td>主动一方的强势地位不被强调</td><td>痛苦</td><td>明显</td></tr>
</table>

具体而言，欺凌萌芽与欺凌初发的相同之处是：（1）行为主动一方的感受都是快乐的，且都表现为既是行为的结果，更是行为的目的，即两者行为的主动一方都是为找寻“快乐”而行动，行动之后也同时感受到“快乐”这

一结果。(2) 行为被动一方的感受都是身心方面的负面体验，只是在程度上不同。(3) 行为都触犯了班级或学校的相关限定性规定，差别在于前者在此基础上有可能违反社会规范或法律。

两者的不同之处则体现得更为明显：(1) 从本质上看，欺凌萌芽行为是一种攻击行为，是欺凌初发行为时显现的矛盾或冲突的进一步加剧，即矛盾或冲突升级后产生的结果，程度上更为严重。(2) 在欺凌萌芽阶段，行动的主动一方主观故意性明显，有一定的伤害意愿；而在欺凌初发阶段，行动的主动一方有一定的主观故意性，但伤害意愿不明确。(3) 从行为主体的关系看，欺凌萌芽行为的主动一方占强势地位，而欺凌初发行为的主动一方的强势地位不被强调。

三、欺凌萌芽的临界点标志

实验校师生所提供的都是完整案例的现象描述，因此，我们就按照其行为的生成过程，即欺凌种子—欺凌初发—事态发展这一逻辑顺序来揭示欺凌萌芽临界点的标志行为，并概括欺凌萌芽的标志行为。我们通过以下四个案例的现象描述进行具体分析。

(一) 案例9 行为方式发生变化：由故意“借”物品不还到出现故意伤害行为

1. 现象描述

三年级某班的男生秦某，因为个头小、体形瘦、长相一般、寡言少语、学习成绩不理想，遭到同学嘲笑。

开始时，班里有一名学生解某下课时故意把秦某的橡皮拿走，表面上说是借来用用，但始终没有还给秦某。秦某虽然多次去要，但解某总是以各种理由不归还，并说那是他自己的，不应该还给秦某，秦某只能任由解某随意拿走。

班里的其他几个男生见解某拿秦某的学习用品不归还，于是也纷纷向秦某“借”东西。后来，解某和几个男生在厕所里扮鬼的样子故意吓唬秦某，不让他回班。致使秦某去厕所的次数减少了。课上秦某回答问题错误时，几个男生故意哈哈大笑。秦某在班里变得更沉默了，甚至有时以不舒服为理由不想来学校上课。（案例编号：CY07T37）

2. 临界点标志行为分析

欺凌种子：学生解某借口向秦某“借”东西（“故意把秦某的橡皮拿走，表面上说是借来用用”），但始终不归还。

欺凌初发：解某的行为被班里多名男生效仿（“纷纷向秦某‘借东西’”），结果自然是秦某的其他物品也有去无回。

事态发展：多名男生做出怪异可怕的动作（“在厕所里扮鬼的样子故意吓唬秦某”），不让解某回班，解某因害怕再被拦截而不敢去厕所（“秦某去厕所的次数减少了”）。加上解某上课回答问题错误又遭到同学嘲笑（“几个男生故意哈哈大笑”），使其不想来学校上课。

在该案例中，由一名学生借他人物品不还产生欺凌种子开始，发展至多人多次随意拿取他人物品一致演变为恐吓嘲笑他人的伤害行为；而行为的被动一方则从最初的应对无方和无奈（“任由解某随意拿走”）逐渐退缩，“变得更沉默了”，进而“有时以不舒服为理由不想来学校上课”。从欺凌萌芽的特征来看，该案例中的行为已构成欺凌萌芽。

欺凌萌芽的标志行为：秦某被多名同学恐吓且经常遭到嘲笑以致时常找借口不愿意到学校上学。

（二）案例 10　羞辱行为的升级：从故意招惹到公开羞辱并从中取乐

1. 现象描述

学生泽因出生时大脑缺氧导致智力低下、残疾而遭到同学欺辱。刚升入小学一年级时，不明事理的学生经常围在学生泽的身边，随意去拿她的学习用品，学生泽索要但他们不归还。

随着年龄的增大，有些同学发现学生泽与他们有很大的不同，有时会故意招惹她。一次，课间休息时，学生们都在楼道玩耍，一个男同学在男厕所门口故意招惹学生泽，故意将其往男厕所拖。

还有一次，一个女同学在楼道中故意与学生泽嬉闹，并扯拽其裤子，引起在场的同学哄笑，认为有意思。学生泽不敢反抗，只能把情况跟家长反映，家长与老师进行沟通，希望老师能解决这件事情。（案例编号：CY09T147）

2. 临界点标志行为分析

欺凌种子：学生泽的物品经常被一些同学拿走（“随意去拿她的学习用品”“学生泽索要但他们不归还”）。

欺凌初发：课间发生故意招惹学生泽的行为（“一个男同学在男厕所门口故意招惹学生泽，故意将其往男厕所拖”）

事态发展：招惹学生泽的行为一再发生（“一个女同学在楼道中故意与学生泽嬉闹，并扯拽其裤子”），有围观者出现在现场（“引起在场的同学哄笑，认为有意思”）。

在该案例中，个别不明事理学生的戏弄行为未被制止，逐渐演变为故意招惹以致出现带有公开羞辱性质的攻击行为；而行为被动一方则表现无力（“不敢反抗”）。从欺凌萌芽的特征来看，该案例中的行为已构成欺凌萌芽。

欺凌萌芽的标志行为：羞辱学生泽的行为升级，故意当众扯拽其裤子让其出丑，羞辱他人者从中取乐，而围观者觉得有趣。

（三）案例 11　被讥讽的程度加大：由有意无意地疏远逐渐演化为恶意嘲讽

1. 现象描述

A 学校初一学生小范，因为学习成绩不好，性格又内向，且课下不爱和同学交流聊天，所以和同学的关系比较疏远，再加上学习成绩不好，在班里很不合群。

开始时，他上课回答问题错误时其他同学会小声地议论。逐渐地，班里有同学在上课时也有意无意地疏远他，当他主动和同学交流时，不是被无视，就是被周围的同学嘲笑、躲避。他在课上回答问题时，下面的同学总是嘘声一片，小范陷入尴尬和难堪的境地。再后来，谁也不愿意和小范坐一起，因为如果谁和他同桌或分到一个学习小组，就会被其他同学公开耻笑。就这样，

班中的大多数人甚至其他班级的同学都不愿意或不敢和小范说话。小范变得沉默寡言，形单影只。(案例编号：CY07S36)

2. 临界点标志行为分析

欺凌种子：上课时，班里有同学不愿意和小范交流（“班里有同学在上课时也有意无意地疏远他，当他主动和同学交流时，不是被无视，就是被周围的同学嘲笑、躲避”）。

欺凌初发：班里有部分同学不愿意和他说话，而且他在课上回答问题会被大家用嘘声干扰（“他在课上回答问题时，下面的同学总是嘘声一片”）。

事态发展：小范被嘲笑的程度加重，各种活动都没有人愿意和小范一组（“因为如果谁和他同桌或分到一个学习小组，就会被其他同学公开耻笑”）。

在该案例中，小范被嘲笑、讥讽的状况随时间的推移逐渐变得严重，从欺凌种子形成时被个别同学无视、疏远到欺凌初发时被一些同学当面嘲笑以致遭到班里多数人排斥（“班中的大多数人甚至其他班级的同学都不愿意或不敢和小范说话”）。从欺凌萌芽的特征来看，该案例中的行为已构成欺凌萌芽。

欺凌萌芽的标志行为：班里大部分同学都不愿意和小范说话或同组活动，如果他在课上回答问题，大家就会发出笑声或嘘声打断他。小范被同学们明里暗里的各种行为所伤害。

（四）案例 12　排斥行为的扩大化：由单纯言语上的责难发展为关系上的排斥

1. 现象描述

某小学三年级某班有一名女生比较内向，不爱说话。虽然她很勤奋，但接受能力比较弱，学习成绩不够理想。学校进行的每次测验、考试，她的成绩都很低。有一次，一个考得比较好的同学说她给班级拉了分数，她的心里很难过。她很努力地学习，但是成绩一直也不见起色，每次测验和考试成绩都不是很理想。慢慢地，班里有越来越多的同学因为她分数低，给班里拉分而埋怨她，甚至还出现许多同学不和她说话，不和她一起玩的现象。如果有同学同她说话，或是一起玩，就会受到大多数同学的排挤。被同学们孤立，她感到很孤单，却也不敢跟老师说，只能回家和父母说。(案例编号：CY06S28)

2. 临界点标志行为分析

欺凌种子：一名女生因学习基础差、成绩不好而遭到班里同学言语上的嫌弃（“一个考得比较好的同学说她给班级拉了分数”），自己虽经努力但仍不见起色。

欺凌初发：班里有多名同学加入责难这名女生的队伍（“班里有越来越多的同学因为她分数低，给班里拉分而埋怨她”）。

事态发展：渐渐地，这名女生被班里大多数同学排挤、孤立（“许多同学不和她说话，不和她一起玩”），不然就会受到牵连（“如果有同学同她说话，或是一起玩，就会受到大多数同学的排挤”）。这名女生内心很难受（“她感到很孤单，却也不敢跟老师说，只能回家和父母说”）。

在该案例中，行为主动一方参与的人数逐渐增多，行为由单纯言语上的责难发展为关系上的排斥；因害怕受到连带排斥，与该女生相关的学生也会故意疏远她。行为被动一方的心理压力日增、痛苦加大。从欺凌萌芽的特征来看，该案例中的行为已构成欺凌萌芽。

欺凌萌芽的标志行为：这名女生被认为拉低了班级分数而遭到集体性排斥，在班里被同学孤立。

我们通过对上述四个欺凌萌芽临界点的标志行为示例（案例 9 至案例 12）的分析，可以看出，其受关注维度和考量的侧重点各不相同（见表 3-17）。

表 3-17 欺凌萌芽临界点的标志行为示例分析

案例	维度	考量的侧重点
9	结果	行为被动一方的痛苦感受
10	过程	攻击行为本身
11	关系	攻击行为产生的影响
12	关系	攻击行为产生的影响

具体而言，案例 9 是行为结果的维度，注重行为被动一方的痛苦感受；案例 10 是行为过程的维度，关注攻击行为在发展过程中所发生的性质变化，主观故意性明显；案例 11 和案例 12 都是关系的维度，着重于攻击行为产生影响的变化，前者侧重攻击行为程度的改变，后者则强调攻击行为性质的改变。

由案例 9 至案例 12 来看，结合欺凌萌芽五个方面的基本特征，可感知到欺凌初发行为的进一步加剧，并已发展为显而易见的攻击行为。在这些攻击行为中，行为主动一方的主观故意性明显，已呈现一定的伤害意愿，且都已触犯班级或学校的限定性规范，有的已违反社会规范。对比行为主体间的力量关系，主动一方占明显强势地位，并且在攻击行为中获得快乐，而被动一方则感受精神屈辱或痛苦。在预防实践中，欺凌萌芽的出现尤其要引起学校师生和学生家长注意，或可将其视为欺凌行为生成过程中的“转折点”，即攻击行为若未被限制而越过此“转折点”，则行为性质将发生根本变化，预示着标准欺凌的生成；若攻击行为因外界干预而终结于此，则意味着标准欺凌并未真正形成。换言之，此阶段可用来设置“早发现、早干预”的第三道防线，有效作为可以达到让欺凌行为止步的防治目的。不难看出，这也是认识欺凌萌芽阶段标志行为的特殊意义所在。

四、欺凌萌芽的识别要素解析

案例 9 至案例 12 列出的是欺凌初发行为的临界点标志的示例，以下我们在这四个示例的基础上对这些欺凌萌芽行为的识别要素进行具体解析。

（一）案例 9　行为的识别要素：方式+人数+场景

我们从案例 9 的现象描述中可以发现，该案例中的欺凌萌芽行为涉及三个识别要素：方式、人数、场景。再进一步细分，这三个识别要素涵盖了三种类型：行为性识别要素（方式）、主体性识别要素（人数）、背景性识别要素（场景）。从识别要素的结构属性看，主导性要素（方式）的数量少于从属性要素（人数、场景）的数量。案例9行为的识别要素及其表现如表3-18所示。

表3-18 案例9行为的识别要素及其表现

识别要素	类型	表现	案例描述
方式	行为性识别要素	被同学恐吓并嘲笑	“扮鬼的样子”“故意哈哈大笑”
人数	主体性识别要素	多名男生	“几个男生在厕所里扮鬼的样子”“几个男生故意哈哈大笑”
场景	背景性识别要素	厕所、教室	被“在厕所里扮鬼的样子”恐吓“课上秦某回答问题错误时”被嘲笑

（二）案例10 行为的识别要素：程度+性质+态度+人数+场景

我们从案例10的现象描述中可以发现，该案例中的欺凌萌芽行为涉及五个识别要素：程度、性质、态度、人数、场景。再进一步细分，这五个识别要素涵盖了三种类型：行为性识别要素（程度、性质、态度）、主体性识别要素（人数）、背景性识别要素（场景）。从识别要素的结构属性看，主导性要素（程度、性质、态度）的数量多于从属性要素（人数、场景）的数量。案例10行为的识别要素及其表现如表3-19所示。

表3-19 案例10行为的识别要素及其表现

识别要素	类型	表现	案例描述
程度	行为性识别要素	故意扯拽他人裤子	“在楼道中故意与学生泽嬉闹，并扯拽其裤子”
性质		让他人当众出丑	“扯拽其裤子”“引起在场的同学哄笑，认为有意思”
态度		有意为之	“故意”

续表

识别要素	类型	表现	案例描述
人数	主体性识别要素	有围观同学	“引起在场的同学哄笑，认为有意思”
场景	背景性识别要素	楼道	“在楼道中”

（三）案例 11　行为的识别要素：程度+范围+人数

我们从案例 11 的现象描述中可以发现，该案例中的欺凌萌芽行为涉及三个识别要素：程度、范围、人数。再进一步细分，这三个识别要素涵盖了两种类型：行为性识别要素（程度、范围）、主体性识别要素（人数）。从识别要素的结构属性看，主导性要素（程度、范围）的数量多于从属性要素（人数）的数量。案例 11 行为的识别要素及其表现如表 3-20 所示。

表 3-20　案例 11 行为的识别要素及其表现

识别要素	类型	表现	案例描述
程度	行为性识别要素	被集体排斥、孤立	“班中的大多数人甚至其他班级的同学都不愿意或不敢和小范说话”
范围		本班级、其他班级	“班中的大多数人甚至其他班级的同学”
人数	主体性识别要素	本班多数同学，外班部分同学	“班中的大多数人甚至其他班级的同学”

（四）案例 12　行为的识别要素：性质+方式+人数

我们从案例 12 的现象描述中可以发现，该案例中的欺凌萌芽行为涉及三个识别要素：性质、方式、人数。再进一步细分，这三个识别要素涵盖了两种类型：行为性识别要素（性质、方式）、主体性识别要素（人数）。从识别要素的结构属性看，主导性要素（性质、方式）的数量多于从属性要素（人数）的数量。案例 12 行为的识别要素及其表现如表 3-21 所示。

表 3-21　案例 12 行为的识别要素及其表现

识别要素	类型	表现	案例描述
性质	行为性识别要素	在强制性影响下，行为性质恶化	"如果有同学同她说话，或是一起玩，就会受到大多数同学的排挤"
方式		言语上的责难升级为关系上的孤立	"许多同学不和她说话，不和她一起玩"
人数	主体性识别要素	大多数同学	"许多同学不和她说话""受到大多数同学的排挤"

综上所述，我们通过对案例 9 至案例 12 识别要素的解析，从实验结果中概括出的 9 种识别要素在这几种不同类型的案例中也并非同时出现，其出现的数量和类型各不相同，具体情况如表 3-22 所示。

表 3-22　欺凌萌芽行为的识别要素示例解析

案例	识别要素		类型		
	主导性	从属性	行为性识别要素	主体性识别要素	背景性识别要素
9	方式	人数、场景	√	√	√
10	程度、性质、态度	人数、场景	√	√	√
11	程度、范围	人数	√	√	
12	性质、方式	人数	√	√	

第五节 标准欺凌的行为特征

由于欺凌行为的隐蔽性，导致其长期存在于学校师生和学生家长视线的灰色地带而未能引起足够的重视。实践中，由于缺乏明确的校园欺凌的判定标准，致使一些欺凌事件得不到客观有效的处理。目前，被研究领域和实践层面关注最多、存在争议最大的就是对欺凌行为的界定和判断上。这主要是就欺凌行为的静态视角而言的。然而，依照本章对欺凌行为动态发展的逻辑而论，准确把握和判定欺凌行为对预防校园欺凌显然更具有现实意义。

因此，由欺凌萌芽发展而来的标准欺凌可以说是欺凌行为真正意义上的分水岭。明确其表现形式和基本特征，把握这一阶段临界点的标志行为和识别要素对于理性应对欺凌行为、避免将其扩大化有积极意义。

一、标准欺凌的表现形式

所谓标准，如同一把尺子，可用其衡量某种行为是否属于“欺凌行为”，其隐含了容易借助其进行工具性识别和判断的意思。那么，标准欺凌有着怎样的外在形式以及它会以怎样的方式存在值得我们认真研究和探讨。

（一）外在形态

依据欺凌行为生成的动态过程，标准欺凌由欺凌萌芽发展而来。我们将具备欺凌定义基本特征的欺凌行为称为标准欺凌。

从外在形态上看，如果说欺凌萌芽的显性特征是“萌出新芽”而成为一株稚嫩的“新苗”的话，那么，标准欺凌就类似于“新苗”已逐渐长大而成为枝叶完备的成熟植株——“小树”。有学者认为，欺凌发生的行为方式是多样的，它们或者以直接、具体、物理的外貌展露，或者以间接、抽象、隐秘的形态发生，并随着社会和科技的发展而表现出新的形式。[①] 我们通过实验校的案例和社会上的案例也发现，现实中的标准欺凌是以各种样态呈现出来的。我们将各种样态的标准欺凌行为概括为七种形式：排斥性欺凌、语言性欺凌、攻击性欺凌、逼迫性欺凌、强索性欺凌、性别欺凌、网络欺凌。

（二）存在方式

当前对标准欺凌行为的模糊性认识不一。一些教师倾向于低估欺凌的普遍性和严重性[②]；有学者认为难以辨识欺凌事实的主观原因和客观原因是对其认识模糊性的主要表现；甚至欺凌行为的受害者也会归因于自己的表现不好、形象不佳，或以“沉默文化”隐瞒自己被欺凌的事实[③]，但校园欺凌在现实生活中大量存在且危害日渐凸显的事实提示我们，必须对标准欺凌存在的普遍性加以正视，必须对其可能变化的严重趋势加以防范。不然，标准欺凌就很容易滑向严重欺凌的那一端。

二、标准欺凌的基本特征

既然我们将具备欺凌定义基本特征的欺凌行为称为标准欺凌，那么，哪些基本特征是标准欺凌所特有的呢？如何在理解基础上进行实际操作？为准确把握标准欺凌的基本特征，我们将其与欺凌萌芽做相关性比较。

（一）基本特征的要素体系

本研究前期对于标准欺凌内涵特征的研究，提出了核心要素和次级要素的观点，即在“以强凌弱、身心攻击、反复凌辱、感受痛苦”这四个要素中，将“身心攻击、感受痛苦”视为核心要素，将“以强凌弱、反复凌辱”

① 申素平，贾楠．法治视角下的校园欺凌概念探析［J］．中国人民大学教育学刊，2017（4）：5-18.

② 朱新筱，李春，许岩．欺负发生的学校背景［J］．教育科学研究，2005（1）：30-32，36.

③ 杨颖秀．中小学生欺凌事件中人格尊严保护的法理分析［J］．教育科学研究，2020（1）：55-59.

视为次级要素。①

本节所述标准欺凌概念是对这一分层逻辑的清晰化表达。本研究围绕欧维斯定义的核心元素，借鉴和依据相关研究成果以及对实验校具体实践的总结，用两个核心要素、两个次级要素、两个附加要素来对其基本特征进行操作性定义。具体而言，“两个核心要素”为一方实施“身心攻击”，一方遭受“精神痛苦”；“两个次级要素”是欺凌者“倚强凌弱”，且会“重复实施”；“两个附加要素”指的是存在“围观者”，地点不限于“校园内”。这三层要素构成标准欺凌基本特征的要素体系（见图 3-2）。对标准欺凌主要特征进行要素分层可以为学校师生和学生家长进行实际判定与及时处置提供操作性依据。

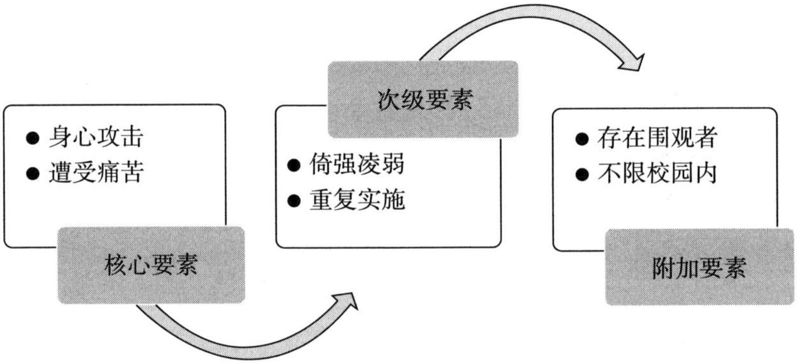

图 3-2　标准欺凌基本特征的要素体系

在预防实践中，我们可将这一要素体系视为判定某种行为是否属于标准欺凌的标识。对于这三层要素的关系及其作用可做如下理解：（1）“两个核心要素”是关键性要素，起决定作用。因为标准欺凌的“核心机制是鄙视，即欺凌行为不是因个体被攻击而有的愤怒反应，即反应性攻击，而是涉入高兴、开心等正向情绪经验的主动性攻击”②。（2）“两个次级要素”是关联性

① 耿申．欺凌隐藏于玩闹与暴力之间［J］．教育科学研究，2017（2）：1.

② 胡春光．校园欺凌行为：意涵、成因及其防治策略［J］．教育研究与实验，2017（1）：73-79.

要素，起支撑作用，其是否存在可以对标准欺凌的判断产生关联性影响。（3）“两个附加要素”则是条件性要素，起辅助作用，主要作为处置欺凌行为时须考虑的因素。

因此，在标准欺凌基本特征的要素体系确定的前提下，我们对待欺凌行为的认识应持审慎的态度，把握好其中的相关要素，既不能将其泛化，也不能对其随意窄化。

（二）与欺凌萌芽的区别

将标准欺凌与萌芽欺凌所具有的基本特征进行比较，可以看到，无论是基于主动一方实施的行为以及被动一方的感受，还是从行为主体间的力量对比考虑，萌芽欺凌所达到的程度均未达到被第三方认定为标准欺凌的地步。如果将逻辑语言定义的标准欺凌概念的内涵和外延视为“实质内容”与“外在表现”的话，那么，欺凌萌芽就属于实质和外在或部分不充分（有实无形、有形无实）或均不充分（形、实均弱）的一种学生间的攻击行为（见表3-23）。

表3-23　标准欺凌与欺凌萌芽行为的比较

阶段	本质	行为的主动一方		行为主体间的关系	行为的被动一方		性质
	相同	感受	目的	力量对比	感受		相同
		相同	不同	不同	相同	不同	
标准欺凌	攻击行为	快乐（目的+结果）	主观加害意图明显	主动一方占明显强势地位	负面体验（身体或心理）	遭受痛苦	触犯班规或校规，甚至违反社会规范和法律
欺凌萌芽			主观故意性明显，有一定的伤害意愿	主动一方占强势地位		精神屈辱或痛苦	

具体而言，标准欺凌与欺凌萌芽的相同之处是：(1）两者都表现为一种攻击行为。(2）主动一方的感受都是快乐的，且都表现为既是行为的结果，更是行为的目的，即两者行为的主动一方都是为找寻“快乐”而行动，行动之后也同时感受到“快乐”这一结果。(3）行为都触犯了班级或学校的相关限定性规定，甚至违反社会规范或法律。

两阶段行为的不同之处体现在：(1）在标准欺凌阶段，行动的主观加害意愿明显；而在欺凌萌芽阶段，行动的主动一方主观故意性明显，表现为有一定的伤害意愿。(2）从行为主体间的力量对比关系看，标准欺凌行为的主动一方占明显强势地位，而欺凌萌芽行为的主动一方的强势地位不明显。(3）遭受痛苦是标准欺凌阶段行为被动一方的明显感受，而精神屈辱或痛苦则是欺凌萌芽阶段行为被动一方的主要感受。

三、标准欺凌的临界点标志及其识别要素

根据前文所述，现实中标准欺凌行为主要表现为七种形式：排斥性欺凌、语言性欺凌、攻击性欺凌、逼迫性欺凌、强索性欺凌、性别欺凌、网络欺凌。那么，以下我们从实验校师生提供的完整案例的现象描述中，对每一种形式的标准欺凌行为依据其从“欺凌种子—欺凌初发—欺凌萌芽—事态发展”这一逻辑顺序，分别用两个示例的现象描述来具体分析其临界点的标志行为，并概括标准欺凌的标志行为。与此同时，依次对其进行识别要素的判定和比较。

（一）排斥性欺凌

1. 案例 13　嘲笑、讥讽下同伴关系的变质和瓦解

(1）现象描述

X 是一名小学六年级女生，由于家长工作忙忽略了对她的教育与管理，导致她的学习成绩从一年级到六年级都很差，而且个人卫生习惯也不好，

穿着很邋遢。一年级至三年级大部分同学还能够和 X 一起玩，只有很小部分的同学嫌她脏不喜欢和她玩，她也没有在意，并且能够融入集体。随着年龄的增长，到了五年级，同班同学几乎都不喜欢与 X 一起玩，并且还会在她背后嘲笑她是个“小脏孩儿”。随着学习内容越来越难，X 的成绩也越来越差，经常不及格，这也使得同学们经常嘲笑她“智商洼地”，并且大部分学生都不喜欢和她做同桌，只要一走近她，大家就会捂鼻子，伴随着这样的嘲笑与孤立，她变得越来越沉默寡言，越来越不喜欢与人交流，课上也不喜欢听讲，只是自己在下面玩或者做小动作，影响其他同学学习。到了六年级，班里的同学几乎没有人和她说话，集体活动时也没人和她一起，并且经常嘲笑她成绩差、拖班级后腿等。X 就这样从一个开朗活泼的小女孩儿变成了沉默寡言、很自卑但又会做出惹人关注举动的“怪异”学生。（案例编号：CY06T31）

（2）临界点标志行为分析

欺凌种子：班里有一小部分同学因嫌弃 X 的个人卫生习惯不好而疏远她（“只有很小部分的同学嫌她脏不喜欢和她玩”）。

欺凌初发：X 不仅被班里大部分同学疏远，而且还遭到大家的背后嘲笑（“同班同学几乎都不喜欢与 X 一起玩，并且还会在她背后嘲笑她是个‘小脏孩儿’”）。

欺凌萌芽：班里大多数同学拒绝和 X 做同桌，并且会做出嫌弃她的举动（“只要一走近她，大家就会捂鼻子”）以及用语言讥讽她（“嘲笑她‘智商洼地’”）。

事态发展：班里所有同学都孤立 X（“班里的同学几乎没有人和她说话，集体活动时也没人和她一起”），公开嘲笑 X 已成为常态（“经常嘲笑她成绩差、拖班级后腿等”）。而 X 的身心则遭受了很大伤害（“从一个开朗活泼的小女孩儿变成了沉默寡言、很自卑但又会做出惹人关注举动的‘怪异’学生”）。

在该案例中，随着时间的推移，行为主动一方参与排斥他人的人数逐渐增多，而行为被动一方被疏远、被孤立的程度也相应加大。在此过程中，可能会存在着言语上的伤害，但是言语伤害的目的是孤立被动一方；结果是使被动一方遭受了巨大的伤害和痛苦。结合标准欺凌的基本特征来分析，这些行为显然已发展为排斥性欺凌。

标准欺凌的标志行为：X 遭到班里所有同学排斥和公开嘲笑，自己遭受精神痛苦，导致自卑心理和怪异行为的产生。

（3）识别要素判定

识别要素：性质+范围+态度+人数。

该案例中的标准欺凌行为涉及四个识别要素：性质、范围、态度、人数。再进一步细分，这四个识别要素涵盖了两种类型：行为性识别要素（性质、范围、态度）、主体性识别要素（人数）。从识别要素的结构属性看，主导性要素（性质、范围、态度）的数量多于从属性要素（人数）的数量。该案例行为的识别要素及其表现如表 3-24 所示。

表 3-24　案例 13 行为的识别要素及其表现

<table>
<tr><th>识别要素</th><th>类型</th><th>表现</th><th>案例描述</th></tr>
<tr><td>性质</td><td rowspan="3">行为性识别要素</td><td>被排斥于集体之外</td><td rowspan="2">“班里的同学几乎没有人和她说话，集体活动时也没人和她一起”</td></tr>
<tr><td>范围</td><td>课内外、班内外</td></tr>
<tr><td>态度</td><td>嘲笑、讥讽</td><td>“经常嘲笑她成绩差、拖班级后腿”</td></tr>
<tr><td>人数</td><td>主体性识别要素</td><td>全班同学</td><td>“班里的同学几乎没有人”</td></tr>
</table>

2. 案例 14　报复引发同伴排挤、孤立

（1）现象描述

高二学生娟娟回忆说，上小学时，她有两个关系很好的同学，因为一次考试时一个同学要求娟娟帮他作弊，但娟娟并不理睬，考试结束后娟娟把此事告诉了老师，导致两个同学都不理睬她。两个同学中有一个是老师的孩子，在班上具有较强的号召力，这个同学就鼓动其他同学一起排挤娟娟。开始时，

班里有一名学生在下课时故意在娟娟面前叫她“老师的走狗”，娟娟选择隐忍，但这并没换来和解，反而是变本加厉的欺负。有过之前的经历，她觉得再跟家人讲也没什么用，特别无助。在这之后，娟娟情绪低落，不愿上学，不愿吃饭，也不愿意跟人相处。（案例编号：CY12S71）

（2）临界点标志行为分析

欺凌种子：娟娟因拒绝了帮一名同学考试作弊的要求，招致该同学不满而被疏远（“导致两个同学都不理睬她”）。

欺凌初发：班里的一些同学联合起来排挤娟娟（“鼓动其他同学一起排挤娟娟”）。

欺凌萌芽：娟娟因之前将同学考试作弊的意图报告老师的行为而遭到一名同学的讥讽（“有一名学生在下课时故意在娟娟面前叫她‘老师的走狗’”）。

事态发展：选择隐忍行为的娟娟并未阻止事态的进一步恶化（“但这并没换来和解，反而是变本加厉的欺负”），其被孤立的感觉日渐明显（“在这之后，娟娟情绪低落，不愿上学，不愿吃饭，也不愿意跟人相处”）。

在该案例中，娟娟因拒绝了同学的无理要求而逐渐被排除在同伴群体之外，遭受同伴排挤，感觉内心痛苦、孤立无援；双方的力量呈现强弱对比的显性状态。从标准欺凌的行为要素来看，符合排斥性欺凌的基本特征。

标准欺凌的标志行为：娟娟对同学讥讽行为的容忍导致了对方的变本加厉，而自己内心却遭受痛苦又无能为力。

（3）识别要素判定

识别要素：性质+态度+人数。

该案例中的标准欺凌行为涉及三个识别要素：性质、态度、人数。再进一步细分，这三个识别要素涵盖了两种类型：行为性识别要素（性质、态度）、主体性识别要素（人数）。从识别要素的结构属性看，主导性要素（性质、态度）的数量多于从属性要素（人数）的数量。该案例行为的识别要素及其表现如表 3-25 所示。

表 3-25　案例 14 行为的识别要素及其表现

识别要素	类型	表现	案例描述
性质	行为性识别要素	遭到集体排斥	“但这并没换来和解，反而是变本加厉的欺负”“在这之后，娟娟情绪低落，不愿上学，不愿吃饭，也不愿意跟人相处”
态度		隐忍、变本加厉	
人数	主体性识别要素	一些同学	

（二）语言性欺凌

1. 案例 15　嘲笑、羞辱他人并伴随身体伤害

（1）现象描述

W 中学某班有个同学小 Y，皮肤有点黑。因为家里是卖肉的，所以他身上总是油哄哄的，班里的不少同学管他叫“猪油”。平时小 Y 一走进班里，很多人就开始开他的玩笑说“猪油”又进班级了，而且个别学生为了寻找欺负别人的快感，还总是捉弄小 Y。比如，趁他起立回答问题时把他的椅子撤走，他回答完问题坐下时就会摔倒；或者在他回答问题的时候，故意告诉他错误的答案。有一次，小 Y 的衣服又是油哄哄的，班里一个男生过去揍了他一下说：“你这只‘猪油’就不能换一件衣服穿吗?”话音刚落下，班里男生蜂拥而上围住他并一起踢他。小 Y 很无奈，但不敢反抗。(案例编号：CY12T131)

（2）临界点标志行为分析

欺凌种子：小 Y 因自身原因（“皮肤有点黑”“身上总是油哄哄的”）被同学取笑（“班里的不少同学管他叫‘猪油’”）。

欺凌初发：“猪油”成为小 Y 的代称（“平时小 Y 一走进班里，很多人就开始开他的玩笑说‘猪油’又进班级了”），还时常被同学捉弄（“个别学生为了寻找欺负别人的快感，还总是捉弄小 Y”）。

欺凌萌芽：为寻开心，班里同学总是做出一些举动，故意让小 Y 当众出丑（“趁他起立回答问题时把他的椅子撤走，他回答完问题坐下时就会摔倒；或者在他回答问题的时候，故意告诉他错误的答案”）。

事态发展：除了遭受语言上的羞辱外，小 Y 的同学还对其施加拳脚（“班里男生蜂拥而上围住他并一起踢他”）。一方痛苦无奈，而另一方却以此为乐。

在该案例中，小 Y 变成任同学随意取乐的对象，羞辱方式由言语合并身体伤害，而他自己作为弱势的一方又无力应对、不敢反抗，身心遭受痛苦。分析其行为的诸要素可知，小 Y 同学的行为主要已构成语言性欺凌。

标准欺凌的标志行为：嘲笑、羞辱小 Y 并使其身体受到伤害的行为。

（3）识别要素判定

识别要素：程度+方式+人数。

该案例中的标准欺凌行为涉及三个识别要素：程度、方式、人数。再进一步细分，这三个识别要素涵盖了两种类型：行为性识别要素（程度、方式）、主体性识别要素（人数）。从识别要素的结构属性看，主导性要素（程度、方式）的数量多于从属性要素（人数）的数量。该案例行为的识别要素及其表现如表 3-26 所示。

表 3-26　案例 15 行为的识别要素及其表现

识别要素	类型	表现	案例描述
程度	行为性识别要素	随意羞辱	班里一个男生过去揍了他一下说：“你这只‘猪油’就不能换一件衣服穿吗?”话音刚落下，班里男生蜂拥而上围住他并一起踢他
方式		口头或身体上的	
人数	主体性识别要素	班里同学	

2. 案例 16　语言侮辱造成同伴心理伤害

（1）现象描述

R 中学一名初二女生煜，长相可爱，学习优秀，但由于身高较高经常受到其他女生歧视。

最开始，煜因为学习较好，所以并没有引起（别人）较大的注意，只是偶尔会有人笑话她的身高。后来偶然一次，班上有一名男生叫了煜一声“男人婆”，引得煜很气恼，随即又有几名男生附和着一起喊，煜当堂大哭，这件事对她产生了极大影响。后来，她开始有了自卑心理，在学校里很少会站起来，总是坐在自己的座位上。她以前会在网上发自己的自拍照片，但自从被同学叫外号后就不会了。事态越发恶劣，几乎整个年级的学生都会叫她“傻大个”，叫她“男人婆”，说她是男人，长得好看却没用，男生都纷纷到网上找她以前的自拍照片，进行恶意涂改，制成表情包，发在学生（微信）群里集体讥讽她。再后来渐渐没人愿意理她，和她在一起说话的人都会被排挤。渐渐地，她就被孤立了，没人理会她，她变得敏感、孤独，不愿与人说话。还有学生会在暗中偷拿她的东西，在她的桌上和本上乱涂乱画，写辱骂她的话。（案例编号：CY12S68）

（2）临界点标志行为分析

欺凌种子：女生煜因为自己的身高被个别同学嘲笑（“只是偶尔会有人笑话她的身高”）。

欺凌初发：女生煜因被一些同学叫难听的绰号（“班上有一名男生叫了煜一声‘男人婆’”“随即又有几名男生附和着一起喊”）而感到难过（“煜当堂大哭，这件事对她产生了极大影响”）。

欺凌萌芽：女生煜的心理受到伤害（“她开始有了自卑心理，在学校里很少会站起来，总是坐在自己的座位上”），并且出现退缩行为（“她以前会在网上发自己的自拍照片，但自从被同学叫外号后就不会了”）。

事态发展：伤害女生煜的行为并未得到制止，语言讥讽由班级向年级扩散（“几乎整个年级的同学都会叫她‘傻大个’，叫她‘男人婆’”），还因自拍照被恶搞而遭群体嘲讽（“男生都纷纷到网上找她以前的自拍照片，进行恶意涂改，制成表情包，发在学生群里集体讥讽她”）。同时，女生煜的物品也被偷拿、被随意辱骂。

在该案例中，班里同学公开叫女生煜侮辱性绰号的行为已使其心理受到伤害，而被侮辱行为波及范围的扩大（围观者的附和）更加重了对她的心理伤害，女生煜已成为显然的弱者。从标准欺凌的基本特征看，这些行为已构成语言性欺凌。

标准欺凌的标志行为：整个年级的同学都用难听的绰号羞辱女生煜，且女生煜还被偷拿个人物品和随意辱骂，使其持续遭受心理伤害。

(3) 识别要素判定

识别要素：频率+态度+范围+方式+人数+场景。

该案例中的标准欺凌行为较为典型，涉及六个识别要素：频率、态度、范围、方式、人数、场景。再进一步细分，这六个识别要素涵盖了三种类型：行为性识别要素（频率、态度、范围、方式）、主体性识别要素（人数）、背景性识别要素（场景）。从识别要素的结构属性看，主导性要素（频率、态度、范围、方式）的数量多于从属性要素（人数、场景）的数量。该案例行为的识别要素及其表现如表 3-27 所示。

表 3-27 案例 16 行为的识别要素及其表现

识别要素	类型	表现	案例描述
频率	行为性识别要素	恶劣行为频繁出现	“事态越发恶劣，几乎整个年级的同学都会叫她‘傻大个’”“男生都纷纷到网上找她以前的自拍照片”
态度		任意涂鸦、随意辱骂	“在她的桌上和本上乱涂乱画，写辱骂她的话”
范围		从班级扩大至年级	“事态越发恶劣，几乎整个年级的同学都会叫她‘傻大个’”
方式		多种方式侮辱	几乎整个年级的同学都会叫她‘傻大个’，叫她‘男人婆’”“男生都纷纷到网上找她以前的自拍照片，进行恶意涂改，制成表情包，发在学生（微信）群里集体讥讽她”“偷拿她的东西”“在她的桌上和本上乱涂乱画，写辱骂她的话”

续表

识别要素	类型	表现	案例描述
人数	主体性识别要素	整个年级的同学	“事态越发恶劣，几乎整个年级的同学都会叫她‘傻大个’”
场景	背景性识别要素	课堂、互联网上、微信群里	“男生都纷纷到网上找她以前的自拍照片，进行恶意涂改，制成表情包，发在学生（微信）群里集体讥讽她”

（三）攻击性欺凌

1. 案例 17　反击同学的侵扰遭殴打

（1）现象描述

对被欺凌者实施肢体攻击，包括殴打、踢踹、推挤、阻拦、拉扯头发等，使其身体造成伤害。

小月是一名八年级的女生，由于身体原因，遭到同学耻笑甚至身体伤害。

小月的额头有一块较大的胎记，使得她比较自卑，平日不愿意主动与同学交往，总是独来独往。别的同学也不把她放在眼里，她在班里的存在感很低，仿佛就没有她这个人。有一次，语文老师留了一篇作文，小月的作文写得很好，被老师评为范文，并在班里朗诵。（此举）引起了班里其他同学的不满，对小月冷嘲热讽，叫她“丑八怪”，还故意把小月的东西撞到地上，甚至在小月走路时故意碰撞，在一些活动时故意推搡。小月不堪忍受同学的欺负，在一次和同学的争辩中遭到了同学的殴打。（案例编号：CY12T128）

（2）临界点标志行为分析

欺凌种子：因身体原因（“额头有一块较大的胎记”）小月既有自卑心理，也被班里同学轻视（“别的同学也不把她放在眼里，她在班里的存在感很低”）。

欺凌初发：小月因作文被老师当作范文朗读而遭一些同学嫉妒［“小月

的作文写得很好，被老师评为范文，并在班里朗诵。（此举）引起了班里其他同学的不满”］。

欺凌萌芽：小月被班里同学嘲笑和捉弄（“对小月冷嘲热讽，叫她‘丑八怪’，还故意把小月的东西撞到地上”）。

事态发展：班里同学耻笑小月的行为扩展到学校日常生活中（“甚至在小月走路时故意碰撞，在一些活动时故意推搡”），并且发生了程度上的加重（“小月不堪忍受同学的欺负，在一次和同学的争辩中遭到了同学的殴打”）。

在该案例中，未被及时发现和制止的学生间的矛盾冲突，逐渐演变为攻击性的行为，而被欺凌者遭受身体伤害是其最为常见的一种形式。比照标准欺凌的基本特征，这一行为已构成攻击性欺凌。

标准欺凌的标志行为：小月因不堪同学屡次侵扰，在反击中遭到同学殴打。

（3）识别要素判定

识别要素：性质+程度+人数+场景。

该案例中的标准欺凌行为涉及四个识别要素：性质、程度、人数、场景。再进一步细分，这四个识别要素涵盖了三种类型：行为性识别要素（性质、程度）、主体性识别要素（人数）、背景性识别要素（场景）。从识别要素的结构属性看，主导性要素（性质、程度）的数量与从属性要素（人数、场景）的数量相同。该案例行为的识别要素及其表现如表3-28所示。

表3-28 案例17行为的识别要素及其表现

识别要素	类型	表现	案例描述
性质	行为性识别要素	故意制造事端	“还故意把小月的东西撞到地上，甚至在小月走路时故意碰撞，在一些活动时故意推搡。小月不堪忍受同学的欺负，在一次和同学的争辩中遭到了同学的殴打”
程度		殴打他人	
人数	主体性识别要素	多人	
场景	背景性识别要素	班级内、外	

2. 案例 18　多种方式实施身体伤害行为

（1）现象描述

小红是一名性格内向的女生，平日里不喜欢和其他同学交往。

在一次课上，老师让小红上台为大家做演示。她不好意思地表演完，但因为动作生疏显得搞笑而引起了哄堂大笑。自那以后，小红变得更加内向，而周围的同学却以那件事为由，以此来嘲笑她，并在班中大声喧嚷。小红很生气，努力想阻止那个说话的同学，但受到的是更多同学的打骂、推搡和叫嚷。逐渐地，小红在班中被排挤，她的任何生气、阻止和害怕，都会带来他人的打骂，有的拿她的书包往她身上砸；有的去揪她的头发甚至拿剪刀剪；还有的放学后，叫上几个同学一起殴打小红，小红感到很恐惧、很害怕。（案例编号：CY02S116）

（2）临界点标志行为分析

欺凌种子：小红因课堂上的一次演示而招致班里同学不友好的对待（“但因为动作生疏显得搞笑而引起了哄堂大笑”）。

欺凌初发：同学们以此为由公开在班里嘲笑小红（“而周围的同学却以那件事为由，以此来嘲笑她，并在班中大声喧嚷”），而小红的心理受到影响（“变得更加内向”）。

欺凌萌芽：因为维护自己的权益，小红遭到周围同学的辱骂和身体伤害（“小红很生气，努力想阻止那个说话的同学，但受到的是更多同学的打骂、推搡和叫嚷”）。

事态发展：小红不被班里同学接纳（“小红在班中被排挤了”），且遭受到越来越多的身体伤害（“有的拿她的书包往她身上砸；有的去揪她的头发甚至拿剪刀剪；还有的放学后，叫上几个同学一起殴打小红”）。

在该案例中，行为主动一方用伤害被动一方身体的形式发泄其不满情绪，且参与伤害人数和方式逐渐增多、程度逐渐加重，而被动一方对此的反应是一再退让，在承受身体痛苦的同时内心感到恐惧却又无能为力。比照标准欺凌的基本特征，这一行为已构成攻击性欺凌。

标准欺凌的标志行为：班里多名同学用书包砸、揪（剪）头发和拳打脚踢等方式对小红进行身体伤害。

（3）识别要素判定

识别要素：程度+人数+场景。

该案例中的标准欺凌行为涉及三个识别要素：程度、人数、场景。再进一步细分，这三个识别要素涵盖了三种类型：行为性识别要素（程度）、主体性识别要素（人数）、背景性识别要素（场景）。从识别要素的结构属性看，主导性要素（程度）的数量少于从属性要素（人数、场景）的数量。该案例行为的识别要素及其表现如表 3-29 所示。

表 3-29 案例 18 行为的识别要素及其表现

识别要素	类型	表现	案例描述
程度	行为性识别要素	被任意辱骂、被公然殴打	“她的任何生气、阻止和害怕，都会带来他人的打骂”“有的拿她的书包往她身上砸；有的去揪她的头发甚至拿剪刀剪；还有的放学后，叫上几个同学一起殴打小红”
人数	主体性识别要素	不被群体接纳	“小红在班中被排挤”
场景	背景性识别要素	班里、放学后	“有的拿她的书包往她身上砸；有的去揪她的头发甚至拿剪刀剪；还有的放学后，叫上几个同学一起殴打小红”

（四）逼迫性欺凌

1. 案例 19　以威逼、恐吓手段实施无理要求

（1）现象描述

B 中学初一学生泽，在升入初中后，就开始到处宣扬自己在小学的“霸道”行径。

一天放学打扫卫生的时候，泽收拾东西比较慢，学生伟负责拖地，在打扫到泽的位置时，不小心用墩布拖到了泽的鞋，泽就用脏话辱骂伟，并让伟放学在校门口等着。伟了解泽的小学“事迹”，感到很害怕，迟迟不敢走出校门。

第二天到校，伟仍旧是心惊胆战。果不其然，泽找到伟恐吓他，说昨天的事儿还没完呢，要不今天在教室把他的鞋擦干净，要不下周帮他做一周值日，否则要伟好看。伟顾及在同学面前的面子，只好答应泽帮他做一周的值日。再后来，看到伟好欺负，泽不仅要求伟帮他做值日，还要求伟帮他写作业。伟尽管不愿意，但也不敢得罪泽。如果伟不按照泽的要求做，泽就会在放学时堵住伟，并辱骂、威胁伟。伟心里很难受，又不敢告诉老师，怕被打击报复。之后，泽不断逼迫伟为其写家庭作业，代做值日。（案例编号：CY12T104）

（2）临界点标志行为分析

欺凌种子：初一学生伟因无意之举而招致同学泽的辱骂和警告（“不小心用墩布拖到了泽的鞋，泽就用脏话辱骂伟，并让伟放学在校门口等着”）。

欺凌初发：使用恐吓的言语逼迫同学做不愿意做的事情（“泽找到伟恐吓他，说昨天的事儿还没完呢，要不今天在教室把他的鞋擦干净，要不下周帮他做一周值日，否则要伟好看”）。

欺凌萌芽：伟被逼迫做的事情逐渐增多（“泽不仅要求伟帮他做值日，还要求伟帮他写作业”）

事态发展：因畏惧同学泽的报复，伟尽管心里很难受但选择了沉默，这反而使泽的逼迫性要求更加过分，且成为常态（“泽不断逼迫伟为其写家庭作业，代做值日”）。

在该案例中，行为的主动一方步步紧逼，而行为的被动一方则节节退让；一方趾高气扬地享受着威逼的“成果”，而另一方则遭受着难以言说的痛苦；有围观者的存在。显然，这一具有明确伤害性的行为已构成逼迫性欺凌。

标准欺凌的标志行为：初一学生泽明目张胆地逼迫同学伟为其做本不应该做的事情，导致伟内心痛苦。

（3）识别要素判定

识别要素：频率+程度。

该案例中的标准欺凌行为涉及两个识别要素：频率、程度。再进一步细分，这两个识别要素都属于行为性识别要素，其结构属性都是从属性要素。该案例行为的识别要素及其表现如表 3-30 所示。

表 3-30 案例 19 行为的识别要素及其表现

识别要素	类型	表现	案例描述
频率	行为性识别要素	经常性	“泽不断逼迫伟为其写家庭作业，代做值日”
程度		逼迫、威胁	“如果伟不按照泽的要求做，泽就会在放学时堵住伟，并辱骂、威胁伟”

2. 案例 20　从实施逼迫他人的行为中获得快乐

（1）现象描述

小学六年级学生晓，在幼儿园时因表现不好遭到同学歧视。

升入小学后，晓一直都有心理阴影。有一次体育课，有同学看他不顺眼，便把晓的校服藏了起来。晓寻了很多地方，最后在沙坑里找到。晓的校服上时常被同学用记号笔戳很多黑点。晓还成为一些同学的出气筒，他们当着晓的面，在他的校服上写一些侮辱性的语句，甚至逼着晓给他们写作业或者从家里带东西。看到晓痛苦的表情，这些同学很开心，有的用手机拍下全部过程相互炫耀。（案例编号：CY06S161）

（2）临界点标志行为分析

欺凌种子：体育课上发生无故找碴藏匿同学晓校服的行为（“有同学看他不顺眼，便把晓的校服藏了起来”）。

欺凌初发：出现晓的校服被多名同学用记号笔污损的现象（“晓的校服上时常被同学用记号笔戳很多黑点”）。

欺凌萌芽：由背地里的污损校服行为演变为公开侮辱的行为（“他们当着晓的面，在他的校服上写一些侮辱性的语句”）。

事态发展：伴随污损校服的行为，有逼迫性行为的发生（“逼着晓给他们写作业或者从家里带东西”），有的还用手机拍下全过程（“看到晓痛苦的表情，这些同学很开心，有的用手机拍下全部过程相互炫耀”）。

在该案例中，行为的主动一方从污损他人衣服开始，逐渐加码伤害行为，表现为参与者人数增加、行为方式增多。与此同时，被动一方痛苦加剧。比照标准欺凌的主要特征，显然该案例的行为已构成逼迫性欺凌。

标准欺凌的标志行为：逼迫晓给他人代写作业以及强迫晓给他人带物品，并且用手机记录并传播不轨行为，以此为乐。

（3）识别要素判定

识别要素：程度+方式+人数。

该案例中的标准欺凌行为涉及三个识别要素：程度、方式、人数。再进一步细分，这三个识别要素涵盖了两种类型：行为性识别要素（程度、方式）、主体性识别要素（人数）。从识别要素的结构属性看，主导性要素（程度、方式）的数量多于从属性要素（人数）的数量。该案例行为的识别要素及其表现如表 3-31 所示。

表 3-31　案例 20 行为的识别要素及其表现

<table>
<tr><th>识别要素</th><th>类型</th><th>表现</th><th>案例描述</th></tr>
<tr><td>程度</td><td rowspan="2">行为性识别要素</td><td>逼迫行为</td><td>“逼着晓给他们写作业或者从家里带东西”</td></tr>
<tr><td>方式</td><td>逼迫、传播</td><td rowspan="2">“逼着晓给他们写作业或者从家里带东西”“看到晓痛苦的表情，这些同学很开心，有的用手机拍下全部过程相互炫耀”</td></tr>
<tr><td>人数</td><td>主体性识别要素</td><td>一些同学</td></tr>
</table>

（五）强索性欺凌

1. 案例 21　伙同他人抢走值钱物品并进行恐吓

（1）现象描述

初一学生刘，性格内向不爱说话，一次在回家路上骑自行车时不小心蹭到一名本校高中学生。那名高中学生当即骂了刘几句，刘吓得赶紧骑车离开。次日，再次在上学路上遇见时，高中学生拦住了刘，要求刘道歉，并索要钱财赔偿。刘出于害怕，把身上所有的零花钱都给了高中学生，但临走时说了一句“你们不要再来找我了，我告诉了家长”。当时高中学生就离开了。没想到，几天后高中生带着几名同学在学校门口等他，告诉他千万不要告诉老师，否则有他的好看，刘非常害怕，几名同学翻刘的书包和衣服，把值钱的东西都拿走了。但是，刘不敢告诉任何人，他打算熬到自己毕业。（案例编号：CY03T159）

（2）临界点标志行为分析

欺凌种子：初一学生刘因在放学路上骑车无意触碰到高年级同学而被其骂（“一次在回家路上骑自行车时不小心蹭到一名本校高中学生”“那名高中学生当即骂了刘几句”）。

欺凌初发：初一学生刘在上学路上被高年级同学拦截并索要钱财（“在上学路上遇见时，高中学生拦住了刘，要求刘道歉，并索要钱财赔偿”），自己被迫拿出零花钱（“刘出于害怕，把身上所有的零花钱都给了高中学生”）。

欺凌萌芽：高年级同学并没有听劝告，反而带领几个同学口头威胁刘（“高中生带着几名同学在学校门口等他，告诉他千万不要告诉老师，否则有他的好看”）。

事态发展：高年级同学抢走了刘身上值钱的财物（“几名同学翻刘的书包和衣服，把值钱的东西都拿走了”），刘因害怕却不敢声张（“刘不敢告诉任何人，他打算熬到自己毕业”）。

在该案例中，行为主动一方伙同他人强行索要和抢夺被动一方的财物，并且威胁、恐吓对方不许告发此事，而行为被动一方只能担惊受怕、独自苦熬。根据标准欺凌的基本特征看，这一行为显然已构成强索性欺凌。

标准欺凌的标志行为：高年级同学伙同他人抢走初一学生刘身上的值钱物品并对其进行恐吓。

（3）识别要素判定

识别要素：程度+人数+场景。

该案例中的标准欺凌行为涉及三个识别要素：程度、人数、场景。再进一步细分，这三个识别要素涵盖了三种类型：行为性识别要素（程度）、主体性识别要素（人数）、背景性识别要素（场景）。从识别要素的结构属性看，主导性要素（程度）的数量少于从属性要素（人数、场景）的数量。该案例行为的识别要素及其表现如表 3-32 所示。

表 3-32　案例 21 行为的识别要素及其表现

识别要素	类型	表现	案例描述
程度	行为性识别要素	抢走财物	“几名同学翻刘的书包和衣服，把值钱的东西都拿走了”
人数	主体性识别要素	一伙人	“几名同学翻刘的书包和衣服”
场景	背景性识别要素	学校门口	“高中生带着几名同学在学校门口等他，告诉他千万不要告诉老师，否则有他的好看”

2. 案例 22　使用威逼手段抢夺他人钱财

（1）现象描述

某中学初三一名女生静，平时乐于助人，因一次没有将东西借给同学，而遭到同学勒索钱财。

静是一名乐于助人的女孩。一次考试时，还有五分钟收卷的时候，同班同学沫向静借橡皮，可是，静也急着要用橡皮，而且只有一块，所以决定做完题再将橡皮借给沫。可当静写完时，刚好收卷了，沫一直对此怀恨在心。

有次老师要求班里学生带饭费到学校，沫就借机说自己少带钱了，开口找静借，并说第二天就把钱还给静。静不好意思拒绝就借钱给了沫。可是，沫拖了两周后才将钱还给静，静也不好说什么。于是，隔三岔五地沫就找各种理由向静“借”签字笔、“借”笔记本等学习用品，然后，不是拖欠不还，就是故意损坏。静想找沫要回自己的东西，却被沫拒绝。再后来，几名同学每天翻她的书包，强行拿走里面的物品，并要求用钱换回，还威胁静如果告诉其他人，就找人收拾她。静很害怕，不敢告诉家人，只得从自己的零花钱里拿。几名同学在校外偏僻的角落拿走静的书包，翻出钱财，甚至在放学路上用刀威逼静交出钱财。(案例编号：CY10S202)

（2）临界点标志行为分析

欺凌种子：同学沫对静有旧怨故意找其借饭费（“沫就借机说自己少带钱了”），久拖才还（“沫拖了两周后才将钱还给静”）。

欺凌初发：沫经常找静“借”各种学习用品，却故意不还或损毁（“不是拖欠不还，就是故意损坏。静想找沫要回自己的东西，却被沫拒绝”）。

欺凌萌芽：静被班里几个同学勒索钱财（“几名同学每天翻她的书包，强行拿走里面的物品，并要求用钱换回，还威胁静如果告诉其他人，就找人收拾她”）。

事态发展：班里那几个同学的勒索行为变本加厉，不仅在班里强行搜静的书包，还在校外拦截静用威逼手段抢走其钱财（“几名同学在校外偏僻的角落拿走静的书包，翻出钱财，甚至在放学路上用刀威逼静交出钱财”）。

在该案例中，行为主动一方强行索要物品的势力显然远大于被动一方，且态度逐渐变坏，性质趋于恶劣，场景趋于多元，给被动一方造成了很大困扰和痛苦。比照标准欺凌基本特征，该行为显然已构成强索性欺凌。

标准欺凌的标志行为：几个同学联合起来抢夺静书包里的钱财并对其进行威逼。

（3）识别要素判定

识别要素：态度+性质+人数+场景。

该案例中的标准欺凌行为涉及四个识别要素：态度、性质、人数、场景。

再进一步细分，这四个识别要素涵盖了三种类型：行为性识别要素（态度、性质）、主体性识别要素（人数）、背景性识别要素（场景）。从识别要素的结构属性看，主导性要素（态度、性质）的数量与从属性要素（人数、场景）的数量相同。该案例行为的识别要素及其表现如表 3-33 所示。

表 3-33　案例 22 行为的识别要素及其表现

<table>
<tr><th>识别要素</th><th>类型</th><th>表现</th><th>案例描述</th></tr>
<tr><td>态度</td><td rowspan="2">行为性识别要素</td><td>抢走财物</td><td rowspan="4">“几名同学在校外偏僻的角落拿走静的书包，翻出钱财，甚至在放学路上用刀威逼静交出钱财”</td></tr>
<tr><td>性质</td><td>用刀威逼</td></tr>
<tr><td>人数</td><td>主体性识别要素</td><td>一伙人</td></tr>
<tr><td>场景</td><td>背景性识别要素</td><td>校内、校外、放学路上</td></tr>
</table>

（六）性别欺凌

1. 案例 23　遭受性别歧视

（1）现象描述

小明，男，今年 11 岁，小学六年级，成绩一般，性格内向、害羞，喜欢跟女孩子玩，同学觉得他举手投足动作很扭捏，有些女性化，再加上体形偏胖，在班里经常被欺负。

开始有一个同班的调皮的男生经常会辱骂、嘲笑小明，叫小明“娘娘腔”的外号，并伴有欺凌行为，如故意往小明身上踢球或者对他做一些不友善的动作。但小明不敢顶嘴，更不敢还手，小明跟老师反映过情况，老师虽然在班上批评了那个调皮的男生，但管不了几天，他又会欺负小明。后来，扩大到了一些同学一起欺负小明，模仿小明的动作并嘲笑他，如果有谁和小明说话，也会被牵连。渐渐地，同班男生都不愿意或不敢和小明说话。小明是独生子，从小跟妈妈长大，虽然妈妈很疼爱他，但因为工作比较忙，也很少跟小明聊天；爸爸在外工作，每年同他见面机会较少，平均每周三次电话，但也大多问小明的学习情况，在小明的印象中，爸爸是个特别严厉的人，所以受欺凌的事也不敢告诉爸爸。班上的同学对小明的欺凌行为对其造成了极大的困扰，不仅使小明产生不开心、情绪低落、愤怒、厌恶等负面情绪，而且（使他）经常会有想躲避这一切的心理，同时对他的学习和生活造成了负面影响。（案例编号：CY06T30）

（2）临界点标志行为分析

欺凌种子：班里有同学嘲笑小明“娘娘腔”（“性格内向、害羞，喜欢跟女孩子玩，同学觉得他举手投足很扭捏，有些女性化”）。

欺凌初发：有一个调皮的男生经常嘲笑小明（“叫小明‘娘娘腔’的外号”），并对其做出一些不友善的举动（“故意往小明身上踢球”）。

欺凌萌芽：班里几个同学一起嘲弄小明（“模仿小明的动作并嘲笑他”）

事态发展：小明被班里男生歧视（“同班男生都不愿意或不敢和小明说话”），由于无处倾诉内心痛苦（妈妈“工作比较忙，也很少跟小明聊天”“爸爸是个特别严厉的人，所以受欺凌的事也不敢告诉爸爸”），小明背负了逃离现实的心理负担［“不仅使小明产生不开心、情绪低落、愤怒、厌恶等负面情绪，而且（使他）经常会有想躲避这一切的心理”］。

在该案例中，行为主动一方对被动一方施以性别歧视，这一负面影响的覆盖面逐渐扩大，导致群体歧视和排斥现象的产生。比照标准欺凌的基本特征，该行为已构成性别欺凌。

标准欺凌的标志行为：小明遭受班里男生的嘲弄，内心十分痛苦。

（3）识别要素判定

识别要素：性质+人数

该案例中的标准欺凌行为涉及两个识别要素：性质、人数。再进一步细分，这两个识别要素涵盖了两种类型：行为性识别要素（性质）、主体性识别要素（人数）。从识别要素的结构属性看，主导性要素（性质）的数量与从属性要素（人数）的数量相同。该案例行为的识别要素及其表现如表 3-34 所示。

表 3-34 案例 23 行为的识别要素及其表现

识别要素	类型	表现	案例描述
性质	行为性识别要素	集体孤立	“同班男生都不愿意或不敢和小明说话”
人数	主体性识别要素	班里男生	

2. 案例 24 由性骚扰带来的精神痛苦

(1) 现象描述

华是一个长得特别好看的女孩子，一名男同学去骚扰她，还对她说了一些不该说的话。华不答应，该名男同学就要挟华，时不时来找华，还会触碰其隐私部位。华将此事告诉老师、校长。一天晚上，男同学闯进女生宿舍，对华进行性骚扰，还拍了照片发到网上，华从此之后变得特别不爱说话，没有自信，还受到其他同学的嘲讽……（案例编号：CY02S209）

(2) 临界点标志行为分析

欺凌种子：班里有男同学口头骚扰长相漂亮的华（“男同学去骚扰她，还对她说了一些不该说的话”）。

欺凌初发：华没有答应那名男同学的无理要求而被同学要挟（“华不答应，该名男同学就要挟华”）。

欺凌萌芽：那名男同学故意借机触碰华身体的隐私部位（“时不时来找华，还会触碰其隐私部位”）。

事态发展：在华将情况报告给老师、校长后，那名男同学又闯入女生宿舍骚扰华，并且将所拍照片发到网上，使华的精神备受伤害（“华从此之后变得特别不爱说话，没有自信，还受到其他同学的嘲讽”）。

在该案例中，行为主动一方故意侵犯被动一方身体的敏感部位，给其精神造成伤害，比照标准欺凌的基本特征，该行为已构成性别欺凌。

标准欺凌的标志行为：华因遭受班里男同学闯入女生宿舍的骚扰并被拍照传播，导致精神极度痛苦。

(3) 识别要素判定

识别要素：程度+方式+场景。

该案例中的标准欺凌行为涉及三个识别要素：程度、方式、场景。再进一步细分，这三个识别要素涵盖了两种类型：行为性识别要素（程度、方式）、背景性识别要素（场景）。从识别要素的结构属性看，主导性要素（程度、方式）的数量多于从属性要素（场景）的数量。该案例行为的识别要素及其表现如表3-35所示。

表3-35 案例24行为的识别要素及其表现

识别要素	类型	表现	案例描述
程度	行为性识别要素	行为更加放肆	“该名男同学闯进女生宿舍，对华进行性骚扰，还拍了照片发到网上”
方式		闯入宿舍骚扰、拍照发网上	
场景	背景性识别要素	女生宿舍	

（七）网络欺凌

1. 案例25 通过手机实施歪曲事实的侵扰行为

（1）现象描述

小梦是一个特别机灵、好动、活泼的女孩儿。一次外出野营，和同学们一起吃饭时，小梦不小心将杯子中的果汁洒到了同学小曼的身上。小梦连说对不起，并为其擦拭。而小曼是那种绝不吃亏的人，就开始用各种阴阳怪气的话语攻击小梦。最终，小梦忍无可忍，开始与小曼对骂起来。而这时，小曼就掏出了手机，录成了视频，而后发了朋友圈，并附加了一系列的言语攻击小梦。之后，小曼的朋友、同学纷纷为其（小曼）打抱不平，在视频下评论并转发。不久后，该视频被转发次数越来越多。同学们以讹传讹，纷纷加上不同的文字，他们对小梦进行言语攻击，甚至编造一些谣言，说小梦是故意将果汁泼洒到小曼身上羞辱小曼的。几名同学建群在群内一起辱骂小梦。这件事发生之后，对小梦造成了很大的影响，小梦虽说也在朋友圈进行了澄清，但为时已晚。（案例编号：CY03T177）

（2）临界点标志行为分析

欺凌种子：一件无意的小事（“小梦不小心将杯子中的果汁洒到了同学小曼的身上”）由一方不依不饶发展成双方对骂（“小曼是那种绝不吃亏的人，就开始用各种阴阳怪气的话语攻击小梦。最终，小梦忍无可忍，开始与小曼对骂起来”）。

欺凌初发：小曼将对骂录成视频，发在朋友圈里，并配发不实之词（“小曼就掏出了手机，录成了视频，而后发了朋友圈，并附加了一系列的言语攻击小梦”）。

欺凌萌芽：视频被不明真相的同学转发和评论［“小曼的朋友、同学纷纷为其（小曼）打抱不平，在视频下评论并转发”］。

事态发展：在转发视频的过程中，各种谣言也随之而来（“同学们以讹传讹，纷纷加上不同的文字”“甚至编造一些谣言说，小梦是故意将果汁泼洒到小曼身上羞辱小曼的”），而微信群的建立和同学的辱骂使事情变得更糟糕。

在该案例中，随着视频被大量转发，小梦遭到更大范围的言语攻击，而事情的真相反而不被人关心。微信群的建立也从另一个方面加剧了谣言中伤的程度。从标准欺凌的基本特征看，该行为无疑已构成网络欺凌。

标准欺凌的标志行为：被同伴利用手机编造和传播谣言，使小梦的个人形象严重受损、精神受到侵扰和伤害。

（3）识别要素判定

识别要素：态度+性质+方式。

该案例中的标准欺凌行为涉及三个识别要素：态度+性质+方式。再进一步细分，这三个识别要素只涉及一种类型，即行为性识别要素（态度、性质、方式）。从识别要素的结构属性看，这两种要素都是主导性要素，没有从属性要素。该案例行为的识别要素及其表现如表 3-36 所示。

表 3-36 案例 25 行为的识别要素及其表现

识别要素	类型	表现	案例描述
态度	行为性识别要素	在朋友圈发视频	“发了朋友圈，并附加了一系列的言语攻击小梦”
性质		专门建立微信群	“几名同学建群在群内一起辱骂小梦”
方式		辱骂、转发视频、建微信群	“几名同学建群在群内一起辱骂小梦”

2. 案例 26 利用网络打压和孤立他人

（1）现象描述

晨是一名中学生，父母常年在外地工作，为人善良友好、爱帮助他人。一次，晨因帮助自己的朋友与同学发生争执，导致其在网络上被攻击。

晨的朋友慧有一次因为笔丢了很伤心，于是晨就帮忙找。恰好在莱的笔袋中发现，于是晨当场拿出了这支笔并且还给了慧。莱认为很没面子，后来在网上找到了晨家长的偷税消息（其实是晨的家长因为一次工作服务态度不好而被客人伪造的消息），并且发到了班级群。班级群里的同学们一起辱骂晨，甚至还编造一些虚假信息公然辱骂晨，辱骂她也像（其）家长一样爱骗人，是个大骗子，致使晨形象严重受损。晨变得默默寡言，不与任何人说话，最终抑郁。（案例编号：CY02S210）

（2）临界点标志行为分析

欺凌种子：晨帮助同学慧找回了笔（“恰好在莱的笔袋中发现了，于是晨当场拿出了这支笔并且还给了慧”）。晨此举被同学莱记仇（“莱认为很没面子”）。

欺凌初发：莱为了报复晨，就开始在班级里传播关于晨家长的虚假消息［“后来在网上找到了晨家长的偷税消息（其实是晨的家长因为一次工作服务态度不好而被客人伪造的消息），并且发到了班级群”］。

欺凌萌芽：关于晨家长的虚假消息在网上被广泛传播，晨遭到班里同学的辱骂（“班级群里的同学们一起辱骂晨”）。

事态发展：在同学群里，一些同学用编造晨虚假消息的方式来攻击晨［“甚至还编造一些虚假信息公然辱骂晨，辱骂她也像（其）家长一样爱骗人，是个大骗子”］，使得晨心理受到极大的伤害以致抑郁。

在该案例中，莱因被晨发现拿了同学慧的笔而恼怒，于是他就用在网上编造和扩散虚假信息的方式来进行报复，以掩盖自己的不良行为，结果使同学遭受谣言的中伤而郁郁寡欢。比照标准欺凌的基本特征，显而易见这是一种网络欺凌行为。

标准欺凌的标志行为：莱及其他同学通过在网上编造虚假信息来打压和孤立晨。

（3）识别要素判定

识别要素：程度+性质。

该案例中的标准欺凌行为涉及两个识别要素：程度+性质。再进一步细分，这两个识别要素只涉及一种类型，即行为性识别要素（态度、性质）。从识别要素的结构属性看，这两种要素都是主导性要素，没有从属性要素。该案例行为的识别要素及其表现如表 3-37 所示。

表 3-37　案例 26 行为的识别要素及其表现

识别要素	类型	表现	案例描述
程度	行为性识别要素	公然侮辱他人	“在网上找到了晨家长的偷税消息（其实是晨的家长因为一次工作服务态度不好而被客人伪造的消息），并且发到了班级群。班级群里的同学们一起辱骂晨，甚至还编造一些虚假信息公然辱骂晨，辱骂她也像（其）家长一样爱骗人，是个大骗子”
性质		编造而且扩散谣言	

从对上述7种类型的14个标准欺凌示例（案例13至案例26）临界点标志行为及其识别要素的具体解析来看，尽管每个示例行为的外在形态和内在要素各不相同，但其核心都离不开行为本身的属性以及行为主体的主观感受及其相互关系。就预防实践而言，学校师生和学生家长通过了解并把握这些显性特征，有意识地增强自身“发现”、识别关键点的意识和能力，可以为“干预”提供客观依据，这也是把好“早发现、早干预”第四道防线的意义和价值所在。

第六节 严重欺凌的行为特征

严重欺凌是指已经引发严重后果的欺凌行为。这里，严重后果包含两层含义：一是就其给被欺凌者造成的负面影响而言，主要指长期欺凌行为给被欺凌者造成了严重的身心障碍性疾病，极端情况下会造成被欺凌者的自残或自杀；二是就其给社会带来的负面影响而言，欺凌事件造成了学校、家庭的严重混乱，形成社会关注的焦点问题。值得关注的是，对个体和社会这两个方面的负面影响都具有持续性，尤其是可能给被欺凌者带来影响其一生的阴影。因此，从预防实践的视角看，了解严重欺凌的表现形式及其基本特征，对于学校师生和学生家长增强预警意识与提升防范能力具有现实意义。

一、严重欺凌的表现形式

相较标准欺凌，严重欺凌行为是根据欺凌行为的特殊性及其所造成的恶劣影响来定性的，强调欺凌行为所引发后果的严重性。所谓严重，预示着欺凌行为的升级，是指攻击行为的程度、范围和后果等已超出标准欺凌所涉的状况。严重欺凌的表现形式在某种程度上虽与校园暴力近似，但其仍属于欺凌范畴。在实践中，需要特别注意对两者的判别。

（一）外在形态

从标准欺凌到严重欺凌，这是欺凌行为生成、发展的“两过程五阶段”模型（见图 3-1）中的第二个过程即“发展过程”，也是这一动态过程的第五个阶段即最后一个阶段。

从外在形态上看，如果说标准欺凌是一棵枝叶完备的“小树”的话，那么，严重欺凌就类似于“小树”逐渐长大和增粗而变成一棵株枝繁叶茂的“大树”了。“大树”在外形上的长大和变粗实际上就寓意标准欺凌在程度、范围和后果上的加剧，换言之，严重欺凌可以理解为是标准欺凌进一步发展的产物。

（二）存在方式

严重欺凌是一种典型意义上的攻击行为。从发展过程看，严重欺凌的攻击行为一般由轻微到中等再到严重逐级发展而来。例如，源于起羞辱绰号、谩骂或排斥等的行为，在其变化的过程中由于行为主动一方的行为未被有效应对（控制或阻断），或仅由于时空的变化或受某种外来因素的影响，使得事态发展变得不可控制，就可能使被攻击方的感受由心理痛苦升级为极度凌辱而不能忍受，进而导致身体或精神上更为严重的后果。

相较于标准欺凌，严重欺凌的发生情况并不普遍，但影响更为恶劣。现实中，严重欺凌事件一旦发生，往往会在短时间内迅速引发社会关注的聚集效应，引发学术研究热潮，甚至导致国家或地方相关政策态度的改变以及法律法规的出台。因此，现实中需要对标准欺凌加以足够警惕，以防其进一步恶化而演变为严重欺凌。

二、严重欺凌的基本特征

尽管严重欺凌从形态上也表现为一种攻击行为，但其与标准欺凌存在着质的不同。如果说，对标准欺凌的辨识是通过其要素体系逐层确认相关要素来把握的话，那么，严重欺凌则意在强调攻击行为后果的严重性。对严重欺凌基本特征的探讨，有助于学校师生和学生家长在实践中做出准确判断，进而及时处置。

（一）基本特征的三个方面

鉴于严重欺凌行为的特殊性和现实生成背景的复杂性，在现实判断中，主要看其在具备标准欺凌要素基础上的严重程度。具体来看，我们须把握三个基本特征：（1）攻击行为已经引发严重后果；（2）被攻击方精神上感受到非常强烈的侮辱；③除了违反校规校纪外，还主要涉及破坏社会秩序和违反法律法规。

把握上述三个基本特征，有利于我们对现实中的具体欺凌行为进行准确辨识。虽然严重欺凌行为的结果可能更多地表现为被攻击方身体受到伤害，但其实质仍然是被攻击方精神上遭受侮辱且程度非常严重。换言之，就行为的主动一方（攻击方）而言，严重欺凌行为的目的在于在精神上“致人死地”而后快，伤害对方的身体只是其手段，即通过伤害对方的身体达到伤害对方精神的目的；就行为的被动一方（被攻击方）而言，其身体上受到的伤害只是其精神遭受伤害的“副产品”，更刻骨铭心地感到耻辱和痛苦是所遭受的精神伤害。因此，精神（心理）上遭受的严重伤害远比身体上遭受的严重伤害对人的影响要深刻得多，也更持久。也正因为如此，严重欺凌所造成的社会影响也更为恶劣。

（二）与标准欺凌的区别

为便于理解，我们可以将严重欺凌视为升级版的标准欺凌。虽然两者都属于欺凌行为范畴，但将严重欺凌从一般性的标准欺凌中剥离出来进行讨论，其目的在于提示学校师生和学生家长要对学生这种滑入危险边缘的行为加以特别应对、积极防范。因为在预防实践中，严重欺凌是欺凌行为生成之后的发展过程中的最后一个阶段，也是学校预防欺凌可用于设置第五道关口之处。一旦突破了这道关口，严重欺凌行为就会产生质变，就可能会朝着伤害性更大的暴力事件方向发展。若严重欺凌止步于此，就能将事态进一步恶化的风险降低，也能降低可能与之相关的暴力事件发生的风险。

我们将严重欺凌的基本特征与标准欺凌的要素体系进行比较，可以发现两者的主要区别，具体差异如表 3-38 所示。

表 3-38　严重欺凌与标准欺凌行为的区别

阶段	行为的主动一方	行为主体间的关系	行为的被动一方	后果	性质	处置主体
严重欺凌	故意施加严重伤害	两者强弱关系严重失衡	遭受强烈侮辱	严重的身心障碍性疾病 学校、家庭严重混乱	主要违反社会规范和法律法规	以社会和执法机构为主
标准欺凌	主观加害意图明显	主动一方占明显强势地位	遭受痛苦	身心伤害	触犯班规或校规，甚至违反社会规范和法律	以学校为主

由表 3-38 可以看出两者显而易见的不同：（1）行为的主动一方由主观加害意图明显升级为故意施加严重伤害；（2）行为主体间的关系由主动一方占明显强势地位升级为两者强弱关系严重失衡；（3）行为的被动一方由遭受痛苦升级为遭受强烈侮辱；（4）后果由侧重对个体层面的负面影响升级为对个体和学校、家庭的双重恶劣影响；（5）性质由触犯班规或校规，甚至违反社会规范和法律升级为主要违反社会规范和法律法规；（6）处置主体由以学校为主转变为以社会和执法机构为主，学校协同配合。

三、严重欺凌的案例解析

相较标准欺凌，严重欺凌行为的性质恶劣程度进一步加重、社会危害性进一步加大，对其处置不仅涉及学校，而且必须有公安机关和司法机构参与。现实中发生的案例为我们提供了实证。因此，从预防实践的视角看，严加防范严重欺凌行为，构建机制完备、人员构成合理、流程合规的治理体系，对于维护学校秩序、保护学生安全具有重大意义。

案例 27　寻衅滋事伤害无辜

1. 事件描述

被告人朱某等五人均系北京某校在校女生（犯罪时均未满 18 周岁），2017 年 2 月 28 日，五名被告人在女生宿舍楼内，采用辱骂、殴打、逼迫下跪等方式侮辱女生高某某（17 岁），并无故殴打、辱骂女生张某某（15 岁）。经鉴定，二被害人的伤情构成轻微伤，五名被告人的行为还造成被害人高某某无法正常生活、学习的严重后果。①

2. 案例分析

在该案例中，从行为双方的力量对比看，主动一方的势力明显（“朱某等五人”）强于被动一方（高某某和张某某两人）。主动一方故意给对方施加伤害（“辱骂、殴打、逼迫下跪等方式侮辱女生高某某”“无故殴打、辱骂女生张某某”），并造成了严重后果（“二被害人的伤情构成轻微伤”“高某某无法正常生活、学习”）。

这是一起严重欺凌事件，最高人民法院于 2019 年 5 月 31 日召开的保护未成年人权益十大优秀案例新闻发布会上，该事件作为案例二被提及。朱某等 5 人都是未成年在校女生，通过辱骂、殴打和逼迫下跪等方式对同为在校生的高某某等 2 人进行凌辱，造成二人轻微伤及高某某无法正常学习的严重后果。她们的行为不仅是一般的违反校纪校规的行为，而是已触犯刑法、严重危害社会的犯罪行为，人民法院依法对五名被告人以寻衅滋事罪分别判处

---

① 李高思．中国发布丨最高人民法院公布保护未成年人权益十大优秀案例［EB/OL］．（2019-05-31）［2019-09-19］．http：//news. china. com. cn/txt/2019-05/31/content_ 74842689. htm.

了相应的实刑。①

最高人民法院之所以将该案例列为保护未成年人权益十大案例，原因在于其危害的严重性和恶劣的社会影响。对于严重侵害在校学生权益的事件，执法机构显然是不能袖手旁观的。这样的严重欺凌行为不仅严重损害了学生的身心健康，而且严重扰乱了学校的教育教学秩序，是绝对不能被姑息的，而司法机构的介入处置能够对严重欺凌行为起到震慑作用。

① 夏欢．最高人民法院就保护未成年人权益十大优秀案例举行新闻发布会［EB/OL］．（2019-05-31）［2019-09-20］．http：//www. china. com. cn/zhibo/content_ 74841822. htm.

第四章

“预”的教育活动

本研究关于预防校园欺凌和暴力的基本假设是：学生欺凌行为的形成有一个从小到大、从弱到强、从轻到重的酝酿、发生、发展过程。本研究通过实验将该过程分为五个清晰可辨的阶段，即欺凌种子、欺凌初发、欺凌萌芽、标准欺凌、严重欺凌，以便于实践现场的教师和学生能通过每个阶段的标志性要素进行识别，进而采取对应措施，以终止欺凌行为的进程，从而达到预防欺凌行为的目的。

为有效预防欺凌行为，需要在明确预防欺凌的理论基础及目标原则的基础上，一方面，通过正面教育活动，即通过友善价值观教育、尊重理念教育、心理健康教育、建设友善班级活动、营造和谐校园文化、建立健全家校合作组织机构和运行机制等正面教育活动，对教职员工、学生、家长全方位宣传欺凌行为的危害和预防欺凌行为的伦理原则、基础知识和基本方法；另一方面，针对欺凌生成的各阶段实施的早期预防，形成提醒教育、批评教育、警告教育、处分教育的预防阶段性对策。

第一节　“预”的教育活动的理论基础及原则

“预”的教育活动是预防校园欺凌体系中最为重要的一环，基于道德关怀理论的基本思想和伦理学的核心概念，形成“预”的教育活动的理论基础。其目标在于营造抵制校园欺凌的学校文化生态，提高学校师生对欺凌行为的辨识能力，提升全体人员对欺凌行为的干预意识。“预”的教育活动的实施应面向所有学生，尤其要唤醒围观者，将“早期发现，早期干预”的原则加以展开，实施分层预防、逐级处理。

一、“预”的教育活动的理论基础

“预”的教育活动以道德关怀理论为理论依据，以伦理学中的友爱关系、善良之意、他人意识、包容之心为思想基础，提出尊重、善行、关爱、共情等关键概念。友善价值观的形成是预防校园欺凌的根本着力点，实践体验是开展预防校园欺凌教育的主要途径，以身作则是保证预防校园欺凌教育效果的重要方法，积极预防是面对校园欺凌问题的基本态度。

（一）道德关怀理论的基本思想

1. 道德关怀理论的历史缘起

道德关怀理论是关怀理论在教育领域中的理论延伸，是以关怀为核心的道德教育理论。内尔·诺丁斯（Nel Noddings）认为，过去的教育改革往往采取碎片式而非本质的方式，不能充分满足社会的教育需求，无法整体解决学生的所有问题。诺丁斯指出，当时美国的教育目标主要在于学生智力培养，但忽视了道德提升。她认为，教育的主要目的是道德，应从道德的层面培养学生去关怀。基于此，诺丁斯将关怀理论的思想引入道德教育乃至整个教育领域中，打通了伦理学与教育学，提出道德关怀理论。

2. 道德关怀理论的核心思想

道德关怀理论作为一种道德教育理论，呈现以下五个主要特点：第一，强调对学生生命的尊重。这源于诺丁斯对人性的理解，她认为教育者应走进每个不同学生的生命世界，用学生的眼睛去观察，用学生的心灵去感受。第二，重视学生的感受和体验。诺丁斯认为，关怀开始于学生教育生活中相关主体的关怀行为，完成于学生的被关怀感受。第三，注重教师的榜样作用。教师要帮助学生培养关怀之心，就要首先承担起关怀学生的责任，在一举一动间树立正向的关怀榜样。第四，突出道德教育的实践性特征。诺丁斯认为，道德教育不能只是空泛地教授道德知识，更应关注道德情感和道德行为，因此，要通过“行为”道德而不是“讲授”道德提升学生的道德品质。只有通过关怀行为，才能建立起师生信任关系的基石。第五，关怀与责任感相通。关怀者与被关怀者是平等互惠的关系，需要建立起一种真正的关怀型的教育氛围，才能使学生在被关怀的感受中学会关怀他人。

（二）预防校园欺凌的伦理学基础

1. 校园欺凌的道德失范分析

校园欺凌是发生在青少年同辈群体间的道德失范问题。究其原因，主要体现在几个方面。

其一，欺凌者持有与社会规范相悖的价值观。欺凌者是非观念淡薄，缺乏社会道德和法治观念，有严重的敌视和鄙视心理。欺凌者往往以“看他/她不顺眼”作为口头禅，进而做出嘲讽、谩骂、羞辱等欺凌行为，从而获得强势感，满足控制欲。

其二，欺凌者同理心极度缺失。同理心（Empathy）是个体因理解他人的情绪情感而引发的与之相一致的情绪情感体验，也称为移情能力，可理解为换位思考、将心比心。没有设身处地对他人情绪情感的觉知、把握及理解，就不可能对他人的境况产生同情。在校园欺凌中出现的强迫吃异物、往身上倒粪便、扒衣服等极为恶劣的行为，与极度缺乏同理心有密切关系。研究发现，移情能力的缺失会引发攻击性行为。埃斯皮莱奇研究发现，11～14 岁学生的欺凌行为，与移情之间存在显著负相关。① 沃登和麦津农研究指出，欺

---

① ESPELAGE D L，MEBANE S E，ADAMS R S. Empathy，Caring and Bullying：Toward an Understangding of Complex Associations［M］//Espelage D L，Swearer S M. Bullying in American Schools：A Social-Ecological Perspective on Prevention and Intervention. New Jersey：Lawrence Erlbaum Associates，2003：37-63.

凌者表现出更低的移情能力。① 当欺凌者不能通过换位思考，产生共情时，将不会同情被欺凌者，并且从情感和心理上都不会认为自己的行为存在问题。

其三，欺凌者持有不良的人际交往观。研究表明，部分被欺凌者在未经正确的引导和干预下，也可能成为欺凌者。其根源在于，这些欺凌者存在错误的交往观，他们往往偏激地认为在同伴交往中，只有欺负和控制他人，才能不被他人欺负，从而保护自己。同时，欺凌者缺乏对他人的友爱之心，无法与同学友好相处，不懂得友善待人。

其四，围观者情感冷漠。在欺凌萌芽出现乃至形成标准欺凌的过程中，围观者起到了非常重要的作用，甚至会影响欺凌事件的走向。研究人员将围观者分为四类：强化者（Reinforcers of the bully）、协助者（Assistants of the bully）、保护者（Defenders of the victim）、局外人（Outsiders）。其基本特点是，强化者围观起哄，协助者提供信息，保护者抵制阻止，局外人沉默无视。在欺凌事件的整个过程中，欺凌者、受欺凌者、围观者构成了人员全体，其中，围观者所占比例最高。而在围观者中，强化者、协助者、保护者、局外人的四类人群，强化者和局外人所占比例最高。有研究表明，围观者在目击现场的态度，会直接影响欺凌行为的走向，或制止欺凌或延续欺凌。② 从另一个角度来说，改变围观者的态度和行为，成为预防校园欺凌至关重要的干预措施。

2. 预防校园欺凌的伦理学依据

欺凌者、围观者所表现出的道德失范现象，其本质是人际伦理问题。伦理，意为人伦道德之理，指人与人相处的各种道德准则。校园欺凌事件的发生，其根源在于人际交往伦理的缺失。伦理学是研究社会道德现象的科学，是一门关于道德的学问。它涉及人们在社会生活中的观念、情感、意志、信

---

① WARDEN D, MACKINNON S. Prosocial Children, Bullies and Victims: an Investigation of Their Sociometric Status, Empathy and Social Problem-Solving Strategies [J]. British Journal of Developmental Psychology, 2003, 21 (3): 367-385.

② KÄRNÄ A, VOETEN M, POSKIPARTA E, et al. Vulnerable Children in Varying Classroom Contexts: Bystanders' Behaviors Moderate the Effects of Risk Factors on Victimization [J]. Merrill-palmer Quarterly, 2010, 56 (3): 261-282.

念，以及一系列的原则、规则、标准等行为规范体系。友爱、善意、利他、包容是伦理学中的基本概念，归结起来可概括为友善伦理。加强友善伦理的教育，为建立预防校园欺凌体系提供了重要的理论支撑。

第一，友爱关系是重要的人际交往伦理。“友爱”在英文中是“friendship”，是指人们友好相处的关系状态。亚里士多德在《尼各马可伦理学》中系统论述了友爱思想，指出友爱“是生活最必需的东西之一。因为，即使享有所有其他的善，也没有人愿意过没有朋友的生活”[①]。友爱中还包含爱的情感，主要适用于朋友和伙伴，其思想中相互支持、彼此扶助的观念对于引导青少年与同伴建立融洽的关系、预防校园欺凌具有非常重要的意义。

第二，善良之意反映了人的基本道德。在人与人的相处中，善意可解释为：和善而没有恶意，没有伤害他人的用意。更进一步，善意可引申为明辨是非，有善恶之分。凡是符合一定社会或阶级的道德原则或规范的行为，这一社会或阶级的人们即认为是善，反之即为恶。对学生而言，与人为善就是善待他人，对他人没有恶意；明辨是非就是要知道什么是正确的，哪些是应该做的，哪些是应该坚决抵制的。这些就构成了学生的是非观念和道德标准。教会学生与人为善，保有善良之心，树立明确的是非观，强化伦理准则和道德意识，对于引导学生正确认识校园欺凌、预防校园欺凌具有重要的实际意义。

第三，他人意识是一种对他人的存在及其利益的感知、关注和尊重。没有他人意识，善意就没有落脚点，友爱也无法形成。他人意识将个体与他人的关系变成伦理关系，引导个体走向与他人的相依、相助与和睦。儒家鼓励个体承认、感知和关心他人，与他人形成互尊互信、互惠互助的良性互动关系。在实际生活中，他人意识可操作化理解为换位思考，站在他人的角度看待问题、理解问题、解决问题。建立他人意识可以帮助学生学会关心他人、将心比心、感同身受，有助于同时解决校园欺凌中欺凌者的扭曲行为问题和围观者的冷漠态度问题。

---

① 亚里士多德. 尼各马可伦理学［M］. 廖申白，译注. 北京：商务印书馆，2003：227-228.

第四，包容之心，本质就是接纳差异。“包容意味着承认个性和多样性，除去歧视的面具和由无知产生的紧张。”① 孔子主张“君子和而不同”，倡导在持有个人独立见解的前提下与他人保持一种和谐的关系。包容的本意就是心胸开阔，宽容大度，接受每个人的独特之处，相互理解，彼此接纳。培养包容之心，引导学生学会理解、学会接纳，增强平等意识，减少歧视和鄙夷，从而有效预防和减少校园欺凌的发生。

总体而言，伦理学提倡的葆有善良之意，持有包容之心，具有他人意识，建立友爱关系等基本思想，为预防校园欺凌体系的建立提供了重要的理论依据，成为制定预防校园欺凌措施的思想基础。

（三）道德关怀理论及人际伦理对预防校园欺凌的启示

1. 友善价值观的形成是预防校园欺凌的根本着力点

预防校园欺凌的根本问题是价值观问题。从价值目标的角度来说，预防校园欺凌现象的发生仅靠法律法规和规章制度是不够的，需要以友善为价值观引领，通过教育的力量，促使学生树立与人为善的观念，引导学生尊重他人、关爱他人，体验人的尊严和价值，充分认识到校园欺凌的危害性，在内心深处摒弃欺凌行为。友善作为价值观上的统领，可进一步分解其具体内涵，凝练为几个核心词：尊重、善行、关爱、共情。

其一，尊重。在预防校园欺凌行为的研究与实践中，尊重应作为友善价值观的首要之意，要引导学生树立人人平等的观念，充分尊重他人的个性、人格和价值，把他人当作与自己同样重要的个体来看待，从而在价值观上摒弃蔑视、侮辱甚至折磨他人的思想观念。

其二，善行。善行是一个整体概念，是在尊重基础上的善意行为。朋友一起作恶看似体现了朋友之间的平等，但只要行为是“恶”的，就不是善行。在预防校园欺凌的教育工作中，应加强道德规范教育，引导学生面对校

---

① 泰尔曼. 7~14 岁儿童生活价值训练广场［M］. 吴薇，李宝荣，译. 北京：北京师范大学出版社，2004：113.

园欺凌时，真正做到“勿以善小而不为，勿以恶小而为之”。

其三，关爱。在预防校园欺凌的教育工作中，对于友善价值观的理解，除了有理性的认知，还应有情感的关怀。理性认知能为普遍性的道德规范制定提供依据，人们可以在理性认知的逻辑下，出于理性义务和责任要求遵守道德规范，对他人表现出友好。然而，如果这种友好没有情感参与，甚至对自己厌恶之人也表现出友好，则是一种伪善。真正的友善不仅出自对道德规范的恪守，更应源自内心的真情实感。

其四，共情。共情是一种能设身处地体验他人处境，从而达到感受和理解他人情感的能力。共情是友善价值观得以在行为中落实的重要心理机制。共情就是建立推己及人的情感关怀，懂得换位思考，能对他人的处境感同身受。在预防校园欺凌的教育实践中，对所有学生予以共情能力的教育，帮助学生形成推己及人的情感关怀，是友善价值观在心理机制上的深刻体现。

2. 实践体验是开展预防校园欺凌教育的主要途径

道德关怀理论提出，实践是道德教育的重要途径。当前中小学道德教育工作一直存在重知识轻实践的问题，对学生道德品质的考查也多以各类道德竞赛活动和思想品德知识测查等为主。从学生道德品质的组成来看，涉及内隐的认知、情感和外显的行为等多个方面，各个方面相对独立又相互影响，所以仅考查道德知识肯定是不够的。道德知识的增长不一定引起道德行为的改变，道德行为的改变也不一定是道德知识发展的结果。德育与智育存在很大差异，道德教育与学业教育的方式也应有所不同。诺丁斯认为，实践体验是开展学生道德教育的主要方法之一。在学校教育中，教师可以设计角色扮演、短句表演和故事分享等活动形式，为学生创设换位思考和情绪体验的机会，帮助学生感受被欺凌者的处境和痛苦，发展共情能力。学校还可以开发丰富的德育实践课程，采用实践活动的学习方式，让学生在亲身经历中获得对自己及他人存在的意义体验，增强切身感受，唤醒学生内心的细腻情感，使尊重、善意、关爱和共情的意识在学生心灵深处得以强化。

预防校园欺凌是学校道德教育的重要内容，借鉴道德关怀理论提出的教育方法，可以尽量多地采用实践体验的方式，帮助学生认识、理解校园欺凌的外显形态，体会其所带来的严重后果，从而深化学生内心对欺凌的拒绝态度。

3. 积极预防是面对校园欺凌问题的基本态度

道德关怀理论倡导从正面的角度对学生予以教育和关怀，在这一思想指导下，学校的德育工作特别是解决校园欺凌这一问题的工作理念，就应是教育性和关怀性的。仅依靠严格的纪律和规则来管教学生、实施控制的思路，不能从根本上杜绝校园欺凌现象的发生。因此，在预防校园欺凌这一工作上，不能简单地采用控制型的管理理念，而应以充满关怀和人文的教育思维方式及路径加以实施。调动学校教育管理者及所有师生参与预防校园欺凌的教育工作，共同学习预防校园欺凌的相关知识，增强师生的责任感，呼吁师生提出想法建议，并充分采纳吸收。在面对校园欺凌这一问题时，应尽量避免事后忙乱处理的被动状态，做好事前主动预防的相关工作，主动建立预防体系，预先制定教育措施，以积极向上的态度带动学校全体人员参与预防校园欺凌的工作。

二、“预”的教育活动的基本原则

“预”的教育活动，处于预防校园欺凌体系建设中的前端部分，主要针对欺凌种子、欺凌初发、萌芽欺凌的阶段实施教育，达到普及知识、提高认识和营造氛围的目的，需要秉持面向所有学生，唤醒围观者，早期发现、早期干预，分层预防、逐级处理等原则予以实施。

（一）面向所有学生

预防欺凌的教育活动，旨在通过全面教育让所有学生都能正确认识校园欺凌，辨识校园欺凌，提升对校园欺凌的干预意识。在欺凌现象面前，校园中的每个学生都不应是局外人，校园内的所有学生都应认清校园欺凌行为的本质，认识校园欺凌的危害，提升对以强凌弱行为的敏感度和辨识度，分辨出身边不正常的“玩笑打闹”现象，树立“预防校园欺凌与我有关”的责任观念，积极关注并应对玩笑中的过分、越界情况，让每个学生都意识到自己有责任、有义务制止欺凌行为，当发现欺凌苗头时及时向教师报告，避免责任分散。

（二）唤醒围观者

围观者是欺凌现象中的重要群体，围观者的反应可能直接导致欺凌萌芽的走向——是得以消解还是持续升级。因此，唤醒围观者的干预意识和干预行为是有效预防校园欺凌的关键原则。社会心理学研究表明，当观众在场时，当事人往往会认为观众正在对自己的行为进行评价，成为重要的虚荣动机。换言之，一种行为没人理会便罢，越有人看热闹当事人就越来劲。对于过分玩闹中的主动实施一方，当有围观者观看、起哄时会增加他们的虚荣心，给他们带来“快乐”的感受，甚至成为“鼓励”他们反复实施过分言行的主要动机。对于过分玩闹行为事件的围观群体，一方面，由于对欺凌观念较为模糊，无法判断哪些行为属于欺凌萌芽，因而可能间接地默许了过分玩闹行为，导致类似行为的频繁出现；另一方面，由于受到了“非个体化”思维的影响，当学生个体处于一个群体中时，会产生一种心理状态，即认为个体的身份隐没在群体中，继而内在的责任感就会消失，产生一种“事不关己”的心态。在欺凌行为以及疑似欺凌现象面前，唤醒围观者的责任感和同理心，使围观者成为调解者、保护者和报告者，成为遏制校园欺凌的主要群体，是预防校园欺凌的基本原则。

（三）早期发现、早期干预

在国内外预防校园欺凌的政策文件和指导措施中，均提及了一个重要原则“早期发现”，这也成为有效预防校园欺凌、避免欺凌行为向着更为严重的方向发展的基本前提。所谓“早期发现”，“是指对欺凌行为（事件）的首次发现，以及对尚处于未萌和萌芽阶段的欺凌行为（事件）的敏锐察觉”①。

---

① 耿申，龚杰克．学生欺凌行为的生成阶段与早期发现［J］．教育研究，2018（6）：48-53.

而“早期干预”，是指在发现欺凌事件之后所采取的应对措施。

对于这一原则的深度理解，主要涉及三个核心概念，可以进行层层剖析。第一个核心概念是“早期”。“早期”是指某个过程的最初阶段。作为预防校园欺凌中的重要原则之一，“早期”应从两个层面来理解。一个层面是绝对的“早期”，即针对整个欺凌发生过程而言，处于标准欺凌发生之前的阶段，也就是欺凌种子、欺凌初发、欺凌萌芽、标准欺凌、严重欺凌中的前三个阶段。另一个层面是相对的“早期”，即欺凌种子是相对于欺凌初发的“早期”，欺凌初发是相对于欺凌萌芽的“早期”，欺凌萌芽是相对于标准欺凌的“早期”，标准欺凌是相对于严重欺凌的“早期”。预防校园欺凌的“早期”原则，就是及早、尽早，越早越好，层层提早是将欺凌消解在当前阶段、避免进一步发展恶化的重要措施。

第二个核心概念是“发现”。“发现”是指找出隐藏的或没有注意到的情况，能否找出日常教育实践中隐匿的危险苗头，成为能否有效预防校园欺凌的重要因素。一是从“发现”过程上，每个阶段的“发现”都应以察觉为开始、以判定为终结来定义“发现”的内涵。即如果将“发现”延展开来，要经历一个从觉察到判定的过程。觉察就是细腻地观察、意识到学生嬉闹中的过分行为，判定就是经过分析后判别断定学生的行为处于欺凌生成的哪个阶段，从而为采取相对应的干预措施提供基础性依据。二是从“发现”主体上，主要包括教师、学生和家长。相较于学生和家长，教师是更具校园欺凌防治的理论性知识和经验性知识的群体，能通过自己对学生情绪、状态、言语和行为的观察，来判断是否发生了欺凌事件，判断其性质以及所处阶段，也可以通过学生和家长的报告来帮助识别。当然，由于学生不可能一直在教师的视线范围内活动，因此，学生和家长就成为另一部分重要的“发现”群体。教师要教育学生认识欺凌、识别欺凌，要培养一些学生干部观察同学交往中的问题，并能及时报告教师。家长要敏锐对待孩子回家后对其的倾诉，当孩子提及“不想上学”“心里难受”时应认真询问。当孩子以讨论“其他人”的欺凌事件为话题内容时，家长应意识到，很可能是自己孩子遇到了欺凌问题，由于其不敢直接讨论而采取了迂回表达，家长应同孩子深入交谈并报告学校教师，切不可敷衍了事。三是从“发现”内容上，教师和家长要关注学生在校、在家的学习生活状态，特别是要密切观察学生的外貌体征、情绪状态、个人物品、行为习惯和同伴关系等方面是否有异常现象。教师和家长要及时发现，及时交换信息。对教师而言，除了重点观察个别学生的状态之外，还要留心观察学生群体的变化。当学生之间出现欺凌萌芽甚至标准欺凌时，作为围观者的学生也会出现异样的举动，如课堂上的哄笑、课后的议论纷纷、集体活动的氛围、社交媒体的群体舆论等。四是从“发现”途径上，可采取以下方式及时觉察欺凌苗头：①直接观察全体学生在班级、课堂和集体活动中的整体状态；②培养学生干部，与学生干部定期谈话，了解班风建设情况和典型问题；③定期组织小范围的学生访谈，向学生了解生活情况，由学生（围观者）提供关键线索；④定期进行匿名全员调查，了解更为隐秘的真实情况；⑤重点巡查学校易发生欺凌的场所，如操场、卫生间和偏僻角落等，对于这些具有隐蔽性、藏匿性的地点要格外留心。

第三个核心概念是“干预”。干预是心理学的概念，是在心理学理论指导下有计划、按步骤地对一定对象的心理活动、个性特征或心理问题施加影响，使之朝着预期目标变化的过程。在预防校园欺凌的“早期干预”的基本原则中，“干预”是指在教育学和心理学理论指导下，依据预防校园欺凌的研究假设和理论框架，按照欺凌生成的若干阶段，对欺凌现象中的涉事学生、围观者及全体学生施加有计划、分步骤、分层次的影响，使之达到解决问题、扼制萌芽、消解欺凌的目的。此处的“影响”分为两个方向：一是在欺凌各生成阶段发生之前，即“预防性干预”；二是欺凌各生成阶段发生之后，即“处置性干预”。所谓“预防性干预”，是指在该条界线出现之前，教师采取预设性的降低该欺凌生成阶段发生的危险因素和增强教育防护因素的措施。所谓“处置性干预”，是指在该条界线出现之后，教师采取有针对性的应对措施和处理办法，消除或缓解不良现象产生的负面效应，避免情况进一步恶化。从整个欺凌生成过程来看，前一阶段的“处置性干预”等同于后一阶段的“预防性干预”。

（四）分层预防、逐级处理

欺凌生成是个渐进的过程，共有五条界线：欺凌种子、欺凌初发、欺凌萌芽、标准欺凌、严重欺凌。每一条界线的出现，之前都有“预防”，之后都有“处理”，具体包括：提醒、批评、警告、处分、判罚。为将“早期发现、早期干预”的原则落到实处，必须做到分层预防、逐级处理。

第一级处理：欺凌种子——提醒。欺凌种子相当于在土壤中埋下了种子，即出现过分现象的嬉闹行为，或对身心有特殊情况且较难被同学接纳的学生的不当行为。欺凌种子可能至少会向两个方向发展，一是往欺凌方向发展，即欺凌初发；二是卷入学生往问题学生的不当行为发展，虽非欺凌现象，但因偏离常态而也成为教育问题。该标志出现后的处理方式是“提醒”，是指教师对过分嬉闹行为或对较难被同学接纳的学生的不当行为，在私下场合进行谈话，如教师办公室、学生宿舍、学校休息厅和活动室等，细致了解其实际情况，注意采用温和的态度和恰当的谈话策略，对表现出过分嬉闹行为的学生从旁指点、提示注意、教育引导，不宜严肃批评或惩罚。

第二级处理：欺凌初发——批评。欺凌初发相当于欺凌种子破壳，即出现了较重或在较大群体范围出现过分的嬉闹行为。该标志出现后的处理方式是“批评”，是指教师对较重或较大范围的过分嬉闹行为，在班级范围（或年级范围）内进行集体的思想教育，引起全体学生的重视，进一步强调相关的行为规范，并对涉事学生进行个别点名批评，明确问题所在，责令其改正，并视情况要求做出口头或书面检讨。

第三级处理：欺凌萌芽——警告。欺凌萌芽相当于欺凌苗头的显现，即出现了向着恶劣和伤害方面发展的过分倾向的行为。该条界线出现后的处理方式是“警告”，是指学校德育处或学生处等相关学生管理部门，针对有恶劣和伤害趋势的行为在学校范围内对涉事学生予以训导，依据校规校纪和学生行为规范约谈欺凌萌芽行为中的欺凌者，明确责令改正不当行为，提出严肃警告。并说明如不停止，将依规给予处分。同时向涉事班级或年级的全体学生通报约谈过程和警告结果。

第四级处理：标准欺凌——处分。标准欺凌相当于典型欺凌事件的出现，即学生之间强势一方对弱势一方进行侮辱性身心攻击，并通过重复实施或传播，使被欺凌者遭受身心痛苦的行为。该标志出现后的处理方式是“处分”，是指防治学生欺凌和暴力工作领导小组通过会议讨论给予欺凌者相应处分的决定，依照校规校纪和参与程度深浅给予不同处分，如公开承认错误并赔礼道歉、赔偿损失、停课、停学等。通报家委会，并由家委会通报全体家长。

第五级处理：严重欺凌——判罚。严重欺凌相当于标准欺凌的进一步恶化，即已经引发心理障碍或自杀等严重后果的欺凌行为。该标志出现后的处理方式是“判罚”，是指公安机关和司法机关对发生的严重欺凌过程进行调查取证，依照法律法规做出拘留或判刑等。学校则应立即成立善后工作领导小组，对被欺凌者所在班级学生及家长、所在年级学生及家长、学校所有学生及家长做出相应的心理辅导和信息通报。

第二节 尊重和友善教育：预防欺凌的基础

预防校园欺凌的基础是尊重和友善教育。在班级、学校和家校社合作方面渗透尊重、友善教育理念。建设友善班级，师生共同制定班规，营造尊重和友善的班级文化，开展具有凝聚力的班集体活动。创设和谐校园，建设充满关怀的学校文化，建立学校规章制度及学生行为规范。完善家校合作制度，建设预防欺凌校外支持系统，建立预防校园欺凌的家校社合作关系。

一、开展专题教育

所谓专题教育，就是聚焦预防校园欺凌这一主题，从专题课程、专题活动、专题内容和专题手册等方面，开展有针对性的“预”的教育活动。开展预防欺凌的专题教育，是预防校园欺凌的基础性工作。其最根本目的是让学生提升对欺凌的理性认知，提高思想认识。通过体验式的课程和活动，增加直观体验。通过充分结合道德与法治、心理健康教育等学科课程，将尊重、友善塑造成为一种规范性和导向性的教育力量，引导学生学会尊重他人、友善待人，学会以宽容、友好的态度看待同学间的问题，在感受他人需求和体验他人情感的过程中学习关爱他人、体谅他人，形成友善的个人品质和集体品格。通过研制预防欺凌实施手册，形成具有借鉴意义的可操作的预防欺凌方案。在日常教育过程中，所有学校都需要对全体学生开展全面细致的预防欺凌专题教育。

（一）开发体验式学习课程

预防校园欺凌的教育实践工作，许多国家从课程入手，增强学生对欺凌相关内容的认知，有效防止和减少校园欺凌的发生。加拿大要求学校将反校园欺凌相关资料嵌入课程，并对所有学生进行教育。英国要求学校将反校园欺凌政策及相关材料向“个人、社会和健康教育课程体系（PSHE）”渗透，教师利用教育部及其他反校园欺凌机构制作的文本与视频材料开设辅导活动课程，对反校园欺凌政策、法规进行解读和学习。[①] 最为典型的是芬兰预防校园欺凌项目 KIVA 的专题课程，其针对义务教育期间的学生，设置了学习课程内容、主题及电脑游戏，学生通过小组讨论、观看视频与角色扮演等方式，认识欺凌，了解欺凌的危害，掌握预防与制止欺凌的策略。

本研究也尝试研发预防校园欺凌的专题课程，作为本研究实验中预防欺凌的重要教育措施。

1. 课程目标

开展预防欺凌的专题教育，首先就是要以体验式学习课程的方式，在全体学生范围内普及预防欺凌的相关知识和技能，从而有明确指向地增加学生对欺凌行为及阶段性标志的认知、体验和应对能力。

体验式学习课程的主要目标有三个：一是懂得尊重他人、友善待人的道理，形成团结友爱的风气，消除校园欺凌和暴力产生的土壤、种子。二是学习预防欺凌的相关知识，认识校园欺凌的生成过程及阶段标志。三是学习欺

---

① 张宝书．英国中小学反校园欺凌政策探析［J］．比较教育研究，2016，38（11）：1-8.

凌各生成阶段的应对策略和处理办法，掌握制止欺凌的方法技能。

2. 课程板块

体验式学习课程主要包含几个板块：第一，学会尊重与友善。通过观看视频、分组讨论和班级事例分享，感受同学之间的友爱之情，深刻理解尊重他人、友善待人的内涵。第二，学习共情与换位思考。通过情境体验、角色扮演和相互倾听，认识不同情绪，体验欺凌事件中不同角色的感受，学习换位思考。第三，认识校园欺凌现状及严重后果。通过观看视频和材料阅读，讨论当前校园欺凌的状况，认识欺凌造成的严重后果。第四，认识校园欺凌生成阶段及标志。通过案例分析，讨论学生身边发生的事件，认识到欺凌与玩笑嬉闹的关系，了解欺凌的生成阶段和标志特征。第五，围观者、欺凌者、被欺凌者不同角色的对应策略。从围观者角度，通过集体讨论、分组讨论等方式讨论遇到什么情况应及时向教师报告，采取什么方式劝阻欺凌者，如何关心被欺凌者等；从潜在欺凌者角度，通过问卷调查进行自我反思，是否做过故意让他人尴尬、难堪或强迫他人的事情等；从被欺凌者角度，通过情境体验和分组讨论，学习应对欺凌的特定技能，面对故意孤立、恶意辱骂、对身体伤害、对网络闲话、财物勒索等情况时的应对方法。第六，形成反欺凌共识。通过全体讨论和集体宣言，共同制定班规及学生行为规范，达成全体学生的反欺凌共识：不做欺凌者、不做围观者、帮助被欺凌者。

3. 课程对象

体验式学习课程以基础教育阶段学生为对象，根据学生年龄段分三个学段实施：小学、初中、高中。其中小学课程适用于 1~6 年级，初中课程适用于 7~9 年级，高中课程适用于 10~12 年级。具体分学段课程可在小学 4~5 年级、初中 7~8 年级、高中 10~11 年级实施。

4. 课程设置

根据课程目标、课程内容的整体设计及各学段学生年龄特点，对课程内容进行选择和细化，形成各学段课程内容（见表 4-1）。

表 4-1 "预防欺凌"体验式学习课程学段内容设置

学段	小学	初中	高中
内容	(1) 认识了解彼此。 (2) 我们的友爱班级。 (3) 学会友善待人。 (4) 学习换位思考。 (5) 认识什么是校园欺凌，体验欺凌现象中不同角色的情绪。 (6) 讨论同学间的嬉闹现象哪些属于越界和过分行为。 (7) 讨论班规应该加入什么样的相关条文。 (8) 讨论当发现同学间出现越界和过分行为时，自己应该怎么做。 (9) 学习应对欺凌的特定技能，当自己遇到被排挤孤立、恐吓威迫、身体伤害、侮辱逼迫、勒索财物、网络人身攻击等情况时的应对方法。 (10) 每个人做出承诺：我不会欺凌他人、不做围观者、帮助被欺凌者、帮助有需要的同学解决困难和问题。	(1) 学习尊重、友善与共情。 (2) 学习与人交往的技能，讨论同学间应如何相处，当出现矛盾时应如何解决。 (3) 认识校园欺凌行为及带来的严重后果。 (4) 认识欺凌生成的阶段及各阶段的标志特征、识别方法，判断哪些行为属于欺凌种子、哪些属于欺凌初发、哪些属于欺凌萌芽、哪些属于标准欺凌。 (5) 认识校园欺凌与玩笑嬉闹的关系，讨论同学间的嬉闹现象哪些属于越界和过分，应如何将同学间的嬉闹行为自觉控制在正常范围内。 (6) 讨论并制定预防欺凌相关条文的班规。 (7) 自我审视自己有没有做过恶作剧、让他人难堪或强迫他人的事情。	(1) 学会尊重他人、友善待人、换位思考。 (2) 认识校园欺凌的行为及带来的严重后果。 (3) 认识欺凌生成的阶段及各阶段的标志特征、识别方法，判断哪些行为属于欺凌种子、哪些属于欺凌初发、哪些属于欺凌萌芽、哪些属于标准欺凌。 (4) 讨论应该如何将同学间的嬉闹行为自觉控制在正常范围内，特别是在出现越界和过分情况时，应该怎么做。 (5) 讨论并制定预防欺凌相关条文的校规及学生行为规范。 (6) 自我评估自己有没有做过恶作剧、让他人难堪或强迫他人的事情。 (7) 讨论当发现同学间出现欺凌种子、欺凌初发或欺凌萌芽时，在什么情况（阶段）下，自己可以出面解决问题，什么情况（阶段）下，自己必须向教师报告并由其出面解决问题。

续表

学段	小学	初中	高中
内容		(8) 讨论当发现同学间出现欺凌种子、欺凌初发或欺凌萌芽时，在什么情况（阶段）下，自己可以出面解决问题，什么情况（阶段）下，自己必须向教师报告并由其出面解决问题。 (9) 学习应对欺凌的特定技能，讨论当自己遇到不同类型的欺凌、处于欺凌生成的不同阶段时，应该采取什么对应的做法，应该达到什么目标。 (10) 每个人做出承诺：不做欺凌者，不做围观者，帮助被欺凌者，帮助有需要的同学解决困难和问题。	(8) 学习应对欺凌的特定技能，讨论当自己遇到不同类型的欺凌、处于欺凌生成的不同阶段时，应该采取什么对应的做法，应该达到什么目标。 (9) 讨论应给学校预防校园欺凌和暴力行为提出什么建议。 (10) 每个人做出承诺：不做欺凌者，不做围观者，帮助被欺凌者，帮助有需要的同学解决困难和问题。

（二）借助学科课程

本研究在北京市朝阳区的实验校开展了实验内容，主要是融入学校"道德与法治"课程、心理健康教育课程等，旨在提升学生的法治意识、交往能力、调控情绪和解决冲突等方面的能力。

1. 充分结合"道德与法治"课程

实验校借助"道德与法治"课程，选择重点内容开展预防欺凌的知识和技能教育。教师在进行这些内容的课堂教学时，应设计出具有情境性、涉身性特点的活动，充分注重书本知识与学生体验相结合，运用小组讨论、师生互动、展示交流等方式，采取角色扮演、辩论赛和模拟法庭等活动重在增强学生的直观体验。

实验校北京市三里屯一中在“道德与法治”课程中，教师结合教材相关内容整合成一节课——“尊重人权，远离欺凌”，将法治教育与预防校园欺凌工作有机融合。同时，根据不同年级学生的身心发展特点，将预防欺凌与“道德与法治”课程的相关内容进行整合设计。针对初一学生刚刚步入初中校园的特点，结合七年级“道德与法治”学科相关内容，将预防校园欺凌与友谊教育、生命教育相结合，使学生能够理解并自觉说出校园欺凌所产生的负面影响，之后进行情感教育，明确向学生提出友善待人、关切他人生命的要求，并为他们提供建立和呵护友谊、向他人传递温暖的具体方法。针对初二学生正值青春期的特点，结合八年级“道德与法治”学科相关内容，将宪法中尊重和保障人权的内容与预防校园欺凌相结合，既通过现实问题帮助学生更好地理解宪法知识，又对远离校园欺凌进行切实的宣传教育。科任教师还组织了以预防校园欺凌为核心内容的辩论赛，围绕“是否应该给同学起外号”“帮还是不帮”等话题展开辩论赛，使学生在活动中对校园欺凌有了更加深刻辩证的理解。还有的实验校利用“道德与法治”课程，教给学生应对校园欺凌的“三步法”：一叫停。看着欺凌者，用清晰冷静的语言让他停止欺凌行为。二走开。如果口头的拒绝并不管用，可以直接走开，离欺凌者远远的，到有其他同学和成人的地方去。三求助。如果语言的警告和主动离开仍不能有效阻止欺凌者，就要向教师或其他成人求助，坚决不能独自承受被欺凌的痛苦。

2. 加强心理健康教育

校园欺凌的发生并非偶然，也不是瞬间形成的，而是经历了一个发生、发展的过程，这其中与学生的心理健康问题有很大关系。很多欺凌者本身在学校就是“问题学生”，在家庭是“问题孩子”。所谓“问题”，主要是行为习惯和情绪心理上存在偏差。心理健康教育就是对学生普及心理健康教育知识，对学生进行心理辅导、情感教育、人际关系指导、健全人格的培养和自我心理修养的指导，教给学生调节情绪、处理矛盾和解决冲突的技能，形成健康的心理状态。

本研究实验过程中，实验校通过开设心理健康教育课程、心理测量、辅助设备和心理咨询等方式为预防校园欺凌提供支持。部分实验校通过心理测量的方式，对学生的攻击性行为和欺凌行为进行测评和预警，找出心理存在问题的学生，作为重点关注的对象，并进行长期追踪式观察。在预防校园欺凌的过程中，该方法成为发现问题、避免恶性后果发生的重要手段。部分实验校通过开设心理健康教育课程，设计多样的心理健康教育活动，让学生认识到欺凌行为背后存在的不合理信念，对不合理信念引发的危害行为和导致的恶性后果进行描绘和展示，提醒学生认识自己的情绪和行为，并对行为可能引发的后果保持警醒，从而对可能发生的恶性行为进行干预和调整。部分实验校定期开展以反欺凌为主题的团体辅导，运用情境表演的形式，让学生参与角色扮演，体验欺凌事件中的各种角色，观察和反思欺凌者与被欺凌者的恐惧、痛苦、厌恶等感受，增强学生的移情能力。部分实验校利用辅助设备帮助学生释放和缓解消极情绪。例如，心理健康室配备的拳击手套、棒球棒、抱抱人等设备，通过击打、运动、呐喊、倾诉或者拥抱有效地缓解消极情绪，并能引导学生获得更加积极的心理体验。部分实验校开通反欺凌倾诉热线，让求助者有倾诉的途径，能第一时间得到专业教师的帮助和辅导。实验校北京市电气工程学校搭建心理教育平台，开展心理健康教育活动，利用心理咨询室定期或不定期开展学生心理健康咨询和疏导，对发现的校园欺凌的苗头及时跟踪处理，防止事态恶化。该校结合预防校园欺凌建设工作，针对不同年级设计了心理体验内容，与园林花卉专业结合，开设了《园艺疗法》课程，心理辅导室每周开放三次，并设有心理辅导电话和 QQ 邮箱，有效提高学生心理健康水平，为预防校园欺凌提供支持。

（三）研制预防校园欺凌实施手册

本研究通过几年的实验，在对校园欺凌的概念、生成阶段和识别特征等理论概念进行深入研究的基础上，重点开展了欺凌生成阶段的标志行为、处理方式和处理措施等实验工作，研发了预防校园欺凌的体验式学习课程纲要，建立了预防校园欺凌制度和应急预案。预防校园欺凌实施手册是学校、地区乃至更大范围内实施预防校园欺凌的指导说明。研制预防校园欺凌实施手册，能为中小学校和教育行政部门预防校园欺凌提供操作范式。

1. 实施手册的基本定位

本研究在实验区、实验校的共同研究下，组织编写了《北京市三里屯一中预防校园欺凌实施手册》（以下简称《实施手册》）。《实施手册》明确了区域、学校预防学生欺凌事件的指导思想和基本原则，构建了完整、科学和实操性强的预防校园欺凌的操作体系。

从基本定位上，《实施手册》是区域、学校开展预防校园欺凌工作的重要依据和参考，强调操作性和应用性，作为学校、教师和家长开展预防校园欺凌工作的参考资料。作为课题的阶段性研究成果，《实施手册》的研制不仅为课题实验区和实验校服务，更是为所有中小学管理者、一线教师、学生及家长开展预防校园欺凌工作提供参考。非本课题实验校的学校管理者、教师、学生及家长，也可结合教育教学工作的实际情况，形成一套完整的预防校园欺凌的工作举措，以有效预防校园欺凌，形成良好、和谐、友善的学校氛围。

2. 《实施手册》的内容框架

从内容框架上，《实施手册》包括七部分。

第一部分主要介绍校园欺凌和暴力的相关概念，包括：校园欺凌的界定和构成、校园欺凌与校园暴力的联系和区别、校园欺凌与学生嬉闹的关系、欺凌生成发展的五个阶段等，目的是让学校和教师理解校园欺凌，同时认识到欺凌的生成是一个渐进的发展过程。

第二、第三部分介绍从发现、识别到预防、处理等一整套预防校园欺凌的理论框架及案例解读。其中，第二部分主要介绍欺凌生成的识别要素，不同类型欺凌行为各生成阶段的发现和标志行为等；第三部分主要介绍设置校园欺凌的五道防线，欺凌各生成阶段的逐级处理措施等。

第四部分至第六部分介绍学校开展预防校园欺凌的专题教育工作。其中，第四部分主要介绍学校如何开设预防校园欺凌专题课程；第五部分主要介绍如何建设友善班级；第六部分主要从家庭教育的视角出发，介绍作为学生家长如何认识、发现及有效预防校园欺凌。

第七部分主要介绍学校预防和治理校园欺凌的保障机制，包括防治校园欺凌和暴力制度、家长教师协会制度、社会协同防治机制、预防校园欺凌和暴力培训制度、学校校园欺凌应急处置预案等。

二、建设友善班级

班级是预防校园欺凌的基本单元，是发现欺凌种子、遏制欺凌萌芽的首要场所。班主任应关注学生学习和生活的细节，营造温暖安全的班级氛围，创建同伴相互包容和互帮互助的班级文化。同时班主任要组织学生共同制定反对欺凌行为的班规，明确告知学生班级不容许有欺凌行为，定期组织以“反欺凌行为”为主题的班会，帮助学生掌握有关欺凌行为的知识，强调所有学生都有义务和责任阻止欺凌行为的发生，共同营造团结友善的班级氛围。

（一）共同制定班规

班规是班级建设的制度保障，是班级全体学生必须遵守的秩序规范。在班级建设中，班规的制定是必不可少的一部分。学生依据班规约束自己的行为，形成班级共同倡导的价值观念。班规应包含尊重他人、友善待人、自我约束等行为规范，通过班规明确学生的人际交往规则和秩序。

本课题实验校在研究过程中充分注重班级在预防校园欺凌中的重要作用，采取了全班学生共同参与制定班规和班训的方式。班级中的每个人都成为班规形成的思考者和制定者，班主任、班干部和学生代表共同整理和归纳全班同学的意见与建议，最终形成班级预防校园欺凌的班规与班训。班级学生共同参与制定班规的过程，体现了人人参与、平等公正的观念。所有学生共同制定的班规也有利于大家共同遵守，人人都是执行者，人人都是监督者。课题实验校北京市三里屯一中进一步将班规中同学友好相处的细则落到实处，组织班级开展了征集“友善金句”的活动（见图4-1）。班级金句体现了“对人友好”“待人友爱”和“给人友助”这三个核心概念，让学生在遵守

北京市三里屯一中 幸福村校区

初一（4）班

友善金句

金句：

1. 不要嘲笑别人的错误，谁都有犯错的时候。
2. 友善待人，别人才会有友善待你。
3. 对别人的帮助心怀感激，帮助别人时不求回报。
4. 和别人交往时要注意自己的言行举止，不做让别人不高兴的事。
5. 友善让自己快乐，也让别人快乐，它使我们更加团结向上。

名人名言：

1. 对人来说，最大的欢乐，最大的幸福是把自己的精神力量奉献给他人。
——苏霍姆林斯基
2. 德行善兴趣是唯一不败的投资。
——梭 洛
3. 人并非为获取而给予；给予本身即是无与伦比的欢乐
——弗罗姆
4. 应该让别人的生活因为有了你的生存而更加美好。
——茨巴尔

北京市三里屯一中 幸福村校区

初二（5）班

友善金句

金句：

1. 既然你对自己有信心，那么你就努力，我会帮你的，你不会的我教你。

2. 前方的路途很遥远很困难，不要怕，我会助你一臂之力和我一起前行。

3. 希望你能快点走出那片不属于你的天，其实外面的景色很美!

4. 不是每个人都能成为自己想要的样子，但每个人都可以努力，成为自己想要的样子。相信自己，你能作茧自缚，就能破茧成蝶。

5. 没关系，一次考试失利正好可以及时总结经验教训，我们一起努力，找到借因，认真改正，一定可以取得进步！

图 4-1 课题实验校“友善金句”

班规的过程中养成友善之心。征集的班级金句有些是学生自创，有些是取自名人名言，所选内容既体现了人际交往的基本原则，又体现了学生的年龄心理特点。班级金句的征集过程成为学生自我教育的有效过程，通过对这些金句的理解与践行，促进了学生之间和谐相处。初一年级（5）班的班规是：“关爱他人，用鼓励和友善的方式帮助同学。”“与同学发生矛盾纠纷，及时找老师解决，多换位思考，理解包容他人。”“做事要三思而后行，考虑行为的后果和造成的影响。”“热心帮助班级内每个生活和学习有困难的同学。不以强凌弱，不仗势欺人。”课题实验校北京市朝阳区花家地小学制定“友善班级公约”，班级公约由班主任、学生及家长充分讨论后形成，具有很强的约束力。例如，初三年级（10）班的友善班级公约是“礼貌用语微笑先行、规则牢记安全你我、诚实守信热爱集体、态度诚恳尊重他人、互相帮助善待他人、互相理解宽容待人”，并以“我要”“我不要”的表述方式细化了六条公约，对学生行为指导更加明确。

（二）营造班级文化

本课题实验校借助直观的物质环境和内隐的精神环境，营造健康的班级文化。课题实验校北京市电气工程学校在墙壁、黑板上张贴预防校园欺凌主题的墙报（见图 4-2），让学生发挥自主性和创造性进行创意设计或涂鸦，宣传预防校园欺凌的相关知识，表达并传递积极向上的精神风貌。还有的实验校班级物质文化的建设以优美、优秀、优雅为主题，或以友好、友善、友爱为主题，布置班级黑板、课桌和教学设施。部分实验校以日常教育、班级管理、率先垂范和制度规训等方式，营造班级友善氛围，创建“友善班集体”。通过设置班集体建设目标和班级文化建设目标，发动全班学生开展系列活动，树立积极进取的班风。通过开展各种班级活动、教室空间布置和社会实践活动，形成团结、荣誉感强的班集体，进而形成互助友爱的班风。有的班主任带领全班学生经常开展旨在增强学生“包容、尊重、欣赏”意识的班级教育活动，使学生充分认识到对同学的“排斥、嫉妒、侮辱”是一件令人羞愧的事情。让学生充分了解到，在同学之间相处时因他人“弱小”或“不同”而做出排斥、不尊重的行为，甚至用言语或行为加以侮辱都是不道德的，严重的还可能是违法的。违法就等于“犯罪”，就要承担法律责任。

图 4-2 课题实验校“反校园欺凌”墙报

从预防校园欺凌和暴力的角度来说，在班风建设方面，应强调以下几点：第一，培养学生正确的价值观。通过榜样示范、以身作则和直接强化等方式向学生传达正义、理性、友善等正向情感和态度，肯定学生的正向行为。尤其要重视引导学生尊重个体差异，让学生明白家庭背景和成长环境的不同会导致个体差异。身心发展、外貌特征、人格特质、学习能力和智力程度不同的学生都享有同样的权利，都应受到公平对待。第二，教会学生管理情绪。处于青春期的学生情绪不稳定，过多的负面情绪或激烈的情绪波动可能会导致校园欺凌和暴力事件的发生。小学高年级和中学阶段的学生，正值生理快速发展期，课业压力大，同学间交往易出现矛盾，情绪相对不稳定，容易意气用事。教师应利用好日常教育契机（如班会课、心理健康课和主题教育活动等）指导学生进行合理的情绪调控，并提供适合学生的活动来丰富其课余生活，从而疏导其不良情绪。第三，建立良好的师生关系。建立良好的师生关系是学生愿意将心中困惑和所遭遇困境告知教师的前提，也是教师及早发现、预防校园欺凌和暴力事件发生的有效方式。当学生将所遭遇的困扰告知教师时，教师的倾听策略非常重要。教师在倾听时可配合使用引导性语言和肢体语言，让学生感到自己被重视和关怀。除倾听策略外，教师有效介入和处理问题的能力也是建立良好师生关系的关键。教师遇事不推脱，不逃避责任，勇于承担和处理，最终解决问题，才会逐渐让学生对教师产生信任感。此外，教师还要注意为学生保密，既要注意保护学生隐私，也要避免学生被称为“告密者”或遭到报复。第四，坚定反欺凌和暴力的决心。教师从进入新班级的第一天起，就需要明确表明反欺凌和暴力的决心，积极构建和谐的班级氛围，教导学生处理好同学间的关系，让班上的每个学生都了解欺凌和暴力事件的严重后果及相关政策，明白欺凌和暴力行为不仅伤人伤己，情节严重时更需承担民事与刑事责任。

（三）开展班集体活动

本课题实验校的班主任充分利用班会召开预防校园欺凌的主题班会，抓住学生间、班级中发生的真实案例和校园常见问题展开深入研讨。北京市电气工程学校组织了预防欺凌的系列主题班会（见表4-2），学生们在班会中积极讨论、倾情展示，很多发言既有换位思考，又具理性视角。主题班会活动引导学生学会用欣赏的眼光看待身边的同学，用辩证的思维思考有争议的问题，用宽容的心态理解矛盾的解决。例如，在"拒绝校园欺凌，共建和谐班级"主题班会中，班主任提出了四个问题供学生讨论：（1）你有没有遇到过"小霸王"呢？说说他们的"行为"。（2）当我们或者我们身边的同学受到校园"小霸王"欺凌时，我们应该怎么办呢？（3）我们坚决不做欺凌身边同学的"小霸王"，那么我们应该怎么样与同学相处呢？（4）请同学们说一说，当你与同学发生矛盾时应该怎么做呢？北京市三里屯一中的班主任充分利用"一日点评"和成长手册进行价值观、人生观和世界观的教育，通过每日一句正能量、寻找身边的榜样等多种活动，集中对学生开展以"友善和谐班级，预防校园欺凌"为主题的专题教育，让学生全面了解校园欺凌的相关内容，提高学生抵御欺凌的自我保护能力，促进友善班级的建设。

表4-2 北京市电气工程学校友善班级建设主题班会

序号	班会主题	班级
1	"团结友爱 责任担当"	2018级（01）班
2	"与人为善 与己方便"	2018级（02）班
3	"学会感恩，珍惜身边每一个人"	2018级（03）班
4	"友善伴我行，共建和谐班"	2017级（01）班
5	"远离校园欺凌，创建和谐班级"	2017级（02）班
6	"良好习惯铸就和谐集体"	2017级（03）班
7	"帮助他人快乐自己"	2017级（04）班
8	"友善在我心中"	2017级（05）班
9	"向校园欺凌说No"	2017级（16）班
10	"拒绝校园欺凌，共享和谐班级"	高职班

三、建立家校社合作关系

家庭教育是学生成长过程中极为重要的因素，家长特别是父母对子女的影响很大，往往可以影响人的一生。家庭氛围、父母之间的关系、教育方式、家长与学校的关系等因素都深刻影响着校园欺凌行为的发生。因此，需要提升家长对校园欺凌的认识程度，改进教育方式，掌握发现欺凌迹象的亲子沟通方式，实现家校协同育人，达到共同预防校园欺凌的目的。

为更好地预防校园欺凌，家长应主动地配合学校工作，积极参与学校的各项活动，信任学校、信任教师，与班主任及相关教师保持密切的联系，学习应对欺凌问题的方法。

第一，主动参与学校日常活动。家长要主动参加学校开放日、家长会和家庭教育讲座等活动。主动参与学校文化节、亲子运动会等相关活动。主动为学校校本课程、社会实践活动等工作提供资源支持和志愿服务。

第二，积极参加学校预防欺凌的专题教育活动。家长要积极参加学校举办的预防欺凌专题培训、讲座、演练和交流等活动。家长还应自主学习相关内容，掌握预防欺凌的知识和方法。

第三，保持与教师的密切沟通。家长平时应与班主任保持密切联系，随时与班主任沟通孩子情绪和行为的变化，及时发现欺凌萌芽。保持冷静，主动配合教师应对校园欺凌事件。家长千万不要第一时间就被不确定的信息所左右，更不要与学校和教师对立。这将使得事件处理变得更加复杂，甚至导致孩子受到二次伤害。在校园欺凌问题上，家长应切记：家长与学校和教师“合作则双赢，对立则双输”。

完善家长教师协会制度，强化家长教师协会在预防欺凌方面的参与职能，通过建立多种机制提升家校合作预防欺凌的效果。

第一，定期培训机制。大多数家长缺乏预防欺凌的专业知识，家长教师协会可创建各种渠道帮助家长学习相关知识。家长教师协会先要做好调查研究，了解家长方面的困惑和需求。家长教师协会监督家长积极参加并按时完成相关学习任务。

第二，主动汇报机制。家长教师协会要对校园欺凌保持高度的警惕性，一旦发现异常情况时要主动向学校相关负责人报告。家长教师协会的成员应主动沟通，主动反映问题，主动查找原因，主动寻找方法，主动寻求工作支持。

第三，多渠道沟通机制。家长教师协会在学校的指导下，建立班级博客、微信群和 QQ 群等预防校园欺凌交流平台。平台可由部分家长负责日常管理，负责发起专题讨论和交流。平台定期转发关于预防校园欺凌的活动信息，强化家长和教师的相关学习。

第四，责任明确机制。对于如何处理校园欺凌，家长教师协会必须有明确的职责范围。家长教师协会处理校园欺凌的职责包括：①协助调查事件的缘由；②与当事人和围观者进行谈话；③及时与校方进行沟通；④安抚被欺凌者和家长的情绪；⑤组织涉事双方的协调工作；⑥对校方的处理提出建议。需要注意的是，家长教师协会不能过多干预或者代替校方处理欺凌事件。

第五，保密机制。家长教师协会在协助调查和处理校园欺凌的过程中，接触的信息涉及学生和家长隐私的，相关人员应保守他们的隐私。家长教师协会应保持审慎的态度，做到不宣传、不夸大、不歪曲。

第六，档案建立机制。校园欺凌处理完毕之后，家长教师协会应当建立档案。由专人负责梳理欺凌事件的发生缘由、调查过程和处理结果。档案的查阅由家长教师协会负责管理。

第三节 “预”的教育活动的主旨

预防校园欺凌体系的建立，“预”是其中至关重要的组成部分，起到消除校园欺凌事件发生的基础作用。“预”的教育活动，其主旨目标在于站在教育的视角，在学校整体环境中营造抵制校园欺凌的群体舆论，提高全体教职工及学生对欺凌行为的辨识能力，提升师生对欺凌行为的干预意识，引导围观群体对欺凌事件采取正确的干预行为。

（一）营造抵制校园欺凌的学校氛围

学校中的集体包括整个学校、年级、班级等。对于预防校园欺凌而言，班级集体是一个要格外关注的群体，要在班级内形成预防校园欺凌的集体舆论。班级源自班级授课制，同一个班级的学生，年龄和认知水平大致相同，教师同时对整个班级进行同样内容的教学，所采用的教育方法和教学手段基本一致。第一，班级作为一种观念，体现了统一的教育思想，班级的集体舆论也是班级内所有学生共同认可的价值观，这其中就包括尊重他人、友善待人、抵制校园欺凌的集体意识。第二，班级作为一种制度，强调了教育的集体性，学生通过集体中的交往互动、模仿互鉴、合作互助、共情互通受到教育，友爱关系、善良之意、他人意识、包容之心得以形成，友善价值观得以建立。第三，班级作为一种社会，源自杜威"学校即社会"的教育思想。杜威在《学校与社会》中明确提出应把学校创造为"一个小型的社会，一个雏形的社会"，班级作为学校的基本单元，可理解为社会的萌芽，是一种特殊的社会环境。马卡连柯提出集体教育与个体教育的平行教育原则，他主张"每当我们给个人一种影响的时候，这影响必定同时应当是给集体的一种影响。相反地，每当我们涉及集体的时候，同时也应当成为对于组成集体的每一个个人的教育"①。在班级社会中，学生学习与人交往，建立规则意识，学会自我约束，培养友善观念，这些都成为预防校园欺凌的底层根基。

"预"的教育活动的目标之一，就是努力构建起积极、正向的校园文化，营造和谐、友善的校风班风，形成坚决抵制校园欺凌的集体舆论。为了实现这一根本目标，在教育实践中可采取以下举措：一是建立规章制度，形成学生可遵循的行为规范，明确对欺凌行为的惩罚措施；二是改善物理环境，在校园、班级的可见之处，张贴关爱同学、抵制欺凌、向受欺凌者伸出援手等标语、宣传画等；三是塑造精神环境，通过课程、班会、实践活动、情景剧

---

① 马卡连柯．马卡连柯教育文集：上卷［M］．吴式颖，等译．北京：人民教育出版社，1985：79.

和辩论赛等多种载体，彰显尊重和友爱的精神文化，以内隐的方式逐步形成全校共识的友善价值观。

（二）提高对欺凌行为的辨识能力

实施预防校园欺凌的教育活动，第二个重要目标就是通过教育活动的计划、设计、组织、实施和评价等一系列过程，提高教师、学生及家长对欺凌行为的辨识能力。所谓辨识，包括认识概念、识别特征和判断临界点标志三个环节。学校开展预防欺凌教育活动就要围绕这三个环节展开。

首先，认识概念。我们将学生欺凌行为的动态发生、发展过程分为四种情况：一是有可能发展为欺凌行为的玩笑打闹行为，我们将这种“有可能发展到过分状态的行为”定义为“未萌欺凌”行为；二是初现欺凌萌芽的过分的玩笑打闹行为，我们将“有向着恶劣和伤害方面发展的过分倾向的行为”定义为“萌芽欺凌”行为；三是具备欺凌定义基本特征的欺凌行为，称为“标准欺凌”行为；四是已经引发严重后果的欺凌行为，我们称其为“严重欺凌”行为。① 认识概念，就是要知道欺凌的生成会经历上述四个阶段，知道每个阶段的内涵界定。

其次，识别特征。欺凌行为动态发生、发展过程的四个阶段，分别具有明显的特征。未萌欺凌的主要特征是，一方在玩闹中感受到难堪，另一方在玩闹中感受到因对方的难堪而产生的“快乐”，这种行为已经触犯了学校或班级限定性言行规范；萌芽欺凌的主要特征是，一方在玩闹中对另一方实施了语言和身体的攻击行为，攻击方比被攻击方明显强势，被攻击方感受到痛苦或屈辱，攻击方感受到“快乐”，这种行为明显违反了学校或班级的限定性言行规范。② 标准欺凌的主要特征是，在校学生之间发生的强势一方对弱势一方进行侮辱性身心攻击，并通过重复实施或传播，让弱势一方遭受身心痛苦。严重欺凌的主要特征是，学生的强势一方对弱势一方进行侮辱性身心攻

① 耿申，龚杰克．学生欺凌行为的生成阶段与早期发现［J］．教育研究，2018（6）：48-53.
② 同①。

击，且重复实施或传播，弱势一方学生遭受极为严重的身心痛苦，导致害怕上学、心理疾病甚至自杀等严重问题。清晰识别四个阶段的明显特征，对于教师实施干预措施至关重要。特别是前两个阶段（未萌欺凌、萌芽欺凌），属于典型欺凌行为之前的潜伏期，如果教师能够敏锐地捕捉到反常的信息，辨识出异样的征兆，就能够有效预防欺凌的发生，将欺凌遏制在萌芽阶段。

再次，判断临界点标志。临界点的判断是提高辨识能力的核心环节。玩笑打闹是学生交往的正常行为表现，是学生之间必然存在且应该存在的交往形式。但如果玩笑打闹没有分寸，致使玩闹中的一方由于另一方的言语或动作超出了自己所能接受的范围，而感到难堪，就属于过分行为，就埋下了欺凌的种子。在未萌欺凌阶段，临界点的标志，就是找到致使一方感到难堪，而另一方感到快乐的行为界限。如果玩闹中的过分行为未能自觉收敛或被及时终止，反而向着事态进一步升级的方向发展，玩闹双方中一方感受到痛苦或屈辱，而另一方感受到精神上更大的“满足”和“快乐”，就意味着欺凌的种子已经发芽。在萌芽欺凌阶段，临界点的标志，就是找到引发事态升级的关键行为。

从主体角度来说，学生、教师和家长都需提高对欺凌行为的辨识能力，这是“预”的教育活动亟待实现的目标。当欺凌现象出现时，周围群体能否做出正确判断是提升干预能力的关键。当不良事件发生时，如果学生、教师和家长能及时准确判断事件性质，就会大大降低事件恶化发展的概率。因此，学生要能辨认出同学间是闹着玩、开玩笑，还是已经过分、越界了。教师要能辨认出同学间的行为是欺凌种子，还是欺凌萌芽。如果是欺凌种子，就要采取正面教育的措施予以教育；如果是欺凌萌芽，则要采取批评惩罚的措施予以制止。家长要能够敏锐地捕捉孩子情绪的反常和行为的异常，一旦发现反常，应及时向孩子了解情况，并主动与教师沟通。在具体措施上，学校可组织主题班会、举办辩论赛、排演情景剧、开展师生座谈和家长培训等，通过主题探讨和主观体验的方式，帮助学生、教师和家长学习辨识欺凌行为。

需要注意的是，在辨识欺凌行为这一问题上，既不能淡化，也不能泛化。既不能对校园欺凌采取回避的态度，因情感原因而主观地认为“我们学校没有欺凌”，将已经埋下了种子甚至滋出萌芽的现象视为学生间一般的“玩笑打闹”，而错过了最佳的干预时期；也不能对校园欺凌的概念不加区分，将一切学生间的肢体触碰、人际关系问题等都归结为欺凌，从而引起学生间、师生间，尤其是家校间的矛盾。

（三）提升对欺凌行为的干预意识

提升预防校园欺凌行为的干预意识，就是要提升消解校园欺凌行为于萌芽阶段的目标性、能动性和自觉性。一是提升预防校园欺凌干预意识的目标性，明确对欺凌行为的“零容忍”态度，人人都要树立反对欺凌、拒绝欺凌的干预目标。二是提升预防校园欺凌干预意识的能动性，不论是学生、教师还是家长，都能清楚地认识到欺凌的危害，以及早期发现、早期干预对于学生健康成长具有极其重要的意义。三是提升预防校园欺凌干预意识的自觉性，预防欺凌绝不是个别教师的工作，而是所有教师、学生及家长都要格外关注的问题，每个人都应自主自愿地捕捉欺凌种子，发现欺凌苗头，消解欺凌行为。

对不同主体而言，对欺凌行为的干预意识因角色不同而各有侧重。对于学生主体，干预意识分别体现在主动实施者、被动接受者、围观者身上。第一，对于“过分玩闹”中的主动实施者，就是要通过实施预防欺凌的教育活动，让学生认识到欺凌行为的负面影响，感知到自己的哪些语言和做法已经伤害到同学，使他人产生了不悦甚至痛苦，感知到自己的哪些言行已经接近欺凌的边缘，埋下了欺凌的种子，如果不加收敛，就可能演变成欺凌行为。因此，主动实施者的干预意识实质上就是自我认识、自我感知、自我约束。第二，对于“过分玩闹”中的被动接受者，就是要仔细体会自己的心理感受，是否有不悦、难受，甚至被侮辱、被折磨的感觉，通过实施预防欺凌的教育活动，正确判断自己的处境，及时告知自己信赖的人士，学会寻求有效的帮助。因此，被动接受者的干预意识实质上就是判断处境、及时告知、寻求帮助。第三，对于“过分玩闹”中的围观者，就是要通过实施预防欺凌的教育活动，培养围观者在阻止欺凌行为中的作用，树立发现欺凌种子、消灭欺凌萌芽与我有关的态度，提升围观者的责任意识与干预技巧，让学生明白目睹同学间玩笑打闹出现过分言行时，每个人都有责任加以阻止并报告教师。

对于教师主体，提升预防校园欺凌的干预意识，首先就是要在学校各项工作中全方位渗透预防欺凌的理念，使预防校园欺凌成为所有教师头脑中的一根弦，让所有教师在实施课堂教学、班级管理和实践活动等工作时，头脑中都绷着这根弦。在思想意识充分重视的前提下，教师还要设置预防校园欺凌的多道防线。第一道防线，面对所有学生的日常教育，营造和谐友善的文化氛围，深化学生对欺凌的认识，树立“不伤害他人”和“伤害他人不对”的观念，教会学生正确的人际交往原则，引导学生掌握应对欺凌的方法等；第二道防线，主要针对所发现的欺凌种子，对卷入的学生进行专门的谈话、教育工作，帮助学生认识到不当的言行可能给其他同学带来的伤害，把问题处理在种子阶段，阻断其进一步发展；第三道防线，主要针对已经显现出萌芽的欺凌现象，对涉事学生进行严肃的批评、教育甚至惩罚，及时发现，及时掐断欺凌萌芽，并进行持续观察和追踪，防止不良事件反复出现。

对于家长主体，提升预防校园欺凌的干预意识，最核心的是建立家校双向交流机制，增加有效沟通与协作。家校沟通的前提是家长要密切关注孩子的情绪状态和身体状况，敏锐捕捉是否有异样情况，通过蛛丝马迹判断孩子所处的境况。如果孩子出现排斥上学、身体不适和情绪不佳等问题，或者孩子表达出受到同学排挤、嘲讽和身体伤害等情况，家长务必仔细询问事件原委，切莫指责孩子“娇气、事多、不懂事”，并及时与教师进行交流。对于交流方式，当前信息技术的发展使得网络成为一种主要的交流途径，学校教师往往通过移动端的网络社交软件（如微信/QQ、微信群/QQ 群）与家长沟通，通过网络进行一对一或一对多的交流。微信交流看似方便快捷，节省了时间，拉近了家校间的距离，实则拉大了人与人间的距离。因为当疑似欺凌现象出现时，仅靠网络社交软件中的“寥寥数语”难以将事实情况及具体细节说清楚，很多信息会被网络渠道隐藏。对于校园欺凌这一敏感话题，不适宜在家长群沟通，可能会引起不当的群体舆论，进而引发群体风波。对于出现欺凌种子或欺凌萌芽的现象，教师与涉事学生家长的对话是比较艰难的。

以网络沟通的方式，往往使问题无法得到有效解决，因此，需要面对面进行沟通。只有这样，才能听到对方的语气，看到对方的表情，准确捕捉对方的情绪，感受对方的难言之隐。就欺凌苗头的干预而言，学校和家长只有面对面交流，才能了解学生家庭生活的真实情况，了解学生的生活细节，才能实现有效沟通。当发现学生确实存在不良言行时，家长要与教师商量，共同加以正确引导，将问题处理在萌芽阶段。

第五章

“防”的处置措施

预，指预先、事先；防，指戒备，预先做好应急的准备；预防是指预先做好事物发展过程中可能出现偏离主观预期轨道或客观普遍规律而采取的一种应对活动。对于校园欺凌预防，“预”指通过正面教育活动，即通过友善价值观教育、尊重理念教育、心理健康教育、建设友善班级活动、营造和谐校园文化、建立健全家校合作组织机构和运行机制等正面教育活动，对教职员工、学生、家长全方位宣传欺凌行为的危害和预防欺凌行为的伦理原则、基础知识和基本方法；“防”指学校应制订相关处置欺凌（包括欺凌种子、欺凌初发、欺凌萌芽、标准欺凌）的行为规范以及防治制度、机制和流程等。“预”的重心在讲明有关预防学生欺凌行为的相关态度、观念、知识和技能；“防”的重心在铲除可能产生欺凌行为的土壤、种子和苗头，以阻止欺凌行为的发生。此处的“防”，也意指防止行为继续恶化和事态持续严重。

第一节 “防”的理论分析

一、“防”的理论基础

（一）攻击行为理论

从心理学的角度分析，校园欺凌、校园暴力等同于校园攻击。校园欺凌行为表现为持续一段时间的各种肢体、言语或非言语的伤害。校园攻击同样表现为身体、言语的攻击，以及相应的愤怒和敌意行为，既包括短暂的攻击行为，也包括持续一段时间的攻击行为。因此，学界在分析校园欺凌时所采用的分析方法以及测量指标和体系，都可以用于分析校园攻击；反之，同样适用。攻击行为具有普遍性，学生欺凌具有个别性；攻击行为包括了校园欺凌，校园欺凌是攻击行为的一种具体体现；欺凌具有显著的外显特征，而攻击行为不仅包括外显行为，还包括隐性行为。因此，通过分析攻击行为来研究中小学生校园欺凌事件，具有更大的普适性。

总的来说，随着心理学的发展，从不同角度对攻击行为进行的研究也越来越多，对于攻击的定义，目前几乎可以说有多少种攻击行为的研究就有多少种攻击行为的概念界定，但所有关于攻击行为的定义都包含三个基本特征：伤害意图、伤害行为、伤害后果。目前，根据对制约个体发展的关键因素究竟是遗传还是环境这一问题的回答，学界对于攻击行为的解释大致可以分为两大阵营，即生物学派与社会学派。生物学派认为攻击行为是一种类似人的本能的存在，而社会学派则强调攻击行为是人的学习过程与社会环境中的各种因素所共同决定的，两个学派中具有代表性的理论、学说包括弗洛伊德本能说、班杜拉社会学习理论、生态环境模型。

1. 弗洛伊德本能说

弗洛伊德提出所有的人类行为都源于生命或自我保护的本能，他把这种本能称为性本能。在弗洛伊德看来，残忍性是人类本性的一部分，暴力行为是不可避免的，而且暴力行为也成了人类行为不可侵害的一部分，只能进行约束，无法消灭，它总会以这样或那样的方式表现出来。因此，弗洛伊德认为要以社会能接受的形式将体内的“攻击”适当地“发泄”。弗洛伊德本能说基本上被视为一种解释攻击行为的单因素理论，他认为攻击行为是人类与生俱来的天性，如果这种攻击冲动不能加以释放则会造成个体对自己及他人的毁灭性行为。如果从弗洛伊德本能说上来讲，中小学生之间发生欺凌行为或暴力行为是学生之间的一种必然行为，是伴随着学生与生俱来的天性的，是需要释放的行为。因此，我们在研究如何预防校园欺凌和校园暴力时，要探索如何有效使中小学生的这种天性能量正当地释放，而不给他人造成伤害，这将是预防校园欺凌和校园暴力发生的关键。

2. 班杜拉社会学习理论

以班杜拉为代表的社会学习理论将社会学习称为观察学习。在社会学习理论中，班杜拉认为青少年通过观察学习来影响和形成自己的行为的。青少年的观察学习包括四个相互关联的认知加工过程，分别是注意、记忆、行为和激励。注意是指青少年对行为规则的知觉；记忆是指青少年对观察到的言语符号及其他标志性的符号或行为进行加工与编码；行为是指青少年将观察到的他人的行为转化为自身的外在行为或心理；激励是指青少年管理已经观察到的学习行为。青少年的观察学习过程既包括实际和期待的个体强化行为，又包括来自学校、家长等给予的各种有形和无形的奖赏。由于人类的许多行为都是通过观察学习而获得的，因此，社会学习理论提出青少年的攻击行为也是其通过对父母、同伴、电视、电影及其他人的攻击行为的观察学习并模仿而获得的。我们通过分析众多校园欺凌和暴力案例发现，欺凌学生之间有很强的模仿性，他们很多是通过对已有欺凌行为的观察来形成自己的行为的。我们预防校园欺凌，可以借助社会学习理论，及时、尽早矫正中小学生的不良社会学习习惯，有效开展校园欺凌和暴力预防。

3. 生态环境模型

生态环境模型是关于生态和环境对青少年攻击行为影响的一个较为经典

的解释，由布朗芬布伦纳提出。在生态环境模型中布朗芬布伦纳提出，生理因素及环境对青少年的攻击行为具有重要影响。生理因素影响青少年的学习、游戏和活动，进而影响他们与环境的相互作用，身体上的异常以及不利的生活环境综合在一起，可以在一定程度上预测青少年的攻击行为。因此，该模型强调青少年成长过程中所处的环境对他们的心理与行为的影响具有重要意义。在生态环境模型中，环境不是单一的，它包括低层次的环境与高层次的环境，在这些环境中人们的身份和关系不断发生变化，它们互相作用，构成一个复杂的网状环境结构。在青少年的成长过程中，他们直接感知到的不是单一的低层次的环境，而是各种环境组合在一起的高层次的网状环境。青少年的活动和角色都是由环境所构成的，并且随着环境的改变而变化。邻居环境和学校环境在青少年攻击行为的发展中占有极为重要的地位。

依据生态环境模型，家庭、班级、学校和社区等构成了一个个不同的复杂的网状环境结构，青少年在这些环境中成长与发展，参与不同环境的各种活动，随着环境变换而扮演不同角色，发展、形成符合环境需求的各种人际关系。青少年通过在不同环境中的角色转换，逐渐完成自身社会化的转变，成为一个符合社会需要的社会人。环境有距离远近之分，不同距离的环境对青少年的影响存在差异。一般而言，近距离的环境如家庭和学校等都直接对青少年产生影响，而远距离的环境需要以近距离的环境为媒介，通过对近距离的网状环境产生影响而间接作用于青少年。家庭、班级、学校、社区和自然生态等环境都会对青少年的攻击行为产生影响。因此，我们在预防中小学校园欺凌和暴力行为时，更应从近环境入手，减少中小学生自身欺凌和暴力行为的影响，结合远距离作用，共同养成中小学生良好习惯，预防校园欺凌和暴力的萌生。

（二）公共危机管理理论

1. 公共危机管理的概念

危机管理是由美国公关活动的先驱人物艾维李提出的一个概念。罗伯特·希斯（Robert Heath）作为一名危机管理学家，他认为可以将危机管理的内容归纳为五大方面。

（1）危机管理和对危机情景要防患于未然，将危机影响最小化。

（2）危机管理者要未雨绸缪，在危机发生之前就做出响应与恢复计划，对员工进行危机处理的培训，并为组织或社区做好准备以应对未来可能出现的危机及其冲击。

（3）在危机情景出现时，危机管理者需要及时处理，在尽可能短的时限内遏制危机苗头。

（4）当危机威胁紧逼，冲击在即，危机管理者需要使用与初始期不同的资源、人力和管理方式，做到面面俱到，不能轻视任何一方面方式。

（5）危机过后，管理者的工作重心应为恢复和重建。

在危机爆发前，危机管理的重点为危机信息的获取和预警、危机的准备与预防；爆发危机时，危机管理的重点为控制与响应；在危机平息后，管理的重点为恢复与重建，并进行持续不断的学习与创新。

2. 公共危机管理的原则

总的来说，公共危机管理的使命体现在，第一，在危机发生前，通过对预警系统、措施的有效准备，将公共危机消灭于萌芽状态；第二，在发生危机后，通过迅速反应和积极应对，对危机范围和程度进行控制，并快速处理、妥善恢复。在此过程中，公共危机管理应遵循下列原则。

第一，预防性原则。危机管理者通过对相关因素的分析，依据相关风险控制规则，对危机进行有效防范。第二，系统性原则。危机管理者要进行统筹规划管理，有效采取预防、准备措施。第三，效率性原则。突发事件往往来势凶猛，事件所带来的危害性及影响难以判断，管理者必须争分夺秒，应对可能发生的各类情况，提高效率，正确处置，防治恶化。第四，协同性原则。突发事件所引起的危机往往是多方面的，处理公共危机需要联合各方面力量，统筹规划，凝聚能量，才能最有效地应对公共危机。第五，科学性原则。危机管理者需科学应对公共危机，现代社会是专业化的社会，应对公共危机需要借助专业性人才，只有将个人力量最大化，才能提高公共危机的应对效果。第六，适度性原则。公共危机的应对是有成本的，如果反应过度就会造成资源的浪费，而这一原则也要求公共危机管理者充分做好事前预防工作，避免反应过度使得公共危机应对效率受到影响。

二、构建“防”的处置措施的基本原则

依据校园欺凌和暴力预防应把握有序性、层次性、动态性和整体性等特征，结合校园欺凌所具有的危害性、隐蔽性、持续性和群体性特点，使校园欺凌和暴力预防措施发挥相应作用，应从以下五个原则出发去构建“防”的处置措施。

（一）可操作性原则

操作是指按照一定的程序和技术要求进行活动，可操作则要求校园欺凌“防”的处置措施具备科学性和合理性，能卓有成效地解决具体问题。校园欺凌预防的处置措施的可操作性原则具体体现在形式上的可操作性和内容上的可操作性两方面。校园欺凌“防”的形式上的可操作性原则主要指校园欺凌“防”的体制机制的合理性与具体化，指校园欺凌“防”的工作的部署是清晰明了、易于实现的。根据具有可操作性的校园欺凌“防”的处置措施的安排，相关主体都能明确其在预防校园欺凌中的责任和义务。校园欺凌“防”的处置措施内容的可操作性原则是指校园欺凌“防”的处置措施具有明确的指引性，各相关主体可根据校园欺凌预防的部署与指引开展活动，履行义务、承担责任，校园欺凌预防的策略与办法具有针对性与适用性。具体而言，就是相关的主体在面对校园欺凌预防这一问题时，能在围绕校园欺凌预防的指引下，根据校园欺凌“防”的处置措施具体条文的描述与办法措施的规定，判断校园欺凌所处的阶段，并根据不同阶段的不同特点，准确采取适宜、可行且行之有效的行动。

（二）科学性原则

科学性是判断事物是否符合客观事实的标准。科学决策是相对于经验决策而言的，科学决策的主要标志是：①信息全面、迅速、准确；②预测科学、

及时、正确；③方向对头，目标明确；④方案齐全，相互独立；⑤论证充分，分析恰当；⑥实施步骤清晰、有度；⑦责任明确，要求具体；⑧调控得当，反馈及时。此外，科学决策的特点是准确、客观、可靠的，适用于解决多变量、大系统的各种新问题。这属于决策内容的科学性层面。

程序上的科学性是实现内容科学性的前提，内容科学性是决策程序科学性的最终归属。因此，校园欺凌预防也要遵循决策程序上的科学性与内容制定的科学性。因此，应在校园欺凌“防”的处置措施构建、预防策略制定的过程中保持程序上的科学，实现内容上的合理。一般来讲，决策要达到科学性，必须使决策体制科学化、决策过程程序化、决策程序科学化、决策者素质现代化。我国校园欺凌“防”的处置措施也要以上述几方面为抓手，遵循科学性原则。

（三）系统性与整体性原则

系统性与整体性原则就是把研究对象看作由各个构成要素形成的有机整体，从整体与部分相互依赖、相互制约的关系中揭示对象的特征和运动规律，研究对象整体性质。整体性质不等于形成它的各要素性质的机械之和，对象的整体性是由形成它的各要素（或子系统）的相互作用决定的，它们既相互联系，又互为条件，共同作用构成复杂的主体。因此，应当把对象作为整体来对待，从整体与要素的相互依赖、各系统的相互联系、相互制约的关系中揭示系统的整体性质。

校园欺凌预防也是涉及诸多主体与要素的复杂活动，针对校园欺凌问题，必须把政府、学校、社会、家庭和学生等主体统筹起来，从欺凌预防主体、对策方法、预防保障着手，构建动态有序、层次鲜明的校园欺凌预防处置措施。只有这样，才能调动各主体的积极性与能动性，协调各子系统的优势与功能，最大限度地发挥校园欺凌预防的整体效用。

（四）法治性原则

法治性原则要求校园欺凌预防坚持法治为基，即要依法依规处置学生欺凌事件，按照“宽容不纵容、关爱又严管”的原则，对实施欺凌的学生予以必要的处置及惩戒，以便及时纠正不当行为。保护遭受欺凌和暴力学生的身心安全。各地要建立中小学生欺凌和暴力事件及时报告制度，一旦发现学生遭受欺凌和暴力，学校和家长要及时相互通知，对严重的欺凌和暴力事件，要向上级教育主管部门报告，并迅速联络公安机关介入处置。对屡教不改、多次实施欺凌和暴力的学生，应登记在案并将其表现记入学生综合素质评价，必要时转入专门学校就读。对构成违法犯罪的学生，根据《刑法》《治安管理处罚法》《预防未成年人犯罪法》等法律法规予以处置，区别不同情况，责令家长或者监护人严加管教，必要时可由政府收容教养，或者给予相应的行政、刑事处罚，特别是对犯罪性质和情节恶劣、手段残忍、后果严重的，必须坚决依法惩处。

（五）教育保护性原则

教育保护是校园欺凌预防的最终目标指向，教育保护性原则要求校园欺凌预防坚持教育为先。要求各校深入开展中小学生思想道德教育、法治教育和心理健康教育。此外，还要通过家访、家长会和家长学校等途径，帮助家长了解防治校园欺凌和暴力的知识，增强监护责任意识，提高防治能力。

在欺凌现象发生后，教育保护性原则要求强化教育惩戒威慑作用。对实施欺凌和暴力的中小学生必须依法依规采取适当的矫治措施予以教育惩戒，既做到真情关爱、真诚帮助，力促学生内心感化、行为转化，又充分发挥教育惩戒措施的威慑作用。对实施欺凌和暴力的学生，学校和家长要进行严肃的批评教育和警示谈话，对校外成年人教唆、胁迫、诱骗和利用在校中小学生违法犯罪行为，必须依法从重惩处，有效遏制学生欺凌和暴力等事件发生。各级公安、检察、审判机关要依法办理校园欺凌和暴力犯罪案件，做好相关侦查、审查逮捕、审查起诉、诉讼监督、审判和犯罪预防工作。在处理中小学生欺凌事件时，相关人员有义务保护未成年人的合法权益，学校、家长、公安机关及媒体应保护遭受欺凌和暴力学生以及知情学生的身心安全，严格保护学生隐私，防止泄露有关学生个人及其家庭的信息。特别要防止网络传播等因素导致事态蔓延，造成恶劣社会影响，使受害学生再次受到伤害。

三、“防”的处置措施的实施程序

（一）获取预防信息

获取预防信息是校园欺凌有效预防的第一步，掌握充分的预防信息有助于了解中小学生欺凌各指标的具体情况，提前预判可能发生的校园欺凌。

学校可以运用互联网技术建立校园安全防控平台体系。教育、公安部门应加快推进将校园视频监控系统、紧急报警装置等接入公安机关、教育部门监控和报警平台，逐步建立校园安全网上巡查机制。教育主管部门可以通过委托第三方专业机构或者组织学校定期开展针对防治校园欺凌的专项调查，及时查找可能发生欺凌事件的苗头迹象或已经发生、正在发生的欺凌事件。学校除了通过观察学生的身体、心理、物品、学生关系和行为等变化以及巡查校园及周边重点场所发现学生欺凌苗头外，还可以通过以下方式或途径发现校园欺凌苗头的信息及时预防欺凌事件：学生调查表，家长或第三方反映，学生曾经就读的学校，班主任与学生沟通，每周学生操行评价表，心理咨询教师的反映，校长信箱、心理咨询信箱，学校周边商铺、监护人及亲属、村（居）民委员会的反映，手机短信、网络上的图片、视频及有关信息等。

（二）评估预防信息

评估预防信息是中小学生欺凌预防的重要一步，正确评估预防信息是指导欺凌预防后续工作、区分欺凌与非欺凌的重要环节。

《广东省教育厅等十三部门关于加强中小学生欺凌综合治理方案的实施办法（试行）》中详细规定了中小学生欺凌评估的具体步骤与办法，并特别将欺凌事件苗头确定为一般风险、较大风险和重大风险三类，指明各类风险的具体内涵与处理程序，具体如下：

学校学生欺凌治理委员会对排查发现欺凌事件的苗头，应进行风险评估，可以根据本校实际，按照以下规定将欺凌事件的苗头确定为一般风险、较大风险和重大风险。一般风险包括具有欺凌倾向的学生为个体；偶尔对不特定的同学模仿使用具有欺凌特征的言语。较大风险包括具有欺凌倾向的学生是群体性的；该群体比较活跃，其行为已经具有欺凌的一些特征。重大风险包括具有欺凌倾向的主体是群体性的且涉及校外群体；该群体比较活跃，其行为具有明显的欺凌特征。

学生欺凌苗头的整改按照以下程序进行：一般欺凌苗头由班主任根据本校实际采取批评教育等有效的干预措施，并及时与未成年学生的监护人沟通，督促其通过批评教育、正面引导等方式，使学生认识行为的错误性质，及时予以改正，消除隐患；较大欺凌苗头由学校、家长委员会沟通，通过批评教育、正面引导等方式，使该群体成员认识行为的错误性质，及时予以改正，消除隐患；重大欺凌苗头，学校应与当地镇人民政府（街道办事处）联系，由村（居）民委员会协调配合学校，督促未成年学生的监护人，综合运用法治教育、家庭教育、社区教育、心理教育等多种方式转变学生群体的态度，纠正错误行为，消除隐患。

（三）上报预防信息

上报预防信息是构建部门协作、上下联动、形成合力的校园欺凌预防的关键环节。由于校园欺凌程度之复杂，涉及主体之多，影响范围之广泛，发现中小学生欺凌苗头或隐患必须层层上报，及时处理，不可拖延。

在处理校园欺凌事件时，涉及欺凌程度较严重的事件，学校无权或无能力处理的，也必须上报到相关部门依法依规处理。

此外，对于预防校园欺凌的整体情况，学校也要及时、定期上报到教育部门，以便省教育督导部门定期对全省中小学防治学生欺凌工作情况进行督导检查，建立中小学生欺凌综合治理的长效机制。

（四）决策者的预防反应

决策者的预防反应是校园欺凌预防的核心部分。适宜、及时的预防反应对于遏止校园欺凌行为，减少校园欺凌影响具有重要意义。根据中小学生欺凌事件的严重程度，学校可以结合本校实际情况选择以下欺凌处理工作程序。

对于校园内发生的、未违反治安管理规定的学生欺凌事件——教职工发现学生欺凌行为应及时制止，发现有伤者应立即拨打 120 急救电话，同时通知校医采取急救措施救助伤者；报告学校负责人，学校负责人启动应急预案；应急工作小组按照职责分工分别通知监护人和安抚被欺凌者，调查取证、向学校行政主管部门报告，初步判定事件性质、情节及危害程度；对涉事者采取相应措施，防止发生意外事故；学校学生欺凌综合治理委员会召开会议，根据调查的事实对是否属于学生欺凌事件进行认定并根据事实、情节和危害后果，结合法律法规和政策性文件及学校规章制度的规定提出处置意见。

对于校园内发生的且违反治安管理规定的学生欺凌事件——学校将学生涉嫌违反治安管理规定的欺凌行为报告学校所在地公安机关，由公安机关调查处理；公安机关经过调查认定实施欺凌的学生尚未构成违反治安管理行为，或者虽构成违反治安管理规定但依法应当免于追究治安管理责任的，学校学生欺凌综治委召开会议，根据公安机关的处理意见，对事件的性质进行认定，并根据事实、情节、法律法规及政策性文件的规定提出对欺凌者的处理意见。

第二节　欺凌生成的防线设置

欺凌的产生是个渐进的生成过程，从欺凌种子到严重欺凌逐级递进。为预防校园欺凌事件的发生，防止标准欺凌甚至严重欺凌的出现，应将欺凌的生成延展开来，通过阶段分解和标志行为辨识，针对欺凌生成的每个阶段设置防线，从而采取与该阶段相对应的处理方式和处理措施。这也是本课题在“预防”校园欺凌研究中的基本思路。该思路对于切实避免欺凌事件的发生具有重要的实践操作指导意义。

一、校园欺凌的阶段防线

欺凌行为的生成包含欺凌种子、欺凌初发、欺凌萌芽、标准欺凌、严重欺凌五个递进的阶段。为能将“早期发现，早期干预”的重要原则落到实处，须做到分层预防、逐级处理。亦即针对五个阶段设置相对应的五道防线。其中“预防”是指在该条界线出现前教师所做的教育工作。“处理”是指在该条界线出现后教师所做的应对措施。“预防”与“处理”的关系在于，前一条界线的“处理”相当于后一条界线的“预防”。

（一）欺凌种子的防线：提醒教育

欺凌生成的第一阶段是欺凌种子。针对这一阶段，设置第一道防线——提醒。提醒是指对出现过分现象的嬉闹行为或较难被同学接纳的情况，教师在办公室、学生宿舍和学校操场等私下场合进行谈话了解，从旁指点，提示注意，教育引导。

提醒这一防线的基本处理规则是：由班主任询问了解实情，依据行为规范向相关学生讲明同学之间友好相处的道理，针对学生的不恰当行为提示其应遵守行为规范。比如：班级中有几名女生，因一名女生长相不太好看而故意躲避或不让她加入大家的聊天。面对这种情况，班主任要与开始不和该女生说话的几名学生交流，了解躲避该女生的原因。然后，向相关学生讲明同学之间友好相处的道理，提醒她们如果对同学有什么看法或建议要直接说，不能采用排斥她人的言语或行为等做法。

（二）欺凌初发的防线：批评教育

欺凌生成的第二阶段是欺凌初发。针对这一阶段，设置第二道防线——批评。批评是指对过分的嬉闹行为在程度或范围等方面进一步升级，显现出程度加重或范围扩大的迹象时（欺凌初发），在班级范围（或年级范围）内进行集体的思想教育和个体的点名批评，指出问题、提出意见、责令改正、做出口头或书面检讨。

批评这一防线的基本处理规则是：教师重申校规和班规中不讥笑、不戏弄他人的相关规定，对违反行为规范的行为明确提出批评，要求相关学生自我反省，必要时公开当面道歉。比如：班级中大部分学生都不愿意与一名女生交流，如果她在课上回答问题，大家就会发出笑声或嘘声打断她。面对这种情况，班主任要重申班规中尊重他人、友善待人的相关规定。在班中进行集体的批评教育，以主题班会的形式让学生认识到自身行为的错误，必要时要求相关学生自我反省和公开道歉。

（三）欺凌萌芽的防线：警告教育

欺凌生成的第三阶段是欺凌萌芽。针对这一阶段，设置第三道防线——警告。警告是指对有向着恶劣和伤害方面发展的过分倾向的行为（欺凌萌芽），在学校范围内对涉事学生予以训导，要求公开道歉，做出口头纪律警示和隔离反省，强调如不停止这样的行为，将依规给予处分。

警告这一防线的基本处理规则是：由德育处或学生处等相关学生管理部门，依据校规和行为规范约谈欺凌萌芽行为中的欺凌者，对其提出严肃警告，明确责令其改正不当行为，对涉事班级或年级的全体学生通报约谈警告过程和结果。比如：班级大部分学生都共同排挤、孤立一名同学，分组活动时，都不愿意与该生分在一组。面对这种情况，学校德育处依据校规校纪约谈几名带头排挤他人的学生，提出严肃批评和口头纪律警告，严正声明其行为已经严重影响同学的正常学习生活，要求他们在年级公开道歉并做出书面检讨，学校在年级通报事实经过和处理结果。

（四）“标准欺凌”的防线：处分教育

欺凌生成的第四阶段是标准欺凌。针对这一阶段，设置第四道防线——处分。处分是指对具备欺凌定义基本特征的欺凌行为（标准欺凌），在学校范围内对涉事学生予以训诫，要求其在全校范围内公开道歉，并依照校规校纪和参与程度深浅给予其不同程度的处分，如停课、停学、转学等处置。

处分这一防线的基本处理规则是：防治学生欺凌和暴力工作领导小组依据校规及相关规则，以会议方式决定给予欺凌者相应处分，如停课、公开承认错误并赔礼道歉、赔偿损失等。同时，防治学生欺凌和暴力工作领导小组通报家委会，并由家委会通报全体家长。比如：全班所有学生都对一个女生“冷暴力”，所有人长时间不跟她说话，无视她的存在。面对这种情况，学校对所有涉及孤立、排挤同学的学生进行严肃批评。启动学校预防校园欺凌应急预案，由防治学生欺凌和暴力工作领导小组做出集体决议，对情形最恶劣的学生给予记过处分。联系双方家长，通报家委会及全体家长。

（五）严重欺凌的防线：判罚教育

欺凌生成的第五阶段是标准欺凌。针对这一阶段，设置第五道防线——判罚。判罚是指对已经引发严重后果的欺凌行为（严重欺凌），由公安机关和司法机关依照法律法规进行拘留或判刑等。相对于前四道防线而言，第五道防线更多地起到一种威慑性、震慑性作用，是治理校园欺凌和暴力问题的强大的法律武器与国家后盾。

判罚这一防线的基本处理规则是：学校、社会和校园欺凌执法机构开展联合防治。由公安机关和司法机构对发生的严重欺凌过程进行调查取证，相关部门依照校园欺凌的法律法规进行拘留或判刑等。学校立即成立善后工作领导小组，对被欺凌者所在班级学生及家长、所在年级学生及家长、学校所有学生及家长进行相应的心理辅导和信息通报。比如：受到“冷暴力”的女生被同学拍裸照、殴打，并发到网上。该女生不堪受辱，自杀未遂。面对这种情况，公安机关和司法机构参与处置，其进行详尽的调查取证，依据相关法律法规对实施拍裸照、殴打和网上传播的涉事者予以处置。相应的处置结果是，部分参与人员予以民事判罚，部分参与人员予以刑事拘役。学校善后工作领导小组对该女生所在班级学生及家长进行专门的心理干预，对所在年级和学校的学生及家长进行信息通报。

二、欺凌生成阶段的逐级处理措施

从欺凌种子到标准欺凌，欺凌的生成过程是逐级递进的。对于校园欺凌在“预”阶段的教育工作，重点是在前四个阶段，即欺凌种子、欺凌初发、欺凌萌芽和标准欺凌。针对这四个阶段，设置提醒教育、批评教育、警告教育、处分教育四级防线。按照不同类型的欺凌，以案例的方式呈现欺凌各生成阶段的逐级处理措施。

以下案例是由本课题实验校的教师、学生研究整理形成的。

（一）排斥性欺凌

嘲笑、讥讽、排挤、孤立被欺凌者，排斥其参与任何集体活动，也称为冷暴力。

案例 1

现象描述

A 中学一名初一男生瑞，因为个头小、体形胖、长相不太好看，被同学“另眼相待”。开始时，班里有一名学生超下课时故意在瑞面前叫他“肥肥”。瑞起初并没有理会，听到后转身想要离开，但超嬉笑着在瑞的后面继续叫着，还伴随着夸张动作，惹得旁边几名同学围拢过来也跟着一起叫“肥肥”，这让瑞感觉很不舒服。逐渐地，班里有同学在上课时也有意无意地疏远瑞，当他主动和同学交流时，不是被无视，就是被周围的同学嘲笑、躲避。他在课上回答问题时，下面的同学总是嘘声一片，瑞陷入尴尬和难堪的境地。再后来，谁也不愿意和瑞坐一起，因为如果谁和瑞同桌或分到一个学习小组，就会被其他同学公开耻笑。就这样，班中的大多数人甚至其他班级的同学都不愿意或不敢和瑞说话。瑞变得沉默寡言，形单影只。一些同学在公开场合互传有关瑞不好的话，瑞出面解释澄清时，大家又故意避开或羞辱他。班中所有同学整个学期都不跟他说话，对他冷暴力。

案例1　处置防线

1. 第一道防线：提醒

欺凌种子的标志行为：班中几个同学都不愿意和他说话。在该男生说话时，其他同学故意躲开，不让他加入大家的聊天。

欺凌种子的处理措施：班主任先与最开始不和该生说话、嘲笑该生的几名同学谈话，了解他们嘲笑背后是否存在其他原因。如果有，提醒他们如果对个别同学有看法或意见，可以与其进行友好沟通，而不是用嘲笑的方式解决问题。如果没有意见，则提醒他们嘲笑同学是不恰当的行为，教导学生应友善待人。

2. 第二道防线：批评

欺凌初发的标志行为：班中大部分同学都不愿意和他说话。如果他在课上回答问题，大家就会发出笑声或嘘声打断他。

欺凌初发的处理措施：班主任在班内进行集体教育，以主题晨会或是主题班会的方式对全体学生进行思想教育，重申尊重他人、友善待人的相处道理。对带头的学生进行点名批评，责令其向该生赔礼道歉、做出口头或者书面检讨。

3. 第三道防线：警告

欺凌萌芽的标志行为：如果谁和他说话，就会被其他同学“另眼相看”。如果谁和他同桌或分到一个小组，就会被其他同学取笑，谁也不愿意和他坐一起。班中的所有人甚至其他班级的同学都不愿意或不敢和他说话。

欺凌萌芽的处理措施：由学校德育处对涉事学生予以训导，重申校规、班规中不讥笑、戏弄他人的相关规定。明示这种讥讽、孤立他人的行为对同学的学习和生活造成的严重危害，以警示全体学生不要再出现类似的行为。

要求带头的学生在年级内向该生公开道歉。对带头的学生口头警告，说明如不停止，将由学校做出书面处分并记入档案。

4. 第四道防线：处分

标准欺凌的标志行为：所有人都孤立他，不和他交流。无论是在课堂中还是下课，他总是一个人。私底下总有人传他不好的话，但如果他出面解释澄清，大家又故意避开或无视他。班级所有同学整个学期不跟他说话，对他冷暴力。

标准欺凌的处理措施：学校介入，由法治副校长或法治辅导员对涉事学生予以训诫。防治学生欺凌和暴力工作领导小组依照参与程度的深浅对涉事学生给予不同程度的处分，情节最为恶劣的学生给予记过处分，并让其在全校范围内向遭受冷暴力的学生道歉并进行公开反省。通知双方家长，特别是存在欺凌行为的学生家长，给予不超过一周的停课或者停学，要求家长带回配合开展教育。安排专门的教育场所，由专业人员进行辅导、矫治。

案例 2

现象描述

A中学班里有一个男生，瘦瘦小小的，经常在班里被欺负。男生会在语言上侮辱他，如果有人站出来说话，就会被另眼相待。大部分女生一般都是不理他，有时候放学他会追过去问作业，大家都很有默契地不说话，装没听见。有些女生会编一些所谓的“八卦”嘲笑他，如果他澄清，其他人会变本加厉地嘲笑他，甚至外班的同学也讥笑他，看到他出丑，大家表现得很开心。有一次几个男生从他旁边过，一个男生故意找碴，指着他对另外几个人说：“某某真臭，我们把他鞋子脱下来吧！”然后几个男生就把他按在桌子上，强行脱掉他的鞋子，举着鞋在班里跑，还扔来扔去。全班都在笑，那个男生光着两只脚站在座位上，红着眼睛一句话都说不出来，也哭不出来。

案例2 处置防线

1. 第一道防线：提醒

欺凌种子的标志行为：班里有些同学开始孤立他。当他想加入别人的聊天时，少数同学不愿意理睬。

欺凌种子的处理措施：教师与不和该生说话、嘲笑该生的少数几名同学谈话，提醒他们嘲笑同学是不恰当的行为，教导学生应友善待人，与同学友好相处。

2. 第二道防线：批评

欺凌初发的标志行为：班中大部分同学都不愿意和他说话，上课回答问题时班级氛围奇怪，同学会用特殊表情交流。放学他会追过去问作业，大家都很有默契地不说话，装没听见。

欺凌初发的处理措施：班级以主题班会的方式进行集体教育，对带头的学生进行点名批评，帮助其认识到自身行为的错误，责令向该生赔礼道歉、做出口头或者书面检讨。

3. 第三道防线：警告

欺凌萌芽的标志行为：有些女生会编一些所谓的“八卦”嘲笑他，如果他澄清，其他人会变本加厉地嘲笑他，甚至外班的同学也讥笑他，看到他出丑，大家表现得很开心。

欺凌萌芽的处理措施：学校德育主任对涉事学生予以训导，做出口头警告，说明如不停止，将由学校做出书面处分并记入档案；要求带头的学生向该生做出公开道歉。在年级范围内说明这种讥讽、孤立他人的行为对同学的学习和生活造成的严重危害，警示全体学生不要再出现类似的行为。

4. 第四道防线：处分

标准欺凌的标志行为：班里所有人都孤立他，不和他玩，也不跟他说话。有次班里一个男生故意找碴，指着他对另外几个人说：“某某真臭，我们把他鞋子脱下来吧！”然后几个男生就把他按在桌子上，强行脱掉他的鞋子，举着鞋在班里跑，还扔来扔去。全班都在笑，那个男生光着两只脚站在座位上，红着眼睛一句话都说不出来，也哭不出来。

标准欺凌的处理措施：学校德育副校长对涉事学生予以训诫，依据校规及相关规则实施处分，并在年级范围内让欺凌者向该生道歉并进行公开反省。通报家委会，并由家委会通报全体家长。

案例 3

现象描述

A是个性格内向、打扮低调的女孩，但无缘无故地成为大家欺负的对象。班里同学把她设定成了一个有“毒”的女孩，嘲笑她的衣着打扮和行为举止。班里没有人愿意跟她说话，都离她远远的。传作业本的时候，如果谁拿到她的本子，就需要拿几层纸巾捏着扔过去，好像不小心碰到就会得某种传染病。如果有同学不小心在走路时擦过她的肩膀，也是要尖叫着跑开的。男生更加过分，喜欢走过她桌子边一撞，她抽屉里的东西、桌子上的书都散落一地。然后她就蹲下来，默默地捡，也没有人去帮助她。她没有任何朋友，每天都是自己一个人低着头，独来独往。

案例 3　处置防线

1. 第一道防线：提醒

欺凌种子的标志行为：班里同学把她设定成了一个有“毒”的女孩，嘲笑她的衣着打扮和行为举止。

欺凌种子的处理措施：班主任询问了解实情，依据行为规范向有关学生讲明不能孤立他人、同学之间应友好相处的道理，针对学生的不恰当行为提示其遵守行为规范。

2. 第二道防线：批评

欺凌初发的标志行为：班里没有人愿意跟她说话，都离她远远的。

欺凌初发的处理措施：班主任重申校规、班规中的相关规定，利用主题班会对全体学生进行集体教育，对违反行为规范的行为明确提出批评，要求相关学生自我反省。

3. 第三道防线：警告

欺凌萌芽的标志行为：传作业本的时候，如果谁拿到她的本子，就需要拿几层纸巾捏着扔过去，好像不小心碰到就会得某种传染病。如果有同学不小心在走路时擦过她的肩膀，也要尖叫着跑开。

欺凌萌芽的处理措施：由德育处依据校规和行为规范约谈欺凌者，对其提出严肃警告，明确责令其改正不当行为，对涉事年级的全体学生通报约谈警告过程和结果。

4. 第四道防线：处分

标准欺凌的标志行为：男生更加过分，喜欢走过她桌子边一撞，她抽屉里的东西、桌子上的书都散落一地。然后她就蹲下来，默默地捡，也没有人去帮助她。她没有任何朋友，每天都是自己一个人低着头，独来独往。

标准欺凌的处理措施：防治学生欺凌和暴力工作领导小组会议决定给予欺凌者相应处分，依据校规及相关规则实施处分，要求涉事学生公开承认错误并道歉。通知双方家长，要求家长对学生进行教育。通报家委会，并由家委会通报全体家长。

（二）逼迫性欺凌

恐吓、威胁、逼迫同学听从命令，强迫他人做不愿意做的事情，如打饭、发水、拎包、买零食等，也称为强制性欺凌。

案例 4

现 象 描 述

某学校一宿舍内，有一名同学小华来自农村，其他同学都来自城市，她们都看不起小华，经常嘲笑她的穿衣打扮，嘲笑她没有见识。宿舍的这些成员动不动就辱骂小华，总提到让她滚回农村。命令小华打扫宿舍卫生，趁她不在，将她的物品扔到宿舍外。宿舍的这些成员还让她代写作业，威胁她如果完不成就打她。大家让小华给全宿舍人端洗脚水，甚至给所有人洗袜子，其间不断用言语责骂及动手责打。

案例 4　处置防线

1. 第一道防线：提醒

欺凌种子的标志行为：小华来自农村，宿舍的一些成员嘲笑小华的穿衣打扮，还嘲笑她没有见识。

欺凌种子的处理措施：班主任将宿舍内的所有成员（除小华）叫到一起开会，问清楚大家嘲笑小华的原因。提醒这几名同学，这样做会给小华带来心理上的伤害。

2. 第二道防线：批评

欺凌初发的标志行为：宿舍的成员动不动就辱骂小华，总提到让她滚回农村。命令小华打扫宿舍卫生，趁她不在，将她的物品扔到宿舍外。

欺凌初发的处理措施：班主任在班内对几名同学进行口头批评，并且全班一起讨论，这种情况已经违反了哪些班规和中学生守则，若再次出现，则会给予相应的惩罚。

3. 第三道防线：警告

欺凌萌芽的标志行为：宿舍所有成员不但动不动对小华进行辱骂，还让她代写作业，威胁她如果完不成就打她。

欺凌萌芽的处理措施：班主任分别召这几名学生的家长，将事情的经过向家长通报，与几位家长一起想办法解决该问题，约束自己的孩子。同时召开班会，剖析问题，提出如不改正将按规定给予处分。

4. 第四道防线：处分

标准欺凌的标志行为：让小华给全宿舍人端洗脚水，甚至给所有人洗袜子，其间不断用言语责骂及动手责打。

标准欺凌的处理措施：防治学生欺凌和暴力工作领导小组会议决定给予欺凌者相应处分，依据校规及相关规则停课，并要求欺凌者公开承认错误并道歉。全校开校会，通报批评，宣读处分。

案例 5

现象描述

H 高中男生 X 同学因为性格软弱，与人交流比较困难，不能清楚表达自己的想法，招致周围同学的嘲笑，他们还故意歪解他的意思。一段时间后，班里部分同学故意把 X 同学平时的卫生值日工作量加大，还将交作业等跑腿工作也让 X 同学来做。班内一名身材魁梧的男生 Y，吃完饭懒得倒垃圾，命令 X 同学替他倒。这种情况反复出现。男生 Y 的裤子破了个洞，他硬说是 X 弄破的。课后，男生 Y 叫来与自己关系不错的同学，围住 X 同学，让其赔礼道歉，并赔偿一条裤子钱。X 同学在对方人多的威胁下，同意赔偿。

案例 5　处置防线

1. 第一道防线：提醒

欺凌种子的标志行为：男生 X 同学因为性格软弱，与人交流比较困难，不能清楚表达自己的想法，招致周围同学的嘲笑，他们还故意歪解他的意思。

欺凌种子的处理措施：班主任与几个经常故意逗 X 的同学沟通，了解他们为什么这么做是否有更深层次的原因，提醒他们要照顾同学，要与同学正常交流，不要用嘲笑的方式解决问题，教导学生应友善待人。

2. 第二道防线：批评

欺凌初发的标志行为：一段时间后，班里部分同学故意把 X 同学平时的卫生值日工作量加大，还将交作业等跑腿工作也让 X 同学来做。

欺凌初发的处理措施：在班内召开主题班会，剖析问题，指出自己的事情自己做，不能命令他人，对违反行为规范的行为明确提出批评。要求相关学生自我反省，必要时公开当面道歉。

3. 第三道防线：警告

欺凌萌芽的标志行为：班内一名身材魁梧的男生 Y，吃完饭懒得倒垃圾，命令 X 同学替他倒。这种情况出现多次。

欺凌萌芽的处理措施：学校德育处依据校规和行为规范约谈欺凌萌芽行为中的欺凌者，对其提出严肃警告，明确责令其改正不当行为，对涉事班级或年级的全体学生通报约谈警告过程和结果。

4. 第四道防线：处分

标准欺凌的标志行为：男生 Y 的裤子破了个洞，他硬说是 X 弄破的。课后，男生 Y 叫来与自己关系不错的同学，围住 X 同学，让其赔礼道歉，并赔偿一条裤子钱。X 同学在对方人多的威胁下，同意赔偿。

标准欺凌的处理措施：防治学生欺凌和暴力工作领导小组开会讨论，依据校规及相关规则对男生 Y 实施处分，要求其公开承认错误，并将男生 X 所给的裤子钱如数退还。通知家长，让家长认识到事情的严重性，并一起对涉事学生进行教育。

（三）攻击性欺凌

对被欺凌者实施肢体攻击，包括殴打、推挤等身体伤害，如拳打脚踢、打脸掌嘴、拉扯头发等。

案例6

现象描述

C中学一名初二女生芸，平时说话有些结巴，加之性格有些内向，平日不愿意主动与同学交往，总是独来独往。有次芸上课回答老师问题，班里有同学觉得好玩就在下面交头接耳，下课后学芸结结巴巴说话的样子。这一举动引得周围同学哈哈大笑。芸想阻止同学，可是因为结巴，越着急越说不清楚。这样的事情发生几次之后，再有同学学她说话，芸就想躲开，而那些取笑她的同学则拦着推搡她。坐在芸后面的一名男生时不时趁芸起立时故意拉扯芸的头发，芸回过身看时，这名男生就装着什么也没发生，而其他同学看到这一情形觉得很开心。芸羞愤难当但也说不出什么来。后来，无论在课上还是课下，都有同学故意推搡芸或拉扯她的头发，或者几个同学合伙戏弄她，并以此为乐，芸也不敢反抗。之后，有几个同学把芸单独叫出班级，用剪刀剪她的头发，还轮番对她打脸掌嘴、拳打脚踢，甚至纠结校外人员殴打她。

案例6 处置防线

1. 第一道防线：提醒

欺凌种子的标志行为：一女生说话结巴，被几个同学笑话。课上她回答问题时，同学们在下面交头接耳，学她说话的样子，旁边同学哈哈大笑。坐在她后面的男生时不时趁她起立时故意拉扯她的头发。

欺凌种子的处理措施：班主任先与被伤害的学生及其周围学生进行个别谈话，了解出现身体伤害的具体原因。如果是由于该生确实存在不良行为习惯，则要帮助该生找到自身问题、督促其遵守行为规范，并教导其他学生要友好沟通，不能用武力解决问题。如果是由于学生存在一些生理缺陷而受到同学歧视，则要给学生讲明尊重他人的道理，教导其他学生友善待人、相互包容。

2. 第二道防线：批评

欺凌初发的标志行为：班级中的同学时不时地会揪她的头发，还会动手推搡她。她羞愤难当但也说不出什么来。

欺凌初发的处理措施：在班内进行集体教育，重申校规、班规中不打人、不骂人的相关规定，明确指出动手伤害同学的严重性，要求班内坚决不能动手，一旦发现动手行为一律按违纪处理。同时对全班学生提出要求，如果班内发生了动手行为，一定要及时与班主任老师联系，不要默不作声。对动手的学生进行严肃批评，责令其向被打同学赔礼道歉、做出口头或者书面检讨。

3. 第三道防线：警告

欺凌萌芽的标志行为：无论在课上还是课下，只要她一张嘴或起立说话就有人拽她的头发，甚至她闭口不言时，也经常有同学推搡、拉扯她。几个同学合伙戏弄她，并以此为乐，她也不敢反抗。

“欺凌萌芽”的处理措施：由学校德育处对涉事学生予以训导，警告其行为已经严重影响了同学的正常学习生活，并触犯了校规校纪。责令打人的学生改正不当行为，要求在年级内向被打学生公开道歉并公开检讨。对打人的学生严肃警告，说明如不停止，将给予处分。对涉事班级的全体学生通报约谈警告过程和结果。

4. 第四道防线：处分

标准欺凌的标志行为：把芸单独叫出班级，用剪刀剪她的头发。一群同学轮番对她动手，打脸掌嘴、拳打脚踢，还纠结校外人员殴打她。

标准欺凌的处理措施：学校介入，防治学生欺凌和暴力工作领导小组调查事情的发生经过，寻求监控录像或目击证人。由法治副校长或法治辅导员询问事故发生的原因，对涉事学生予以训诫。对带头打人等情节恶劣的学生给予记过处分，并要求他们在全校范围内进行书面检讨和公开道歉。联系双方家长，请打人学生家长负责带被打的学生去医院检查身体，并协商负责医药费。安排专门的教育场所，由专业人员进行辅导、矫治，改变教育环境或者限期转学。

案例 7

现象描述

初一年级新入学，班级中有一个学生小王，他虽然智商很高，但是心理年龄很小，相当于小学三年级左右，且自理能力比较差，不能与同学、教师进行很好的沟通。所以从一开始，他的行为就跟大家格格不入。大家都不喜欢他，也不跟他一起玩。后来大家开始集体排斥他，无论是课上还是课下，班里同学都反感他，有时还故意碰他一下，推他一下。在楼道走路或上下楼梯时，会有同学伸出脚来绊他或用手推他。班里有一个大个子男生，他开始带头殴打小王。在他的带领下，其他同学也参与到殴打的事件中，对小王拳打脚踢。

案例 7 处置防线

1. 第一道防线：提醒

欺凌种子的标志行为：某生的心理年龄小，自理能力比较差，不能与同学、教师进行很好的沟通。从初一入校一开始，他的行为就跟大家格格不入。大家都不喜欢他，也不跟他一起玩。

欺凌种子的处理措施：班主任召集班内几个有号召力的学生和班委开会，说明该生的特殊情况，提倡大家对他要包容、友善，让他慢慢融入集体。

2. 第二道防线：批评

欺凌初发的标志行为：班里同学都反感他，有时还故意碰他一下，推他一下。

欺凌初发的处理措施：班主任找到班级部分学生了解情况，并对本班学生进行思想教育，通过召开主题班会的方式，提倡包容的理念，倡导和谐相处、友善待人。

3. 第三道防线：警告

欺凌萌芽的标志行为：在楼道走路或上下楼梯时，会有同学伸出脚来绊他或用手推他。

欺凌萌芽的处理措施：班主任召开班会，按照班规和中学生守则进行逐条分析，查看班级部分学生行为违反的条目，对主要参与成员给予警告。说明如不改正，将给予处分。

4. 第四道防线：处分

标准欺凌的标志行为：班里一个大个子男生开始带头殴打小王。在他的带领下，其他同学也参与到殴打的事件中，对小王拳打脚踢。

标准欺凌的处理措施：学校德育主任询问事件发生的原因，对参与殴打同学的学生给予记过处分，并要求他们在全校范围内公开道歉。联系双方家长，商定是否需要进行医药费的赔偿。

案例 8

现象描述

学生赵某不小心碰到了学生张某，张某言语威胁赵某，要对其进行报复。张某在班里对赵某进行骚扰，故意把他的文具、书本和书包等物品扔得满地都是。有一次，张某以赵某弄丢了他的东西为借口，用拳头捶赵某，还不停推搡他。再后来，放学后张某叫来一些校外人员，多次殴打赵某，并威胁他不能告诉家人。

案例 8　处置防线

1. 第一道防线：提醒

欺凌种子的标志行为：学生赵某不小心碰到了学生张某，张某言语威胁赵某，要对其进行报复。

“欺凌种子”的处理措施：班主任与被威胁者进行谈心，缓解其受威胁的心理压力，教导扬言实施报复的学生要友好沟通，不能用武力解决问题。

2. 第二道防线：批评

欺凌初发的标志行为：张某在班里对赵某进行骚扰，故意把他的文具、书本和书包等物品扔得满地都是。

欺凌初发的处理措施：在班内进行集体教育，明确指出动手骚扰同学、破坏同学物件的严重性。同时对全班学生提出要求，如果班内发生了动手行为，一定要及时与班主任老师联系，不要默不作声。对实施骚扰的学生进行严肃批评，责令其向被骚扰同学赔礼道歉、做出口头检讨并赔偿受损物件。

3. 第三道防线：警告

欺凌萌芽的标志行为：张某以赵某弄丢了他的东西为借口，用拳头捶赵某，还不停推搡他。

欺凌萌芽的处理措施：学校德育主任对张某予以训导，要求打人的学生在年级内向被打学生公开道歉并公开检讨，警告其行为已经严重影响了同学的正常学习生活，并触犯了校规校纪。

4. 第四道防线：处分

标准欺凌的标志行为：放学后张某叫来一些校外人员，多次殴打赵某，并威胁他不能告诉家人。

标准欺凌的处理措施：防治学生欺凌和暴力工作领导小组会议讨论对打人学生的处分决定，要求其在全校范围内进行书面检讨和公开道歉。联系双方家长，请打人学生家长负责带被打的学生去医院检查身体，并协商负责医药费。

（四）侮辱性欺凌

通过辱骂、损毁物品和逼迫等方式，达到凌辱对方的目的，如起侮辱性绰号，往身上泼洒污水，在衣服上写字、乱画，强迫他人吞食粪便，逼迫他人下跪等。

案例 9

现象描述

洋因出生时大脑缺氧导致智力低下、身体残疾而不受同学欢迎。有学生经常围在洋的身边，随意去拿她的学习用品，也不归还她。慢慢地，有些同学开始故意招惹她，一个男同学在男厕所门口故意招惹洋，将她往男厕所里拖。有一次，一女同学在楼道中与其故意嬉闹，并扯拽其裤子，引起在场同学哄笑。其他同学也一起上前拽她的衣服，还有的学生在旁边拍视频。洋不敢反抗，只能把这种情况跟家长反映，家长与老师进行沟通，希望老师能解决这件事情。

案例 9　处置防线

1. 第一道防线：提醒

欺凌种子的标志行为：洋因出生时大脑缺氧导致智力低下、身体残疾而不受同学欢迎。

欺凌种子的处理措施：班主任进行集体教育，通过正面教育的方式，引导同学之间要尊重他人、友善待人，要包容身体有缺陷的同学。

2. 第二道防线：批评

欺凌初发的标志行为：有同学经常围在洋的身边，随意去拿她的学习用品，也不归还她。

欺凌初发的处理措施：班主任向学生了解实际情况，问清原因。教育学生注意开玩笑的尺度，让学生知道过分的玩笑就可能形成欺凌，告诫学生这种行为是不恰当的。在班内召开以友善为主题的教育，引导班内的学生学会换位思考、和谐共处、友善待人。

3. 第三道防线：警告

欺凌萌芽的标志行为：慢慢地，有些同学开始故意招惹她，一个男同学在男厕所门口故意招惹洋，将她往男厕所里拖。

欺凌萌芽的处理措施：班主任在班内调查事件的经过，要求该男生在班内检讨，向洋道歉。联系男生家长，请家长协助教育。

4. 第四道防线：处分

标准欺凌的标志行为：有一次，一女同学在楼道中与其故意嬉闹，并扯拽其裤子，引起在场同学哄笑。其他同学也一起上前拽她的衣服，还有的学生在旁边拍视频。洋不敢反抗，只能把这种情况跟家长反映。

标准欺凌的处理措施：学校德育主任对欺凌所在班级进行深刻的思想教育，指出问题的严重性以及可能给该同学造成的身体和心灵上的创伤。防治学生欺凌和暴力工作领导小组对主要参与的学生做出处分，并通知家长。

（五）强索性欺凌

强要、勒索他人钱财和物品等，也称为掠夺欺凌。

案例 10

现象描述

初二年级学生 A，学习很好，家长对其财务管理宽松。外班学生 B，个头很高，经常打架。两个学生都爱玩网络游戏，周末时会在相同网吧偶遇。有一次，B 找 A 借钱，让 A 给他充钱玩游戏。A 借给了他。B 就把这种情况告诉了他的 4 个同班同学，他们就在卫生间管 A 要钱，并恐吓他，如果不给钱就殴打他。每周五放学后，B 和其同班同学就在放学路上一处偏僻的地方堵 A，搜身抢钱。其间，B 及同伴多次恐吓 A。慢慢地，B 和他的同学不光是要钱，还要求 A 买游戏设备。B 把 A 的手机拿走，长期占用不还，一圈男生轮流占用他手机，威胁他如果告诉家长老师，就把其出入网吧的情况告诉老师。一个学期内，B 及其同学要求 A 给一帮玩网游的男生的每个号都充钱。A 就隔一段时间用爸爸手机买网络游戏的装备。约 2 个月后，A 的爸爸查转账记录，才发现 QQ 号用于买网络游戏装备的支出达到 1 万多元。

案例 10 处置防线

1. 第一道防线：提醒

欺凌种子的标志行为：初二年级学生 A，外班学生 B。两个学生都爱玩网络游戏，周末时会在相同网吧偶遇。有一次，B 找 A 借钱，让 A 给他充钱玩游戏。A 借给了他。B 就把这种情况告诉了他的 4 个同班同学，他们就在卫生间管 A 要钱，并恐吓他，如果不给钱就殴打他。

欺凌种子的处理措施：年级主任询问了解实情，依据行为规范向有关学生讲明不能随意找他人要钱，针对学生的不恰当行为提示其遵守行为规范。

2. 第二道防线：批评

欺凌初发的标志行为：每周五放学后，B 和其同班同学就在放学路上一处偏僻的地方堵 A，搜身抢钱。其间，B 及同伴多次恐吓 A。

欺凌初发的处理措施：对学生提出批评，讲明问题的严重后果，继续下去有可能发展为违法行为，并与学生家长取得联系，希望家长能引起重视。

3. 第三道防线：警告

欺凌萌芽的标志行为：慢慢地，B 和他的同学不光是要钱，还要求 A 买游戏装备。B 把 A 的手机拿走，长期占用不还，一圈男生轮流占用他手机。威胁他如果告诉家长老师，就把他出入网吧的情况告诉老师。

欺凌萌芽的处理措施：学校德育主任对所有涉事学生予以训导，进行深刻的思想教育。提醒他们若有严重行为，学校将给出惩办处分。予以口头警告，并说明如不停止，将给予处分。

4. 第四道防线：处分

标准欺凌的标志行为：一个学期内，B 及其同学要求 A 给一帮玩网游的男生的每个号都充钱。A 就隔一段时间用爸爸手机买网络游戏的装备。约 2 个月后，A 的爸爸查转账记录，才发现 A 用 QQ 号买网络游戏装备的支出已达到 1 万多元。

标准欺凌的处理措施：学校介入，调查事情的发生经过，对涉事学生予以训诫。由防治学生欺凌和暴力工作领导小组按照涉事程度给予参与勒索的学生不同等级的处分，要求他们在全校范围内进行书面检讨和公开道歉。通知双方家长，协商赔偿被勒索学生的经济损失。

（六）网络欺凌

通过网络手段对学生进行人身攻击、散播谣言等，以言论、图片或视频等方式，使被欺凌者受到更大范围和更快速度的攻击。

案例 11

现象描述

F 中学一名初一女生芳，有次课间操因为着急站队不小心与邻班一名女生敏发生了身体碰撞。芳当时没在意，就匆匆回到自己班级里去了。不承想，敏不乐意了，认为芳应该向她道歉。于是，课下就在微信朋友圈里发泄了自己的不满，开始议论芳。和敏要好的几个同学知晓情况后也跟着点赞，支持其行为，并在评论里为其鸣不平。敏所在班级的同学专门建立了一个微信群，在群内一起辱骂芳，他们还轮番加芳的个人微信，发送长串人身攻击性质的言论。其他班学生甚至编造一些不实之词公然辱骂芳，将不着边际的事情强加在芳的身上并在年级中传播，致使芳的个人形象严重受损。芳变得消沉寡言，整天坐在教室里，陷入担忧和烦恼之中。

案例 11　处置防线

1. 第一道防线：提醒

欺凌种子的标志行为：初一女生敏因与邻班的一名女生在课间操发生不愉快，之后心生愤懑。在朋友圈内发泄不满、议论对方。

欺凌种子的处理措施：班主任询问了解具体情况及发生原因。引导学生如果对某名同学有什么意见，可以通过良好的沟通来化解，或是交由教师来处理相关事宜，教育学生网络虽然自由，但是大家要文明上网、文明言论。

2. 第二道防线：批评

欺凌初发的标志行为：班级内的其他同学开始点赞，并在朋友圈下评论。

欺凌初发的处理措施：班主任找到点赞并评论的学生，对其进行批评教育。告诫学生在网络上的一言一行都需要负责任，不要因为意气用事而说出一些没有证实过的不实事件来侵犯他人的名誉权。要求删除相关朋友圈以及评论，并要求涉事学生当面进行公开道歉，做出口头或者书面检讨。

3. 第三道防线：警告

欺凌萌芽的标志行为：几名同学建立微信群，在群内一起辱骂该女生。轮番加该女生的微信并发送长串人身攻击性质的语言对其进行辱骂。

欺凌萌芽的处理措施：年级组在年级进行调查，保留截图存证，对加微信参与辱骂的同学进行口头警告，要求他们进行深刻检讨和公开道歉，明确告知如若不反思改正，学校将给予处分。

4. 第四道防线：处分

标准欺凌的标志行为：有同学编造不实之词，将不着边际的事情强加在该生身上，在朋友圈和微信群中诬蔑她。在整个年级群中散布谣言，使该生的个人形象严重受损。

标准欺凌的处理措施：学校介入，防治学生欺凌和暴力工作领导小组调查事情的发生经过，留存相关的聊天记录和朋友圈记录作为证据。由法治副校长或法治辅导员对涉事学生予以训诫。按照涉事程度给予参与学生不同等级的处分。联系双方家长，要求欺凌学生及家长向受欺凌学生道歉，并在网络上公开澄清事实，解散涉事微信群。通报家长教师协会，并由家长教师协会通报全体家长。

案例 12

现象描述

初中一名女生茜，喜欢本班男生宣。但是因为这个男生喜欢同班的女生悦并与之交往，所以茜就在微信朋友圈上说悦的坏话。茜直接给悦发微信，进行语言辱骂，用很多难听的词来形容悦。茜编造关于女生悦的谣言并发在 QQ 和微信等社交平台上，并让其好友在平台上共同辱骂悦。茜及其同伴每天给悦发微信辱骂她。茜还仗着自己在班里的人缘比较好，带着其他女生一起孤立悦，对悦实施“冷暴力”，并且扬言要找人打悦。

案例 12 处置防线

1. 第一道防线：提醒

欺凌种子的标志行为：初中一名女生茜，喜欢本班男生宣。因为这个男生喜欢同班的女生悦并与之交往，所以茜就在微信朋友圈上说悦的坏话。

欺凌种子的处理措施：班主任与茜谈话，提醒该生注意自己的言语，说明同学之间应该相互团结，不能在背后议论别人。

2. 第二道防线：批评

欺凌初发的标志行为：茜直接给悦发微信，进行语言辱骂，用很多难听的词来形容悦。

欺凌初发的处理措施：班主任与茜沟通，说明她现在所做事情的严重后果。班主任与茜的朋友谈话，说清他们应规劝茜，而不应怂恿茜。

3. 第三道防线：警告

欺凌萌芽的标志行为：茜编造关于悦的谣言，并发在 QQ 和微信等社交平台上，并让其好友在平台上共同辱骂悦。

欺凌萌芽的处理措施：班主任与班委沟通了解事情的具体情况。班委会上，班主任与班委一起研究如何化解茜与悦之间的矛盾，将班级学生对此问题的处理拉回正确的轨道。召开班会，全班共同讨论该如何处理茜的问题，并给予相应的班级警告和惩罚。

4. 第四道防线：处分

标准欺凌的标志行为：茜及其同伴每天给悦发微信辱骂她。茜还仗着自己在班里的人缘比较好，带着其他女生一起孤立悦，对悦实施“冷暴力”，并且扬言要找人打悦。

标准欺凌的处理措施：防治学生欺凌和暴力工作领导小组会议决定给予茜处分。全校通报批评，公开宣读处分。联系家长，说明问题的严重性，请家长关注并加强教育。

案例 13

现象描述

女生 A 和女生 B 是两个要好的同学。女生 A 喜欢上班里的一个男生 C，就告诉了自己的闺蜜 B。没想到女生 B 恰好也对男生 C 有好感。因此，每当看到男生 C 和 A 说话或者给她讲题的时候，B 都特别不高兴。慢慢地，女生 B 开始故意与 A 疏远。B 还在朋友圈“披露”A 的一些隐私，比如她了解到的关于 A 的一些日常习惯和家庭情况等，让 A 感到难堪。有一天外出活动，C 借给 A 一包面巾纸，被 B 看到。女生 B 就用手机将 A 和 C 拍了照，回家后上传到了她的 QQ 空间，并且附言说 A 和 C 早恋，这让班内的同学都看到了。第二天上学时，大家都对这两名同学指指点点的。一段时间后，B 不仅没有收敛，反而变本加厉，对 A 编造不实之词，在 QQ 群中散布谣言，导致 A 的个人形象严重受损，在班内抬不起头来。

案例 13 处置防线

1. 第一道防线：提醒

欺凌种子的标志行为：女生 A 和女生 B 是两个要好的同学。女生 A 喜欢上班里的一个男生 C，就告诉了自己的闺蜜 B。没想到女生 B 恰好也对男生 C 有好感。因此每当看到 C 和 A 说话或者给她讲题的时候，B 都特别不高兴。

欺凌种子的处理措施：班主任私下了解 A、B、C 之间的关系，让班委或与之关系较好的同学给予更多关注。

2. 第二道防线：批评

欺凌初发的标志行为：慢慢地，女生 B 开始故意与 A 疏远。B 还在朋友圈“披露”A 的一些隐私，比如她了解到的关于 A 的一些日常习惯和家庭情况等，让 A 感到难堪。

欺凌初发的处理措施：班主任对学生进行批评，指出如果对某名同学有什么不满可以通过双方良好的沟通来解决，或是交由教师来处理相关事宜。教育全班学生要文明上网、文明言论。

3. 第三道防线：警告

欺凌萌芽的标志行为：有一天外出活动，C 借给 A 一包面巾纸，被女生 B 看到。女生 B 就用手机将 A 和 C 拍了照，回家后上传到了自己的 QQ 空间，并且附言说 A 和 C 早恋，这让班内的同学都看到了。第二天上学时，大家都对这两名同学指指点点的。

欺凌萌芽的处理措施：班主任对 B 进行严肃批评，告诫其在网络上的一言一行都需要负责任，不要因为一时意气用事而编造不实事件来侵犯他人的名誉权。要求该生删除 QQ 空间里的照片及评论，并要求涉事学生当面进行公开道歉。警告该生如不改正将予以处分。

4. 第四道防线：处分

标准欺凌的标志行为：一段时间后，B 不仅没有收敛，反而变本加厉，对女生 A 编造不实之词，在 QQ 群中散布谣言，导致 A 的个人形象严重受损，在班内抬不起头来。

标准欺凌的处理措施：学校介入，调查事情的发生经过，留存相关的QQ空间照片、评论等作为证据。防治学生欺凌和暴力工作领导小组通过会议决定对该生实施处分。联系双方家长，要求欺凌学生及家长向受欺凌学生道歉，并在网络上公开澄清事实。

第三节　欺凌“先兆”的识别与干预

“早期发现、及时处理”是世界各国在预防学生欺凌问题上的共识，也是预防的关键所在。课题组在实验学校的重点实验内容包括“什么行为可能会最终演化为欺凌”“这些行为中哪些行为最具恶性演化的可能性”“如何发现和识别这些行为”“如何干预这些行为”等。

课题组根据在朝阳区14所中小学开展的预防校园欺凌实验研究所取得的案例资料和实践成效，拟定了“预防校园欺凌实验工作调查问卷初稿”，在部分学校试测后，对问卷予以修订，于2020年底在北京市朝阳区中小学开展了预防校园欺凌的调查研究。调查问卷分小学教师、小学生、中学教师、中学生4类，参与调查的学校211所，教师13403人，学生107961人（见表5-1）。其中，教师对象为每所学校的全员班主任、全员心理教师、50%的科任教师、50%的年级管理者、50%的校级管理者；学生对象为每所学校的四、五、六、七、八、九年级和高一、高二、高三年级的所有学生。调查结果为学校进行预防欺凌的组织、制度和机制建设提供了坚实的依据。与此同时，8570名小学教师和4833名中学教师对欺凌早期阶段的“学生行为描述”和“干预处理措施”等问题予以作答，教师的回答能反映出教师在实际处理欺凌早期行为中的施教智慧和方法。

表 5-1 调查对象：学校、教师、学生

学段	学校数（所）	教师数（人）	学生数（人）
小学	127	8570	61761
中学	84	4833	46200
合计	211	13403	107961

一、欺凌种子行为的发现和干预

欺凌种子是标准欺凌行为产生前的最轻微的学生间冲突行为。教师和家长对欺凌种子的发现属于早期发现，对冲突的解决属于早期处理。按照从欺凌视角对学生间冲突行为的分层，对欺凌种子的发现和处理处于最早期阶段，通常用常规正面教育手段即可解决问题。

（一）欺凌种子行为的发现

1. 小学教师和小学生对欺凌种子行为的认知

基于调查问卷提供的来自实验校的欺凌种子的具体行为特征，调查结果显示，57.12%的小学教师和43.24%的小学生认为学校或班级里发生过欺凌种子事件。

从被调查者对各种特征的种子性质的感受程度进行排序来看，小学教师和学生对欺凌种子行为的认知存在差异：小学教师认为种子行为最多的是"对同学故意推搡、拉扯等（肢体动作）"，而小学生认为种子行为最多的是"给同学起外号"。此外，在小学生看来，排在第二、第三位的欺凌种子行为是"说同学坏话""嘲笑同学身材外貌"，而这两种行为表现均未成为教师关注的重点（见表5-2）。

表 5-2　小学教师和小学生对欺凌种子行为的认知

小学教师	排序（%）	小学生	排序（%）
对同学故意推搡、拉扯等肢体动作	32.63	给同学起外号	33.6
给同学起外号	32.31	说同学坏话	24.05
嫌弃同学（如不喜欢一起玩、不愿意坐在一起、不想跟他/她搭话等）	27.67	嘲笑同学身材外貌（如肥胖、矮小、皮肤黑等）	17.50

从教师角色构成中看，小学教师中发现欺凌种子最多的角色是班主任（9272 条），其次是科任教师（9117 条）；而单从“嘲笑同学身材外貌”“嫌弃同学”这两项欺凌种子行为来看，发现最多的是小学科任教师。

2. 中学教师和中学生对欺凌种子行为的认知

调查结果显示，59.96%的中学教师表示发现过欺凌种子行为，43.45%的中学生认为发生过欺凌种子行为。

在中学教师发现的欺凌种子的具体现象中，排在前五位的行为特征是：①嘲笑同学身材外貌（33.85%）；②故意搞恶作剧捉弄同学（33.02%）；③嫌弃同学（33%）；④因学生自身有特殊情况，而被其他同学反感（32.63%）；⑤对同学故意推搡、拉扯等（肢体动作）（31.74%）。在中学教师的调查中，选择上述前五位的行为特征所占比例相差不大。

在中学生发现的欺凌种子的具体现象中，排在前五位的行为特征是：①给同学起外号（34.29%）；②说同学坏话（22.54%）；③嘲笑同学身材外貌（20.79%）；④嫌弃同学（16.15%）；⑤因学生自身有特殊情况，而被其他同学反感（14.82%）（见表 5-3）。在中学生的调查中，选择上述前五位的行为特征所占比例相差较大，“给同学起外号”的比例明显高于其他行为。

表 5-3 中学教师和中学生对欺凌种子行为的认知

中学教师	排序（%）	中学生	排序（%）
嘲笑同学身材外貌（如肥胖、矮小、皮肤黑等）	33.85	给同学起外号	34.29
故意搞恶作剧捉弄同学	33.02	说同学坏话	22.54
嫌弃同学（如不喜欢一起玩、不愿意坐在一起、不想跟他/她搭话等）	33.00	嘲笑同学身材外貌（如肥胖、矮小、皮肤黑等）	20.79
因学生自身有特殊情况（如不讲卫生、不洗澡、上课多动、性格孤僻等），而被其他同学反感	32.63	嫌弃同学（如不喜欢一起玩、不愿意坐在一起、不想跟他/她搭话等）	16.15
对同学故意推搡、拉扯等肢体动作	31.74	因学生自身有特殊情况（如不讲卫生、不洗澡、上课多动、性格孤僻等），而被其他同学反感	14.82

从中学教师和中学生的排序结果可以看出，教师和学生对欺凌种子行为的认知同样存在较大差异：中学教师认为种子行为最多的是“嘲笑同学身材外貌”，而中学生认为种子行为最多的是“给同学起外号”，这一行为在中学教师调查中仅排在第六位，说明中学教师并未充分意识到“给同学起外号”这一问题。此外，在中学生看来，排在第二位的欺凌种子行为是“说同学坏话”，而这一行为在中学教师眼中仅排在第七位。

从教师角色构成中看，中学教师中发现欺凌种子最多的角色是科任教师（9340 条），其次是班主任（4282 条）；而单从“恶作剧捉弄同学”这一项欺凌种子行为来看，发现最多的则是班主任。

（二）欺凌种子行为的处理

1. 小学教师和中学教师对欺凌种子行为的处理措施

对于欺凌种子，小学教师和中学教师基本上是通过谈话、提醒、了解情况、引导双方学生沟通等措施予以处理。

小学教师和中学教师对欺凌种子的处理措施，排序呈现出高度一致性。采取最多的干预措施是“与主动方学生单独谈话”，其次是“用言语提醒学生”，“让双方学生面对面沟通解决”（小学教师排序第三、中学教师排序第四），“向被动方学生了解情况”（小学教师排序第四、中学教师排序第三），第五是“用眼神提醒学生”（见表 5-4）。

表 5-4 小学教师和中学教师对欺凌种子行为的处理

小学教师	排序（%）	中学教师	排序（%）
与主动方学生单独谈话	50. 50	与主动方学生单独谈话	49. 70
用言语提醒学生	43. 49	用言语提醒学生	44. 71
让双方学生面对面沟通解决	41. 58	向被动方学生了解情况	38. 49
向被动方学生了解情况	40. 35	让双方学生面对面沟通解决	28. 99
用眼神提醒学生	26. 80	用眼神提醒学生	22. 97

2. 不同角色教师对欺凌种子行为的处理办法

本次调查分别了解了班主任、科任教师、心理教师、年级管理者和校级管理者等不同角色教师应对欺凌种子行为的处理措施。

（1）小学不同角色教师对欺凌种子行为的处理

小学班主任、科任教师、心理教师、年级管理者和校级管理者，各角色教师最常用的应对欺凌种子行为的处理措施都是“与主动方学生单独谈话”。小学班主任和校级管理者较为注重让出现问题的学生双方面对面沟通，以化解矛盾。小学心理教师还很注重向被动方学生了解情况，明晰事情原委（见表 5-5）。

表 5-5 小学各角色教师对欺凌种子行为的处理

班主任	排序(%)	科任教师	排序(%)	心理教师	排序(%)	年级管理者	排序(%)	校级管理者	排序(%)
与主动方单独谈话	52.36	与主动方单独谈话	48.28	与主动方单独谈话	57.88	与主动方单独谈话	57.26	与主动方单独谈话	55.71
让双方面对面沟通解决	44.57	用言语提醒	44.24	向被动方了解情况	49.77	用言语提醒	46.62	让双方面对面沟通解决	48.68
用言语提醒	42.89	让双方面对面沟通解决	38.93	用言语提醒	49.55	向被动方了解情况	45.61	用言语提醒	46.05
向被动方了解情况	42.65	向被动方了解情况	37.65	让双方面对面沟通解决	47.30	让双方面对面沟通解决	44.76	向被动方了解情况	45.34
用眼神提醒	27.12	用眼神提醒	25.95	用眼神提醒	35.59	用眼神提醒	32.26	用眼神提醒	29.53

（2）中学不同角色教师对欺凌种子行为的处理

中学教师应对欺凌种子行为所采用的处理措施，除了心理教师外，最常用的都是“与主动方单独谈话”，而心理教师最常用的是“用言语提醒”。此外，中学班主任和年级管理者还比较注重向被动方学生了解实际情况，中学科任教师和校级管理者还常用言语提醒学生（见表 5-6）。

表 5-6 中学各角色教师对欺凌种子行为的处理

班主任	排序(%)	科任教师	排序(%)	心理教师	排序(%)	年级管理者	排序(%)	校级管理者	排序(%)
与主动方单独谈话	56.53	与主动方单独谈话	46.97	用言语提醒	61.26	与主动方单独谈话	66.21	与主动方单独谈话	60.87
向被动方了解情况	46.55	用言语提醒	44.25	与主动方单独谈话	60.36	向被动方了解情况	55.29	用言语提醒	54.18

续表

班主任	排序（%）	科任教师	排序（%）	心理教师	排序（%）	年级管理者	排序（%）	校级管理者	排序（%）
用言语提醒	43.65	向被动方了解情况	35.77	向被动方了解情况	49.55	用言语提醒	53.92	向被动方了解情况	48.83
让双方面对面沟通解决	36.03	让双方面对面沟通解决	25.76	让双方面对面沟通解决	35.14	让双方面对面沟通解决	46.42	让双方面对面沟通解决	42.81
用眼神提醒	23.04	用眼神提醒	22.28	用眼神提醒	30.63	用眼神提醒	27.65	用眼神提醒	28.76

3. 学生对欺凌种子行为的应对

在发现欺凌种子行为特征后，小学生和中学生都能按照自己的判断进行应对。小学生的应对方式主要是“告诉班主任”“用言语提醒”“告诉家长”，中学生的应对方式主要是“用言语提醒”“心里不舒服”“告诉班主任”（见表 5-7）。

表 5-7　小学生和中学生对欺凌种子行为的反应

小学生	排序（%）	中学生	排序（%）
告诉班主任	31.01	用言语提醒	28.35
用言语提醒	26.69	心里不舒服	20.98
告诉家长	19.93	告诉班主任	19.89
心里不舒服	16.06	告诉家长	12.66

“告诉班主任”“用言语提醒”“告诉家长”三种应对方式都是有效的，都应得到教师的肯定。不采取制止行动的小学生（“跟自己没什么关系”）仅占 61761 名调查对象的 2.91%，中学生占 46200 名调查对象的 5.63%。不认为是问题（“觉得好玩”）的小学生有 1.22%，中学生有 1.89%。“不认为是问题”的这极少部分学生，也应被视为预防欺凌的重点关注对象。

4. 教师对欺凌种子行为的干预案例

案例 14

所属生成阶段——欺凌种子

班级里有学生把其他同学的水杯藏起来，或把其他同学的笔袋放置在高处，恶作剧以取乐。教师处理措施：与被动方聊天了解情况，安慰和鼓励他，请他说出自己的感受，明确告诉对方他们的玩笑让自己很不舒服，同时告知被动方什么是真正保护自己的方式，遇到类似问题要主动反抗。找主动方谈话，共同交流让其他同学喜欢的学生应该是怎样的，要学会换位思考。[北京市朝阳区预防校园欺凌问卷调查开放题筛选整理档案（教师），案例编号：CYZ1741]

案例 15

所属生成阶段——欺凌种子

有同学向老师反映“某某同学给我起外号，我很不开心”。教师处理措施：利用姓名卡片让每个学生介绍自己名字的来历，利用微班会向学生讲解叫别人外号是不礼貌的行为，和给别的孩子起外号的同学单独沟通，明确起外号这种行为的危害，安慰被起外号的学生，并要求起外号同学道歉。[北京市朝阳区预防校园欺凌问卷调查开放题筛选整理档案（教师），案例编号：CYX7284]

案例 16

所属生成阶段——欺凌种子

一名学生因学习不好，其他同学不愿意跟她一起玩。在课堂学习活动中该生被孤立排挤，其他同学不愿意和她分在一组。教师处理措施：上课提问她，鼓励她回答问题，当众表扬她，帮助其他同学发现她的闪光点。在班会和家长会上表扬了这名学生值日做得特别好，做事认真。向学生说明每个人都有优点，都有值得别人学习的地方，一个人的人生成就不全由成绩决定。[北京市朝阳区预防校园欺凌问卷调查开放题筛选整理档案（教师），案例编号：CYZ3312]

案例 17

所属生成阶段——欺凌种子

班里有一名多动症学生，被其他学生排斥。教师处理措施：召开“拥抱同学”的主题班会，利用班会等时机，教育学生要互相关心，对有需要的同学要多帮助，对班干部进行教育，教育他们起到带头作用。带领同学一起发现这名学生身上的闪光点，比如唱歌好听，做手工很快。教师平时对这个特殊的学生也多鼓励多表扬，改变他在同学眼中的形象等。[北京市朝阳区预防校园欺凌问卷调查开放题筛选整理档案（教师），案例编号：CYX6485]

案例 18

所属生成阶段——欺凌种子

班级中有一名学生 A，不讲究个人卫生，但他是一个热心的孩子。一天，B 同学忘带笔，A 主动把笔递给 B 同学，B 同学嫌脏，嘴里说着不要，顺手把笔扔在地上。教师处理措施：在班级中表扬这个乐于助人的 A 同学。与 B 同学单独交流，帮他分析这件事，告诉他应该怎样和同学交流、与人交往。与 A 单独交流，肯定其优点，提出一点卫生方面的小建议。[北京市朝阳区预防校园欺凌问卷调查开放题筛选整理档案（教师），案例编号：CYX6755]

案例 19

所属生成阶段——欺凌种子

部分学生不愿意与一名学生分到一组进行小组活动，或是学习中自由结组讨论讲题时，没有人去这名学生那里，也不愿意她加入小组。教师处理措施：给不同程度的孩子安排不同难度的任务，让他们可以互为补充。让能力强的同学作为“小老师”去指导别的同学，让他们在这个过程中获得成就感，不让他们觉得其他同学是小组的拖累或负担。[北京市朝阳区预防校园欺凌问卷调查开放题筛选整理档案（教师），案例编号：CYZ3886]

案例 20

所属生成阶段——欺凌种子

有个学生性格比较孤僻，与其他同学很少交流，而其他同学也不与他在一起，课下也没有人跟他一块玩。教师处理措施：首先，请班委与他多交流，让他有归属感。其次，让他为班级做些事情，增加他与老师，同学交流的机会。另外，还要让其他老师多关注该生。[北京市朝阳区预防校园欺凌问卷调查开放题筛选整理档案（教师），案例编号：CYZ3424]

二、欺凌初发行为的发现和干预

欺凌初发是标准欺凌行为产生前的第二轻微的学生间冲突行为。教师和家长对欺凌初发的发现和处理同样属于“早期发现、早期处理”。按照从欺凌视角对学生间冲突行为的分层，对欺凌初发的发现和处理处于次早期阶段，通常用常规正面教育手段即可解决问题。

（一）对欺凌初发行为的认知

1. 小学教师和小学生对欺凌初发行为的认知

从本课题对于欺凌生成概念的基本逻辑推理来说，欺凌初发一定少于欺凌种子。本次调查结果完全印证了这一推理。61. 51%的小学教师和 71. 21%的小学生表示在学校或班级里没有发现过欺凌初发行为。但仍有 38. 49%的小学教师和 28. 79%的小学生认为发生过欺凌初发行为。

根据调查问卷提供的来自实验校的欺凌初发的具体行为特征，被调查者对各种特征的初发性质的感受程度进行排序。结果显示，小学教师和小学生对于欺凌初发行为特征的排序，除了排在第三、第四位的行为表现次序互换外，其余行为表现的排序完全一样（见表 5-8）。

表 5-8 小学教师和小学生对欺凌初发行为的认知

小学教师	排序（%）	小学生	排序（%）
故意排挤孤立同学（如拒绝跟他/她一起玩、拒绝跟他/她分在一组等）	25.86	故意排挤孤立同学（如拒绝跟他/她一起玩、拒绝跟他/她分在一组等）	15.66
对同学做带有伤害性的动作（如抓头发、揪耳朵、踢打身体等）	18.70	对同学做带有伤害性的动作（如抓头发、揪耳朵、踢打身体等）	14.30
故意损坏同学的个人物品（如往同学衣服、书包上乱写乱画等）	16.83	强行拿走同学的物品（如书包、文具、手机等）	11.18
强行拿走同学的物品（如书包、文具、手机等）	17.91	故意损坏同学的个人物品（如往同学衣服、书包上乱写乱画等）	10.03

小学教师和小学生对欺凌初发行为的认知非常相似：发现欺凌初发最多的行为都是排挤孤立，说明这一现象在初发阶段最为集中。其次是踢打抓扯等伤害性动作，也是初发阶段相对较多的行为表现。

2. 中学教师和中学生对欺凌初发行为的认知

在中学对欺凌初发的发现同样少于对欺凌种子的发现。52.91%的中学教师表示在学校或班级里没有发现过欺凌初发行为，47.19%的中学教师表示发现过欺凌初发行为；73.37%的中学生认为学校或班级里没有发生过欺凌初发行为，26.63%的中学生认为发生过欺凌初发行为。

在中学教师发现的欺凌初发的具体表现中，排前五位的行为特征是：①故意排挤孤立同学（34.49%）；②通过网络伤害同学（22.28%）；③用言语强迫同学听从命令，做不愿意做的事情（18.99%）；④对同学做带有伤害性的动作（17.79%）；⑤强行拿走同学的物品（15.21%）。

在中学生发现的欺凌初发的具体表现中，排前五位的行为特征是：①故意排挤孤立同学（14.92%）；②通过网络伤害同学（11.94%）；③对同学做带有伤害性的动作（9.65%）；④强行拿走同学的物品（8.21%）；⑤故意扔物品砸同学（6.70%）（见表5-9）。

表5-9 中学教师和中学生对欺凌初发行为的认知

中学生	排序（%）	中学教师	排序（%）
故意排挤孤立同学（如拒绝跟他/她一起玩、拒绝跟他/她分在一组等）	34.39	故意排挤孤立同学（如拒绝跟他/她一起玩、拒绝跟他/她分在一组等）	14.92
通过网络（微信、QQ等）伤害同学（如朋友圈评论、加私信谩骂同学等）	22.28	通过网络（微信、QQ等）伤害同学（如朋友圈评论、加私信谩骂同学等）	11.94
用言语强迫同学听从命令，做不愿意做的事情（如打饭、打水、拎包等）	18.99	对同学做带有伤害性的动作（如抓头发、揪耳朵、踢打身体等）	9.65
对同学做带有伤害性的动作（如抓头发、揪耳朵、踢打身体等）	17.79	强行拿走同学的物品（如书包、文具、手机等）	8.21

从行为排序上看，中学教师与中学生的排序，前两位一致（故意排挤孤立同学、通过网络伤害同学）。学生排位第三的欺凌初发（对同学做带有伤害性的动作）行为，教师排位第四；教师排位第三的欺凌初发（用言语强迫同学听从命令，做不愿意做的事情）行为，学生排位第七；学生排位第四的欺凌初发（强行拿走同学的物品）行为，教师排位第五。这说明教师和学生对欺凌初发的具体表现行为认知上虽有所差异，但大体接近。

在预防校园欺凌工作中，学校和教师需要特别注意排在前两位的行为特征，中学生的"小团体""拒绝个别学生共同参与活动"等日常校园生活中的排挤孤立，"朋友圈评论""私信谩骂""饭团对峙"等网络途径中的伤害行为，都是欺凌初发阶段的集中表现。

（二）欺凌初发行为的处理

1. 小学教师和中学教师对欺凌初发行为的处理措施

小学教师和中学教师在面对学生间出现的欺凌初发行为时，主要通过安慰学生、集体教育、家校沟通等方式予以处理。

调查结果显示，小学教师和中学教师对于欺凌初发行为的处理措施，排序完全一致。采取最多的干预措施是“对被动方做出心理安慰”，第二是“利用早上或中午等课余时间进行集体教育”，第三是“召开班会进行主题教育”，第四是“主动联系双方家长，家校共同协商解决”，第五是“责令主动方向被动方赔礼道歉”（见表 5-10）。

表 5-10 小学教师和中学教师对欺凌初发行为的处理

小学教师	排序（%）	中学教师	排序（%）
对被动方做出心理安慰	26. 91	对被动方做出心理安慰	30. 50
利用早上或中午等课余时间进行集体教育	26. 52	利用早上或中午等课余时间进行集体教育	24. 39
召开班会进行主题教育	23. 37	召开班会进行主题教育	22. 37
主动联系双方家长，家校共同协商解决	22. 23	主动联系双方家长，家校共同协商解决	20. 92
责令主动方向被动方赔礼道歉	21. 74	责令主动方向被动方赔礼道歉	20. 48

2. 不同角色教师对欺凌初发行为的处理办法

（1）小学不同角色教师对欺凌初发行为的处理

小学班主任、科任教师、心理教师、年级管理者和校级管理者，因角色定位不同，在欺凌初发行为的处理措施排序上有较大差异：班主任更多的利用班会进行主题教育，科任教师和心理教师更多的是对被动方学生进行安慰，年级管理者和校级管理者则主要从家校沟通的角度，联系双方家长协商解决。此外，除了科任教师外，其他角色的小学教师最少采用的措施都是对主动方学生点名批评（见表 5-11）。

表 5-11　小学各角色教师对欺凌初发行为的处理

班主任	排序（%）	科任教师	排序（%）	心理教师	排序（%）	年级管理者	排序（%）	校级管理者	排序（%）
召开班会	31.82	安慰被动方	27.59	安慰被动方	30.18	联系双方家长	29.73	联系双方家长	33.22
集体教育	31.77	责令主动方道歉	23.14	集体教育	28.60	集体教育	29.05	安慰被动方	32.16
安慰被动方	26.25	集体教育	22.64	召开班会	26.80	召开班会	28.89	召开班会	29.35
联系双方家长	26.09	点名批评主动方	18.70	联系双方家长	23.65	安慰被动方	27.87	集体教育	28.65
责令主动方道歉	20.75	联系双方家长	17.33	责令主动方道歉	19.82	责令主动方道歉	24.66	责令主动方道歉	27.07
点名批评主动方	14.74	召开班会	15.16	点名批评主动方	14.19	点名批评主动方	15.37	点名批评主动方	19.16

（2）中学不同角色教师对欺凌初发行为的处理

中学各角色教师处理欺凌初发行为时的措施，也存在一定差异：班主任更多地利用班会进行主题教育，科任教师和心理教师更多的是对被动方学生进行安慰，年级管理者和校级管理者则主要从家校沟通的角度，联系双方家长协商解决（见表 5-12）。

表 5-12　中学各角色教师对欺凌初发行为的处理

班主任	排序（%）	科任教师	排序（%）	心理教师	排序（%）	年级管理者	排序（%）	校级管理者	排序（%）
集体教育	37.00	安慰被动方	29.21	安慰被动方	36.04	联系双方家长	39.93	联系双方家长	37.46

续表

班主任	排序（%）	科任教师	排序（%）	心理教师	排序（%）	年级管理者	排序（%）	校级管理者	排序（%）
召开班会	36.58	集体教育	21.52	责令主动方道歉	20.72	召开班会	39.59	安慰被动方	36.12
安慰被动方	32.41	召开班会	18.88	点名批评主动方	20.72	安慰被动方	38.91	集体教育	33.11
联系双方家长	28.48	责令主动方道歉	18.70	召开班会	19.82	集体教育	38.23	责令主动方道歉	31.44
责令主动方道歉	22.73	点名批评主动方	18.41	集体教育	16.22	责令主动方道歉	32.08	召开班会	30.77
点名批评主动方	18.26	联系双方家长	18.17	联系双方家长	16.22	点名批评主动方	24.23	点名批评主动方	24.08

3. 学生对欺凌初发行为的应对

当看到欺凌初发行为后，小学生最多的反应是“报告班主任”，中学生最多的反应是“认为这样很不好”。排在第二位的反应情况，小学生和中学生都是“用言语阻止”。排在第三位的，小学生是“认为这样很不好”，中学生是“报告班主任”。排在第四位的，小学生和中学生都是“告诉家长”（见表5-13）。

表5-13 小学生和中学生对欺凌初发行为的反应

小学生	排序（%）	中学生	排序（%）
报告班主任	26.30	认为这样很不好	20.79
用言语阻止	20.72	用言语阻止	20.76
认为这样很不好	19.34	报告班主任	18.54
告诉家长	16.80	告诉家长	11.39

有3.44%的小学生的态度是“默默旁观”，0.67%的小学生“觉得挺有意思”，0.64%的小学生表示“一起跟风，参与其中”。中学生中有同样反应

的分别是 6.17%、1.06%和 0.83%。持“默默旁观”和“觉得挺有意思”态度的学生很可能会演化为标准欺凌实践中的围观者角色，而持“一起跟风，参与其中”态度的学生及部分持“觉得挺有意思”态度的学生，则很有可能成为潜在的欺凌者。这一点需要引起教师特别关注。

4. 教师对欺凌初发行为的干预案例

案例 21

所属生成阶段——欺凌初发

年级部分学生出现对一名阿斯伯格综合征同学进校排斥的情况，并进行言语讥讽。教师处理措施：教师主动亲近特殊学生做出表率，鼓励同学互相帮助。与被动同学谈心，了解她的感受，进行安抚和引导。约谈主动方，进行批评教育。与班主任沟通，请班主任配合关注。对学生会心理部同学进行培训，介绍阿斯伯格综合征，引导心理部成员关注年级中孤立欺负该生的现象，引导其他同学了解该同学有奇怪行为表现的原因，变嫌弃排挤为帮助关怀，尝试帮助该同学，并与她交朋友。[北京市朝阳区预防校园欺凌问卷调查开放题筛选整理档案（教师），案例编号：CYZ1000]

案例 22

所属生成阶段——欺凌初发

个别学生出现在厕所里推挤厕所门不让同学出来的情况。教师处理措施：了解事件发生的原因，制止不当行为，对挤门的同学提出批评。然后开班会告诉全班学生上厕所时，我们应该怎么做才能文明如厕，协调家长做好家校共育。[北京市朝阳区预防校园欺凌问卷调查开放题筛选整理档案（教师），案例编号：CYX1197]

案例 23

所属生成阶段——欺凌初发

有学生在年级微信群里对某同学说不尊重的话，其中含有性意味。教师处理措施：表明班级和学校的态度，明确这是不可接受的行为。惩戒过错方，安抚受语言伤害的一方，并进一步开展集体教育。[北京市朝阳区预防校园欺凌问卷调查开放题筛选整理档案（教师），案例编号：CYZ3556]

案例 24

所属生成阶段——欺凌初发

班级中出现语言恐吓同学的情况。教师处理措施：语言提示、让欺凌者道歉、跟家长联系沟通情况，向被欺凌者了解情况，利用晨午检在班级进行集体教育，开展“不做小霸王，不当受气包”的主题班会。[北京市朝阳区预防校园欺凌问卷调查开放题筛选整理档案（教师），案例编号：CYZ4272]

案例 25

所属生成阶段——欺凌初发

在班级里听到有学生针对某同学的阴阳怪气的言论，对同学散播不实信息，使班内同学对某同学产生负面评价，造成某同学巨大的心理压力。教师处理措施：在班级中澄清真相，消除大家对该同学的误解。对全班进行教育，对此类言论进行不点名的批评。单独与被动方学生谈话，进行心理安抚和开导，表达对她的理解和支持，教导学生学会看淡他人对自己的评价，保持与不和同学的适当距离，坚持自己正确的做法。与被动方学生家长沟通，说明情况，取得家长的配合，在家中安抚和开导学生。［北京市朝阳区预防校园欺凌问卷调查开放题筛选整理档案（教师），案例编号：CYZ4349］

案例 26

所属生成阶段——欺凌初发

一男同学把一女同学向男厕所里推。教师处理措施：对男生批评教育，让其认识到事情的严重性，并让其向女同学赔礼道歉，向德育处汇报记录。约谈家长，加强家庭教育。［北京市朝阳区预防校园欺凌问卷调查开放题筛选整理档案（教师），案例编号：CYZ3689］

三、欺凌萌芽行为的发现和干预

欺凌萌芽是标准欺凌行为产生前较重的学生间冲突行为。教师与家长对欺凌萌芽的发现和处理大体上可理解为通常所说的“早期发现、早期处理”，但这只能算是发现和处理标准欺凌的相对早期了。对欺凌萌芽行为的处理已经不能简单用常规正面教育的手段来解决问题，需要采批评、训导、惩戒和心理辅导等较为严肃而复杂的手段来解决。

（一）欺凌萌芽行为的认知

1. 小学教师和小学生对欺凌萌芽行为的认知

从本课题对于欺凌生成概念的基本逻辑推理来说，欺凌萌芽位于欺凌初发的后一个阶段，因此，欺凌萌芽也一定少于欺凌初发。本次调查结果同样得以印证。75.81%的小学教师和80.67%的小学生表示在学校或班级里没有发现过欺凌萌芽行为，但仍有24.19%的小学教师和19.33%的小学生表示发生过欺凌萌芽行为。

从被调查者对欺凌萌芽具体行为表现的排序来看，小学教师和学生对欺凌萌芽行为的认知相似度较高。不论是教师还是学生，均认为欺凌萌芽最多的行为表现是“群体排斥”（排序1）和“对同学实施强烈的身体伤害”（排序2）。而“通过网络（微信、QQ等）对同学进行人身攻击、散播谣言”“故意侮辱同学”这两种行为表现也都排在前五位之列（见表5-14）。

表5-14 小学生和小学教师对欺凌萌芽行为的认知

小学教师	排序（%）	小学生	排序（%）
群体排斥（如集体冷暴力、所有同学都不理他/她、所有同学都离他/她远远的等）	18.11	群体排斥（如集体冷暴力、所有同学都不理他/她、所有同学都离他/她远远的等）	10.16
对同学实施强烈的身体伤害（如拳打脚踢、打脸掌嘴、拉扯头发等）	13.75	对同学实施强烈的身体伤害（如拳打脚踢、打脸掌嘴、拉扯头发等）	10.00
故意侮辱同学（如往同学身上泼污水、往同学餐盘里倒剩饭、把同学的水瓶扔到垃圾桶等）	9.75	通过网络（微信、QQ等）对同学进行人身攻击、散播谣言（如建立微信群多人反复辱骂、拍摄同学的照片或视频上传网络等）	4.90

续表

小学教师	排序（%）	小学生	排序（%）
通过网络（微信、QQ 等）对同学进行人身攻击、散播谣言（如建立微信群多人反复辱骂、拍摄同学的照片或视频上传网络等）	7.47	故意触碰同学身体的私密部位（如故意摸同学的胸部、臀部等）	4.74
经常性地向同学索要钱财（如现金、微信转账、游戏币等）	7.19	故意侮辱同学（如往同学身上泼污水、往同学餐盘里倒剩饭、把同学的水瓶扔到垃圾桶等）	4.57

欺凌萌芽行为是典型欺凌事件发生之前的最后一道关卡，在小学生眼中，他们在学校所经历的和看到的最接近典型欺凌的行为便是“集体冷暴力”“群体冷漠”“拳打脚踢”“打脸掌嘴”等。此外，在小学生眼中，借助网络途径的人身攻击是排在第三位的欺凌萌芽行为。当今信息技术和移动终端的广泛普及，改变了人们的交往方式，也带来了学生交往的诸多问题，需要特别引起重视。

2. 中学教师和中学生对欺凌萌芽行为的认知

在中学，不论是教师还是学生，对欺凌萌芽行为的发现同样少于对欺凌初发行为的发现。64.04%的中学教师表示在学校或班级里没有发现过欺凌萌芽行为，35.96%的中学教师表示发现过欺凌萌芽行为；80.83%的中学生认为学校或班级里没有发生过欺凌萌芽行为，19.17%的中学生认为发生过欺凌萌芽行为。

在中学教师发现的欺凌萌芽行为中，排在前五位的行为特征是：①群体排斥；②通过网络进行人身攻击、散播谣言；③对同学实施强烈的身体伤害；④故意侮辱同学；⑤经常性地向同学索要钱财。从数据来看，排在前三位的行为所占比例均高于 15%，且有高达 27.27%的中学教师认为存在以群体排斥为主要行为特征的欺凌萌芽。

在中学生发现的欺凌萌芽行为中，排在前五位的行为特征是：①群体排斥；②通过网络进行人身攻击、散播谣言；③对同学实施强烈的身体伤害；

④故意触碰同学身体的私密部位；⑤故意暴露同学身体的私密部位。从数据来看，排在前两位的行为所占比例高于8%，其他行为均低于8%（见表5-15）。

表5-15 中学生和中学教师对欺凌萌芽行为的认知

中学教师	排序（%）	中学生	排序（%）
群体排斥（如集体冷暴力、所有同学都不理他/她、所有同学都离他/她远远的等）	27.27	群体排斥（如集体冷暴力、所有同学都不理他/她、所有同学都离他/她远远的等）	10.35
通过网络（微信、QQ等）对同学进行人身攻击、散播谣言（如建立微信群多人反复辱骂、拍摄同学的照片或视频上传网络等）	18.46	通过网络（微信、QQ等）对同学进行人身攻击、散播谣言（如建立微信群多人反复辱骂、拍摄同学的照片或视频上传网络等）	8.68
对同学实施强烈的身体伤害（如拳打脚踢、打脸掌嘴、拉扯头发等）	15.29	对同学实施强烈的身体伤害（如拳打脚踢、打脸掌嘴、拉扯头发等）	6.55
故意侮辱同学（如往同学身上泼污水、往同学餐盘里倒剩饭、把同学的水瓶扔到垃圾桶等）	11.63	故意触碰同学身体的私密部位（如故意摸同学的胸部、臀部等）	4.8
经常性地向同学索要钱财（如现金、微信转账、游戏币等）	9.83	故意暴露同学身体的私密部位（如拖拽裤子、掀裙子等）	4.16

对比中学教师与中学生的排序，前三位完全一致：群体排斥，通过网络进行人身攻击、散播谣言，对同学实施强烈的身体伤害。另外，对于“故意触摸同学身体的私密部位”这一行为，中学教师与中学生的判断存在较大差异：中学生认为其处于第四位，仅次于“对同学实施强烈的身体伤害”，而中学教师将其排在最后一位（第七位）。

从发现比例上看，不论是哪一种行为表现，中学教师的选择比例明显高于中学生的选择比例。例如，选择“群体排斥”这一欺凌萌芽行为的中学教师有 27.27%，而选择同样行为的中学生只有 10.35%；选择“通过网络（微信、QQ 等）对同学进行人身攻击、散播谣言”这一欺凌萌芽行为的中学教师有 18.46%，而选择同样行为的中学生只有 8.68%。

在预防校园欺凌工作中，学校和教师需要特别注意反映较多的行为表现。如不及时加以干预和遏制，则很可能演变为标准的欺凌事件，引发严重后果。

（二）对欺凌萌芽行为的处理

1. 小学教师和中学教师对欺凌萌芽行为的处理措施

欺凌萌芽行为是标准欺凌发生之前的最后一道关卡，从欺凌生成过程来看，也是最为接近标准欺凌的阶段。因此，对于欺凌萌芽行为的处理就尤为重要。教师主要采用训导主动方、安抚被动方、上报学校和约谈家长等措施进行处理。小学教师最多采用的措施是约谈主动方家长，中学教师则最多采用的措施是上报学校。同时，小学教师和中学教师都非常关注对事件被动方学生的情绪与身体的安抚以及进行持续观察（见表 5-16）。

表 5-16　小学教师和中学教师对欺凌萌芽行为的处理

小学教师	排序（%）	中学教师	排序（%）
约谈主动方家长	17.21	上报学校	23.17
安抚被动方情绪并密切观察	16.51	安抚被动方情绪并密切观察	20.73
与被动方家长密切沟通	13.94	约谈主动方家长	18.15
联系双方家长面对面协商解决方案	13.94	对主动方严厉训导	15.70
上报学校	13.77	与被动方家长密切沟通	15.19
对主动方严厉训导	12.68	联系双方家长面对面协商解决方案	13.93
提出严肃警告	10.29	提出严肃警告	13.66

调查结果显示，小学教师和中学教师对于欺凌萌芽行为的处理措施排序，

差异较大。

小学教师处理欺凌萌芽行为的措施排序是：①约谈主动方家长；②对被动方学生进行情绪安抚和日常生活中的关照，并持续密切观察其精神状态；③与被动方家长密切沟通；④作为中间桥梁联系双方家长面对面协商解决方案；⑤上报年级、德育处或学生处等相关学生管理部门；⑥对主动方学生予以严厉训导；⑦提出严肃警告；⑧要求主动方学生向被动方学生做出公开道歉，写出书面检查，明确责令其改正不当行为；⑨对班级（年级）全体学生通报约谈警告过程和结果。

中学教师处理欺凌萌芽行为的措施排序是：①上报年级、德育处或学生处等相关学生管理部门；②对被动方学生进行情绪安抚和日常生活中的关照，并持续密切观察其精神状态；③约谈主动方家长；④对主动方学生予以严厉训导；⑤与被动方家长密切沟通；⑥作为中间桥梁联系双方家长面对面协商解决方案；⑦提出严肃警告；⑧要求主动方学生向被动方学生做出公开道歉，写出书面检查，明确责令其改正不当行为；⑨对班级（年级）全体学生通报约谈警告过程和结果。

2. 不同角色教师对欺凌萌芽行为的处理办法

（1）小学不同角色教师欺凌萌芽行为的处理

小学不同角色教师应对欺凌萌芽行为的处理措施在排序上有所不同：班主任更多地与双方家长沟通，科任教师和心理教师更多地对被动方学生予以情绪安抚，年级管理者和校级管理者则主要是约谈主动方家长，同时对被动方学生予以安抚。此外，要求主动方公开道歉、向全体学生通报约谈警告过程和结果，是小学所有角色教师较少采用的应对欺凌萌芽行为处理措施（见表 5-17）。

表 5-17 小学各角色教师对欺凌萌芽行为的处理

班主任	排序（%）	科任教师	排序（%）	心理教师	排序（%）	年级管理者	排序（%）	校级管理者	排序（%）
约谈主动方家长	20. 29	安抚被动方情绪并密切观察	17. 10	安抚被动方情绪并密切观察	20. 05	约谈主动方家长	18. 75	约谈主动方家长	21. 09

续表

班主任	排序（%）	科任教师	排序（%）	心理教师	排序（%）	年级管理者	排序（%）	校级管理者	排序（%）
与被动方家长密切沟通	16.10	上报学校	16.02	约谈主动方家长	18.47	安抚被动方情绪并密切观察	17.57	安抚被动方情绪并密切观察	20.04
安抚被动方情绪并密切观察	15.79	约谈主动方家长	14.02	与被动方家长密切沟通	17.12	联系双方家长面对面协商解决方案	15.71	联系双方家长面对面协商解决方案	19.86
联系双方家长面对面协商解决方案	15.35	对主动方严厉训导	13.95	联系双方家长面对面协商解决方案	15.54	与被动方家长密切沟通	15.03	与被动方家长密切沟通	17.93
上报学校	12.00	联系双方家长面对面协商解决方案	12.28	上报学校	14.86	对主动方严厉训导	11.82	上报学校	16.52
对主动方严厉训导	11.49	提出严肃警告	12.00	对主动方严厉训导	10.59	上报学校	11.15	对主动方严厉训导	14.76
提出严肃警告	8.91	与被动方家长密切沟通	11.80	提出严肃警告	9.01	提出严肃警告	9.29	提出严肃警告	11.60
要求主动方公开道歉	7.77	要求主动方公开道歉	8.82	要求主动方公开道歉	9.01	要求主动方公开道歉	9.12	要求主动方公开道歉	11.60
向全体学生通报	4.61	向全体学生通报	4.83	向全体学生通报	4.73	向全体学生通报	5.07	向全体学生通报	6.68

（2）中学不同角色教师对欺凌萌芽行为的处理

中学各角色教师处理欺凌萌芽行为时的措施排序也有区别：班主任和年级管理者更多地与主动方家长约谈，科任教师更多地上报学校相关部门，心理教师和校级管理者则主要安抚被动方学生，并予以日常关照和持续观察。此外，所有角色的中学教师，最少采用的应对欺凌萌芽行为的处理措施，都是向全体学生通报约谈警告过程和结果（见表 5-18）。

表 5-18　中学各角色教师对欺凌萌芽行为的处理

班主任	排序（%）	科任教师	排序（%）	心理教师	排序（%）	年级管理者	排序（%）	校级管理者	排序（%）
约谈主动方家长	26.84	上报学校	22.33	安抚被动方情绪并密切观察	25.23	约谈主动方家长	35.49	安抚被动方情绪并密切观察	30.77
安抚被动方情绪并密切观察	24.49	安抚被动方情绪并密切观察	19.33	上报学校	20.72	安抚被动方情绪并密切观察	31.06	约谈主动方家长	29.43
上报学校	24.06	约谈主动方家长	15.19	对主动方严厉训导	18.92	上报学校	30.03	上报学校	27.09
与被动方家长密切沟通	22.79	对主动方严厉训导	14.70	约谈主动方家长	17.12	与被动方家长密切沟通	27.99	联系双方家长面对面协商解决方案	23.75
联系双方家长面对面协商解决方案	17.90	提出严肃警告	13.15	与被动方家长密切沟通	17.12	联系双方家长面对面协商解决方案	26.62	对主动方严厉训导	22.74
对主动方严厉训导	17.35	与被动方家长密切沟通	13.08	提出严肃警告	13.51	对主动方严厉训导	20.14	提出严肃警告	21.74
提出严肃警告	14.75	联系双方家长面对面协商解决方案	11.92	要求主动方公开道歉	11.71	要求主动方公开道歉	20.14	与被动方家长密切沟通	21.40

续表

班主任	排序（%）	科任教师	排序（%）	心理教师	排序（%）	年级管理者	排序（%）	校级管理者	排序（%）
要求主动方公开道歉	14.75	要求主动方公开道歉	10.30	联系双方家长面对面协商解决方案	9.01	提出严肃警告	18.77	要求主动方公开道歉	21.07
向全体学生通报	8.28	向全体学生通报	5.62	向全体学生通报	9.01	向全体学生通报	12.97	向全体学生通报	13.38

3. 学生对欺凌萌芽行为的应对

发现欺凌萌芽行为后，小学生和中学生选择最多的都是“报告班主任”。排在第二位的反应情况，小学生是“告诉家长”，中学生是“安慰关心身体或内心受伤害的同学”。排在第三位，小学生是“安慰关心身体或内心受伤害的同学”，中学生是“心里很难受”。排在第四位，小学生“报告班干部”，中学生“直接出面制止”。排在第五位，小学生“直接出面制止”，中学生“告诉家长”（见表5-19）。

表5-19　小学生和中学生对欺凌萌芽行为的反应

小学生	排序（%）	中学生	排序（%）
报告班主任	23.58	报告班主任	17.16
告诉家长	14.88	安慰关心身体或内心受伤害的同学	13.26
安慰关心身体或内心受伤害的同学	13.96	心里很难受	11.54
报告班干部	12.81	直接出面制止	10.39
直接出面制止	11.30	告诉家长	9.96
报告校领导	10.34	报告班干部	9.75

持“事不关己，默不作声”态度的小学生有2.43%，中学生有4.45%；持“觉得很有意思”态度的小学生有0.55%，中学生有0.93%；持“共同参与其中”态度的小学生有0.53%，中学生有0.73%。对欺凌萌芽行为仍然持“事不关己，默不作声”态度的学生，基本上已属于欺凌构成中的围观者角

色了，持“共同参与其中”态度的学生基本上已属于欺凌者角色了，而持“觉得很有意思”态度的学生则很可能就是欺凌行为中的协助者的角色。对这类学生，学校教师都需要给予重点关注，采取有针对性的教育措施，做好避免发生标准欺凌事件的预防工作。

4. 教师对欺凌萌芽行为的干预案例

案例 27

所属生成阶段——欺凌萌芽

拉扯同学头发，往同学身上泼水。教师处理措施：及时防止事件的恶化，找双方学生了解情况，请相关学生写下事情经过。约谈家长，上报学校领导，在与动手学生家长多次交流后，学生接受了校级严重警告处分。[北京市朝阳区预防校园欺凌问卷调查开放题筛选整理档案（教师），案例编号：CYZ959]

案例 28

所属生成阶段——欺凌萌芽

A在班中有号召力，她煽动班里一大波女生故意冷淡同学小可，在班级里实施集体孤立。教师处理措施：表明班级和学校的态度，明确这是不可接受的行为。对A进行严肃批评，让其认识事情的严重性，并让A向小可赔礼道歉。安抚小可，请科任教师一同关注小可的情绪状态。向德育处汇报记录。开展“不做小霸王，不当受气包”的主题班会，进行集体教育。请班委与小可多交流，让她有归属感。同时，让小可为班级做些事情，增加她与老师、同学交流的机会。同时班主任保持跟家长密切的联系沟通。[北京市朝阳区预防校园欺凌问卷调查开放题筛选整理档案（教师），案例编号：CYZ3556]

第四节　欺凌事件的防治机制与流程

在防治校园欺凌事件的各个主体中，最有责任也最有能力去解决校园欺凌问题的应属学校。就如何判断欺凌行为、何时介入、如何处置、如何问责等，还需在学校欺凌防治机制中展现出来。因此，在完善学校“防”的制度建设的基础下，为保证校园欺凌预防的效果，保证“防”的制度的充分发挥，还需要构建完善的校园欺凌“防”的处置机制和规范的处置流程，共同合力保障校园欺凌预防达到预期效果。

一、学校“防”的处置机制

（一）学生欺凌治理委员会

校园欺凌问题不同于学校日常管理中的常规性问题，它需要有个专门的组织和一套专业化的防治机制及方法进行有效的预防和干预。因此，学校务必成立学生欺凌治理委员会，有针对性地负责学生欺凌的预防与干预工作。学生欺凌治理委员会一般由校级领导代表、教师代表、家长代表、社区代表、派出所代表和司法部门代表组成。其职责包括：第一，制订相应的年度校园欺凌防治活动计划，如校园欺凌防治课程建设、校园欺凌问卷调查、家校共同防治校园欺凌通气会、校园欺凌防治教师课程进修等；第二，制定委员会例会制度，定期召开校园欺凌防治工作会议，针对可能发生的校园欺凌事件在确认现状和进展后，研判应对方案；第三，加强校园欺凌信息收集和共享工作，及时与教师和家长共享信息；第四，委员会收到可能发生校园欺凌事件的相关报告后，迅速进行研判，一旦确认即迅速处置；第五，对于校园欺凌事件，依据相关预案并结合实际情况进行处置，教师等及时通知监护人；第六，检验处置情况，基于学生自我评价、监护人评价、数据收集和个调数据检验等方式，优化校园欺凌防治策略；第七，对主要应对学生、班主任等提供建议；第八，做好记录留存与档案保管；第九，对照年度校园欺凌防治活动计划目标，检验本校的欺凌防治措施效果，修订校园欺凌防治措施。

（二）防治学生欺凌和暴力工作领导小组

依据有关部门要求及相关法律法规，针对校园欺凌事件成立防治学生欺凌和暴力工作领导小组。（见图 5-1）

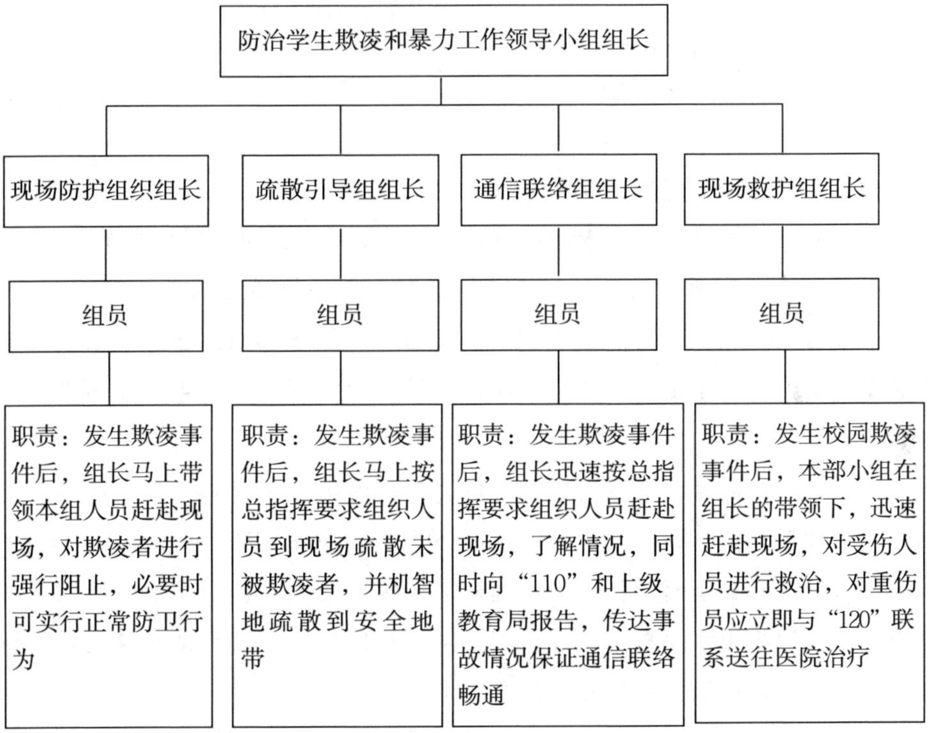

图 5-1　防治学生欺凌和暴力工作领导小组工作机制

（三）防治校园欺凌事件应急小组

防治校园欺凌事件应急小组是指在校园欺凌事件发生时，决定启动或终止校园欺凌事件应急预案的组织，组织负责人一般由当日学校安全负责人担任，组织成员由负责人机动调配。具体职责如下：决定校园欺凌事件应急预案的启动和终止；统一领导事故应急救援工作，确定现场指挥人员，负责应急队伍及物资的调动；向公安、医院和教育行政主管部门等应急部门报告，并保持密切联系，相关部门人员到达单位后，配合这些部门指挥应急救援工作；向单位员工通报事故情况；向上级部门请求救援事项。

二、学校“防”的处置流程

关于学校“防”的处置流程可以分为三类。

第一，一般标准欺凌，未造成显著伤害的事件。由班主任负责调查处理，主要对被欺凌者进行宽慰、疏导，告知家长，对实施欺凌行为人进行排查、教育一并告知家长；报防治学生欺凌和暴力工作领导小组；通过防治学生欺凌和暴力工作领导小组报学校进行纪律处分；班主任结合其他欺凌事件，对学生进行主题教育，预防欺凌事件再次发生。

第二，严重欺凌，造成伤害的事件。由防治学生欺凌和暴力工作领导小组领头，政教处负责调查处置，班主任协助。对受伤人进行医治，告知家长，由心理教师进行心理疏导；告知实施欺凌行为人的家长；由防治学生欺凌和暴力工作领导小组汇总整个欺凌情况，根据程度，向学校申请对欺凌者进行相应处分，涉及违法的事件要报公安机关处理。

第三，正在发生或刚刚发生的欺凌事件。各小组在处置校园欺凌事件时，按图 5-2 流程进行处理。

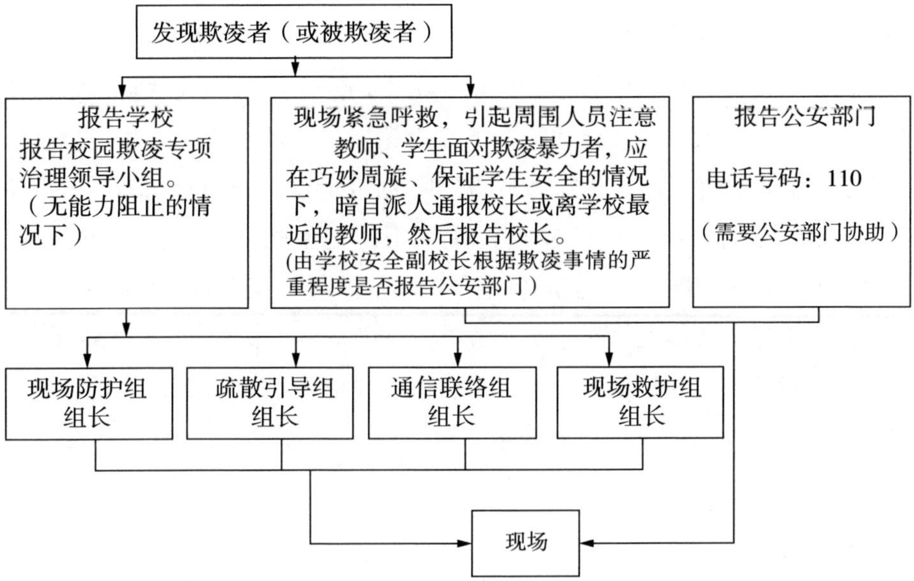

图 5-2 欺凌事件处理流程

三、学校“防”的处理程序及措施

1. 如果是教师发现欺凌者正要对学生施暴，教师应立即上前阻止，并与之周旋，然后派人报告防治学生欺凌和暴力工作领导小组组长。

2. 如果是学生发现了欺凌者正对其他同学施暴，学生应立即向离其最近的教师报告，然后再报告防治学生欺凌和暴力工作领导小组组长。

3. 对于发生严重欺凌或暴力，防治学生欺凌和暴力工作领导小组组长接到通知后，迅速赶赴现场，并拨打“110”（情况危急且不受控制的情况下），通知警察（迅速前往现场阻止）。同时，迅速召集附近的教师（最好是男教师）赶赴现场，阻止欺凌者施暴。

一旦发生校园欺凌，各应急组应立即组织现场救护。

现场防护组：组长接到发生校园欺凌事件的消息后，应立即组织本组人员前往现场。应本着保护学生安全的原则，力求自身不受任何伤害。若欺凌者施暴，本组人员可实行正当防卫。

疏散引导组：小组成员在组长带领下，迅速赶赴现场。当防护组与欺凌者周旋时，小组成员在可能的情况下，迅速掩护与欺凌者距离相近、易受伤害的学生撤离，并实施保护行为，防止欺凌者对更多学生造成伤害。

通信联络组：小组成员在组长带领下，迅速联系相关人员到达现场。①“110”公安干警；②学校应急组各组长；③向上级（教育行政主管部门）报告情况，保持通信联络畅通。

现场救护组：小组成员在组长带领下，应立即携带药品到事发现场了解伤员情况，对轻伤员进行简单救治；对重伤员应立即拨打“120”实施紧急救护，并协助送往医院。

4. 事故调查，善后处理。一般可按照以下几步。

（1）学校应急组在“110”公安干警的协助下，对伤员进行救护，并安抚家长情绪等。

（2）学校应急组负责协助“110”公安干警调查事故发生经过。

（3）如属于责任事故，追究责任，并进行相应处罚。

5. 纪律处分。凡学校教师，必须积极参与校园欺凌事件的各项处置工作。对欺凌事件反应迟缓、故意推脱和懈怠而导致校园欺凌事件影响进一步扩大的教师，学校将进行严肃处理。

第六章

“治”的法规保障

校园欺凌的不断发生，不仅对学校正常教学秩序和管理秩序造成严重的冲击，而且给社会造成很多的不安定因素。在欺凌的生成阶段，其属性主要是教育问题，要靠教育和管理的手段来防治；到了标准欺凌特别是严重欺凌阶段，其属性已经超越了教育领域而成为社会问题或法律问题，需要通过法律的手段来防治。只有从法律上构建起预防和保护体系，明确个人、学校、家庭和司法机关等主体的责任、处理原则和程序，才能更好地落实责任、切实做好校园欺凌的综合治理，保障学生的安全。

第一节　学校在防治欺凌中的法律责任

学校是防治欺凌的重要机构，学校可以通过建立相应的管理制度、开展防治欺凌教育、建设友善班级和无欺凌校园等措施来减少校园欺凌事件，保护学生的安全。我国的法律法规对学校防治欺凌的制度与措施也有明确的规定，如果没有按照规定建立相应的防治制度或者建立了制度但没有落实，学校需要承担相应的法律责任。

2016 年 6 月，青海省的一名初中学生喝下一整瓶剧毒农药，结束了自己年仅 15 岁的生命。在他不同时间留下的三封遗书里，讲述了他长期被同学欺凌的细节：拿饭盒、打开水、洗饭盒、倒洗脚水、洗头、被打。由于他无法继续忍受欺凌与侮辱，所以选择轻生。中央电视台新闻频道在进行新闻调查时，其父母表示曾试图向班主任反映孩子受欺凌的问题，却被班主任骂回去了。这一点在他留下来的作业本上也有记录。然而，班主任否认了这样的说法，并表示“不知道他受欺负了”。这个事件也让社会各界开始思考：学校在防治欺凌方面有哪些责任？如果没有履行责任，学校和教师应承担哪些法律后果？下面我们结合法律法规的规定和具体案例进行分析。

一、现有法律法规对学校防治欺凌责任的规定

除非是严重的校园欺凌可能涉及刑事责任，大多数校园欺凌通常属于民事侵权行为，欺凌者需要承担欺凌所造成伤害的主要责任。对于学校等教育机构在欺凌中的责任，大多数法院会以《民法典》第一千一百九十九条至第一千二百零一条为依据，即无民事行为能力人或者限制民事行为能力人在校期间受到人身损害，学校等教育机构未尽到教育、管理职责的应当承担责任。这些条款明确规定了学校负有对学生人身安全的注意义务，并承担过错责任。

2020 年新修订的《未成年人保护法》第三十九条详细规定了学校防治欺凌的具体责任，包括事前的预防和事中、事后处理三方面：事前学校应当建立学生欺凌防控工作制度，对教职员工、学生等开展防治学生欺凌的教育和培训。一旦发现校园欺凌，学校对学生欺凌行为应当立即制止，通知实施欺凌和被欺凌未成年学生的父母或者其他监护人参与欺凌行为的认定和处理；对相关未成年学生及时给予心理辅导、教育和引导；对相关未成年学生的父母或者其他监护人给予必要的家庭教育指导。关于欺凌发生之后的惩戒措施，对实施欺凌的未成年学生，学校应当根据欺凌行为的性质和程度，依法加强管教。对严重的欺凌行为，学校不得隐瞒，应当及时向公安机关、教育行政部门报告，并配合相关部门依法处理。《教育法》将学校与学生之间的法律关系确定为“教育法律关系”，这是一种基于教育关系而确立的公权性质的法律关系。对学校在防治欺凌方面的管理和保护责任与义务，在《教育法》

《教师法》《未成年人保护法》等法律法规中有明确规定。例如，《教育法》第三十条规定，学校有履行维护受教育者的合法权益的义务；《教师法》第八条和第九条规定，学校和教师应当制止有害于学生的行为或者其他侵犯学生合法权益的行为。对校园欺凌进行专项治理的行政规章很多，如2016年4月发布的《国务院教育督导委员会办公室关于开展校园欺凌专项治理的通知》（简称《专项治理通知》），2016年11月发布的《教育部等九部委关于防治中小学生欺凌和暴力的指导意见》，2017年4月发布的《国务院办公厅关于加强中小学幼儿园安全风险防控体系建设的意见》，2017年11月教育部等11部委联合印发的《治理方案》，以及2018年4月发布的《国务院教育督导委员会办公室关于开展中小学生欺凌防治落实年行动的通知》等。两年时间5份行政规章文件先后出台，足见国家教育行政部门的重视程度。梳理相关法律条文，学校在防治欺凌方面的管理和保护义务主要包括校园安全管理制度、安全人员的配备、安全教育和培训以及对欺凌事故的处理等四方面。

（一）校园安全管理制度

梳理现有政策法规的文本，在应对校园欺凌方面，学校应当建立如下管理制度。

1. 安全教育制度

《未成年人保护法》《中华人民共和国义务教育法》（简称《义务教育法》）《中小学校园环境管理的暂行规定》《学生伤害事故处理办法》等法律法规都强调学校、幼儿园、托儿所应当建立安全教育制度，加强对未成年人的安全教育和自护自救教育，配备相应设施并进行必要的演练，应当根据学生年龄、认知能力和法律行为能力的不同，采用相应的内容和预防措施。

针对防治欺凌的工作，《未成年人保护法》首先要求学校建立学生欺凌防控工作制度，对教职员工、学生等开展防治学生欺凌的教育和培训。《指导意见》也明确规定学校需要开展欺凌防治专题教育和家长专题培训课。其中，欺凌防治专题教育采取每学期开学时集中开展，学期中在道德与法治、心理健康等课程中专门设置教学模块等方式，定期对学生进行安全教育、法治教育和安全自护教育等。此外，学校还需要加强中小学生违法犯罪预防综合基地和人才队伍建设，为开展防治学生欺凌和暴力专题教育提供支持与帮助。

2. 安全保卫制度

《中小学幼儿园安全管理办法》《中小学校园环境管理的暂行规定》等法律法规明确规定，学校应当建立校内安全工作领导机构、实行校长负责制；应当健全门卫制度、建立校外人员入校的登记或者验证制度，规定非学校人员未经许可不得进入；应当建立校内安全定期检查制度，预防和消除教育教学环境中存在的安全隐患；应当建立学生安全信息通报制度，建立安全工作档案等。

针对防治欺凌工作，《指导意见》等行政规章明确规定：中小学校要把防治学生欺凌和暴力作为加强平安文明校园建设的重要内容。校长是第一责任人，分管法治教育副校长和班主任是直接责任人。中小学校要制定防治学生欺凌和暴力工作制度，将其纳入学校安全工作统筹考虑。《治理方案》也明确要求健全依法治理机制，要求建立健全中小学校法治副校长或法治辅导员制度，明确法治副校长或法治辅导员防治学生欺凌的具体职责和工作流程，把防治学生欺凌作为依法治校工作的重要内容，积极主动开展以防治学生欺凌为主题的法治教育，推进学校在规章制度中补充完善防治学生欺凌内容。加快推进将校园视频监控系统、紧急报警装置等接入公安机关、教育部门监控和报警平台，逐步建立校园安全网上巡查机制。学校要制定防治学生欺凌工作各项规章制度的工作要求。

3. 安全应急和处置机制

2020 年修订的《预防未成年人犯罪法》第二十条规定，学校应当加强日常安全管理，完善学生欺凌发现和处置的工作流程，严格排查并及时消除可能导致学生欺凌行为的各种隐患。《义务教育法》《未成年人保护法》等法律要求学校制定安全预案，及时消除隐患，预防事故发生。在《指导意见》等行政规章中，明确学校应当健全应急处置预案，建立早期预警、事中处理及事后干预等机制；要细化调查处理欺凌事件、判定欺凌事件严重程度和教育惩戒欺凌实施者、安抚保护欺凌受害者的具体流程和办法，落实各项预防和处置学生欺凌措施，配合有关部门妥善处理学生欺凌事件及对实施欺凌学生进行教育；要建立中小学生欺凌和暴力事件及时报告制度，一旦发现学生遭受欺凌和暴力，学校和家长要及时相互通知，对严重的欺凌和暴力事件，要向上级教育主管部门报告，并迅速联络公安机关介入处置。

（二）安全人员的配备

根据现有法律法规，学校应当配备法制副校长或法律辅导员、门卫或保安、心理咨询和法律咨询等安全人员，以及具有从业资格的专职医务（保健）人员或者兼职卫生保健教师等。

学校还应当成立防治学生欺凌和暴力工作领导小组和学生欺凌治理委员会。防治学生欺凌和暴力工作领导小组由校长负责，分管校长为组长，及时查找可能发生欺凌事件的苗头迹象或调查已经发生、正在发生的欺凌事件，并及时妥善处理学生欺凌事件。学生欺凌治理委员会由校长负责，由教师、少先队辅导员、教职工和家长代表、校外专家等人员组成，高中阶段学校还应吸纳学生代表。该委员会负责认定某起事件是否属于校园欺凌行为。

（三）安全教育和培训

在防治欺凌的安全教育方面，《预防未成年人犯罪法》第二十一条规定，“教育行政部门鼓励和支持学校聘请社会工作者长期或定期进驻学校，协助开展道德教育、法治教育、生命教育和心理健康教育，参与预防和处理学生欺凌等行为”。《指导意见》也明确规定学校要加强思想道德教育、法治教育和心理健康教育等，具体包括以下五方面。

1. 思想道德教育

要紧密联系中小学生的思想实际，积极培育和践行社会主义核心价值观；落实《中小学生守则》，引导全体中小学生从小知礼仪、明是非、守规矩，做到珍爱生命、尊重他人、团结友善，不恃强凌弱，弘扬公序良俗，传承中华美德。

2. 法治教育

落实《中小学法制教育指导纲要》《青少年法治教育大纲》，开展“法治进校园”全国巡讲活动，让学生知晓基本的法律边界和行为底线，消除未成年人违法犯罪不需要承担任何责任的错误认识，养成遵规守法的良好行为习惯。

3. 心理健康教育

落实《中小学心理健康教育指导纲要（2012 年修订）》，培养学生健全人格和积极心理品质，对有心理困扰或心理问题的学生开展科学有效的心理辅导，提高其心理健康水平。

4. 预防欺凌和暴力的专题教育

结合典型案例，集中开展预防学生欺凌和暴力专题教育。要强化对学生的校规校纪教育，通过课堂教学、专题讲座、班团队会、主题活动、编发手册和参观实践等多种形式，提高学生对欺凌和暴力行为严重危害性的认识，增强自我保护意识和能力，自觉遵守校规校纪，做到不实施欺凌和暴力行为。

5. 开展教师和家长培训

除了对学生的专题教育外，学校还应当研制学校防治学生欺凌和暴力的指导手册，全面加强教职工特别是班主任专题培训，提高教职工有效防治学生欺凌和暴力的责任意识及能力水平；通过家访、家长会、家长学校等途径和方式，定期开展对家长的培训，帮助家长了解防治学生欺凌和暴力知识，引导家长增强法治意识，落实监护责任，提高防治能力。

（四）对欺凌事件的处理

根据《未成年人保护法》《预防未成年人犯罪法》《教师法》《教育部等九部门关于防治中小学生欺凌和暴力的指导意见》等法律法规，在发生学生欺凌事件时，应当按照学校对学生欺凌事件的发现和处置的工作流程进行调查处理。

第一，一旦发现学生遭受欺凌和暴力，学校和教师应在第一时间制止有害于学生的行为或侵犯学生合法权利的行为，及时救助受伤害的学生。

第二，学校要及时通知实施欺凌和被欺凌未成年学生的父母或者其他监护人参与欺凌行为的认定和处理；对相关未成年学生及时给予心理辅导、教育和引导；对相关未成年学生的父母或者其他监护人给予必要的家庭教育指导。

第三，对实施欺凌的未成年学生，学校应根据欺凌行为的性质和程度，依法加强管教。对严重的欺凌行为，学校不得隐瞒，应当及时向公安机关和教育行政主管部门报告，并配合相关部门依法处理。最高人民检察院等九部门联合发布的《关于建立侵害未成年人案件强制报告制度的意见（试行）》规定，中小学校、幼儿园、校外培训机构、未成年人校外活动场所等教育机构及校车服务提供者，在工作中发现未成年人遭受或者疑似遭受不法侵害以及面临不法侵害危险的，应当立即向公安机关报案或举报，这是一种强制报告义务。报告时相关人员有义务保护未成年人合法权益，保护遭受欺凌和暴力学生以及知情学生的身心安全，严格保护学生隐私，防止泄露有关学生个人及其家庭的信息。特别要防止网络传播等因素导致事态蔓延，造成恶劣社会影响，使受害学生再次受到伤害。

第四，对欺凌事件的处置以学校为主，原则上学校应在启动调查处理程序10日内完成调查，根据有关规定处置，并及时上报教育行政主管部门。对经调查认定实施欺凌的学生，学校学生欺凌治理委员会要根据实际情况，制定一定学时的专门教育方案并监督实施欺凌学生按要求接受教育，同时针对欺凌事件的不同情形予以相应惩戒。欺凌事件经认定后分为四类：①情节轻微的一般欺凌事件，由学校对实施欺凌学生开展批评和教育；对于反复发生的一般欺凌事件，学校在对实施欺凌学生开展批评和教育的同时，可视具体情节和危害程度给予纪律处分。②情节比较恶劣、对被欺凌学生身体和心理造成明显伤害的严重欺凌事件，学校在对实施欺凌学生开展批评和教育的同时，可请公安机关参与警示教育或对实施欺凌学生予以训诫，保证警示教育工作有效开展；学校可视具体情节和危害程度给予实施欺凌学生纪律处分，将其表现记入学生综合素质评价。③对实施者屡教不改或者情节恶劣的严重欺凌事件，应当按照《预防未成年人犯罪法》有关规定，对构成严重不良行为的，必要时可将实施欺凌学生转送专门学校进行教育。④涉及违反治安管理或者涉嫌犯罪的学生欺凌事件，处置以公安机关、人民法院和人民检察院为主，教育行政主管部门和学校要及时联络公安机关依法处置。对依法不予行政刑事处罚的学生，学校要给予纪律处分，非义务教育阶段学校可视具体情节和危害程度给予留校察看、勒令退学、开除等处分，必要时可按照有关规定将其送专门学校。

第五，欺凌和暴力事件妥善处置后，学校要持续对当事学生追踪观察和辅导教育。对实施欺凌和暴力的学生，要充分了解其行为动机和深层原因，有针对性地进行教育引导和帮扶，给予其改过机会，避免歧视性对待。对遭受欺凌和暴力的学生及其家人提供帮助，及时开展相应的心理辅导和家庭支持，帮助他们尽快走出心理阴影，树立自信，恢复正常学习生活。对确实难以回归本班本校学习的当事学生，教育部门和学校要妥善做好班级调整和转学工作。要认真做好学生欺凌和暴力典型事件通报工作，既要充分发挥警示教育作用，又要注意不过分渲染事件细节。

从上文可以看出，现有的政策法规对于学校责任的认定涵盖了事前预防、事中处理和事后惩戒三个方面。在事前预防方面，包括校园安全管理制度、安全人员的配备、安全教育和培训等；在事中处理方面，主要是指欺凌处理的流程；事后惩戒方面，既包括学校的惩戒处理，也包括转送专门学校、移送司法机关等。

二、校园欺凌中学校责任的归责与判定

校园欺凌是同学间欺负弱小、言语羞辱及敲诈勒索甚至殴打的行为等，在欺凌过程中，欺凌者会对被欺凌者构成身体和心理的伤害，甚至影响其人格发展。对校园欺凌和暴力中“犯错”的未成年人加以惩罚是有共识的，但惩罚以何种形式出现、施以多重的惩罚，一直以来都存在不小的争议。由于欺凌者往往也是未成年人，未达到刑事责任年龄，因此相当一部分的校园欺凌案件只能通过民事诉讼的途径来解决，通过民事责任的承担，来弥补被欺

凌者的物质损失和弥合精神伤害。当然，在现有的法律体系下，这种经济赔偿的修复功能是非常有限的。而对于学校责任的归结，一般都会依照《民法典》第一千二百条规定的“限制民事行为能力人在学校或者其他教育机构学习、生活期间受到人身损害，学校或者其他教育机构未尽到教育、管理职责的，应当承担侵权责任”和参照教育部《学生伤害事故处理办法》第九条第四项及第十项规定的，“学校组织学生参加教育教学活动或者校外活动，未对学生进行相应的安全教育，并未在可预见的范围内采取必要的安全措施的”，“学校教师或者其他工作人员在负有组织、管理未成年学生的职责期间，发现学生行为具有危险性，但未进行必要的管理、告诫或者制止的”，学校应当依法承担相应的责任。学校责任有行政责任、民事责任和刑事责任三种类型。

（一）学校在学生欺凌事件中的法律责任认定与归责原则

根据我国现行的法律法规，在校园欺凌中学校和教师未尽到教育、管理和保护职责导致学生发生伤害事故；或者欺凌事件发生后，由于处置措施不力造成了更严重的后果，学校和教师需要承担相应的法律责任。法律责任包括以下三种。

1. 行政责任

校园欺凌事件的发生，有的是因教师擅离职守、未及时发现和制止造成的。有的欺凌事件虽然已经被发现了，却因教师不报告、不采取处置措施或者采取的处置措施不力造成了更严重的后果。对此，相关责任人可能要承担行政责任。《关于建立侵害未成年人案件强制报告制度的意见（试行）》规定，中小学校、幼儿园等教育机构及校车服务提供者等负有强制报告义务的单位及其工作人员未履行报告职责，造成严重后果的，由其主管行政机关或者本单位依法对直接负责的主管人员或者其他直接责任人员给予相应处分。国务院《事业单位人事管理条例》第 28 条也规定，事业单位工作人员失职渎职的，给予处分。人力资源和社会保障部《事业单位工作人员处分暂行规定》第 17 条规定，发生重大事故、灾害、事件，擅离职守或者不按规定报告、不采取措施处置或者处置不力的，给予警告或者记过处分；情节较重的，给予降低岗位等级或者撤职处分；情节严重的，给予开除处分。据此，作为事业单位的公办学校教师，如果因失职造成欺凌事件发生，那么根据情节轻重，会受到警告、记过、降低岗位等级、撤职或者开除处分。如果民办学校的教师因失职造成欺凌事件发生，那么根据教育部《中小学教师违反职业道德行为处理办法》的规定，视情节轻重，给予警告、记过、降低专业技术职务等级、撤销专业技术职务等级或者解除聘用合同的处分。

2. 民事责任

如果被欺凌者遭受损害，而欺凌事件又在学校可以合理预知并提供有效处置措施的范围之内，则学校对此存在过错，要承担相应的民事赔偿责任。赔偿项目一般包括为康复治疗所支付的医疗费、护理费、交通费等合理费用以及精神损害赔偿金等。在这里，如果学校投保了校（园）方责任保险，那么除精神损伤赔偿金外，其他费用可由保险公司理赔。具体分析详见下一部分“学校承担民事责任的判例”。

3. 刑事责任

《刑法》第一百六十八条规定，国有事业单位的工作人员严重不负责任，致使国家利益遭受重大损失的，构成国有事业单位工作人员失职罪。公办学校的教师如果在学生欺凌事件中不履行、不正确履行或者放弃履行自己的职责，造成被欺凌者死亡或者造成恶劣社会影响等，那么将会以国有事业单位工作人员失职罪被追究刑事责任。《关于建立侵害未成年人案件强制报告制度的意见（试行）》规定，中小学校、幼儿园等教育机构及校车服务提供者等负有强制报告义务的单位及其工作人员未履行报告职责，构成犯罪的，依法追究刑事责任。相关单位或者单位主管人员阻止工作人员报告的，予以从重处罚。

在归责方面，与学生人身伤害事故的学校归责原则一致，适用过错推定责任原则。这一原则有两个含义：一是无过错无责任，二是举证责任倒置。无过错无责任是侵权法中的重要原则，就是学校是否要承担责任，主要看学校有无过错。举证责任倒置是指学校过错的责任并不是由主张权利的学生举证，而是由学校来证明自己在校园欺凌事件中已经尽到了应有的教育、管理和保护的义务。因此，学校免责的前提是学校能够证明其已经尽了教育、管理和保护的责任与义务，否则学校应当承担相应的法律责任。在学校举证方面，学校需要提供两方面的证据：一是学校是否按照法律法规建立安全管理、安全人员的配备、安全教育和培训、对欺凌事故的处理等四方面的相关制度，二是这些制度是否实施和落实。如果学校能举证这两个方面都做到了，那么，在处理校园欺凌事件之中，学校就可以免责；如果学校不能证明自己有上述四方面的制度和教育，或者不能提供制度落实方面的证据，那么，很有可能被法院判定为没有尽到教育、管理和保护的义务，要承担相应的民事责任、行政责任甚至刑事责任。

（二）学校承担民事责任的判例

虽然中国不是判例法的国家，但梳理现有关于校园欺凌的司法判例对学校防治欺凌责任的认定也具有一定的参考价值。下面三个案例分别从学校制度落实、学校有重大过失和欺凌视频网络传播等方面分析了学校在防治欺凌中的责任以及防治不力时应当承担的法律责任。

案例 1

管理制度落实不够，学校承担30%的责任（《肖某某与范某、范某某、某某中学、中国人民财产保险股份有限公司某某支公司健康权、身体权纠纷一案二审民事判决书》）。

[案情简介] 2017 年 4 月 11 日，某某中学第二节课下课期间，某班学生文某因误踩了范某（某乙班学生）的脚，双方发生肢体冲突，范某扯掉了文某的许多头发，文某将事件告诉同学陈某后，陈某表示愿意帮文某一起去吓唬范某。第三节课下课时，文某和陈某要去某乙班找范某，肖某某知情后主动介入其中，并首先冲进某乙班教室抓住范某的衣服、用手箍住范某的脖

子，要范某出教室，被范某打了一个耳光。接着，陈某走上去帮忙，打了范某的头部，文某也冲进教室帮忙用拳头打了范某，然后逃跑。4 月 12 日，第二节课下课后，肖某某再次冲到某乙班教室，要求范某出教室，并拉着范某的手走进了男厕所，文某、陈某跟随在后。进入厕所后，肖某某向范某要钱，要求范某赔偿三人 200 元。当发现有老师来上厕所时，双方就散了，等老师走了以后，肖某某又将范某叫到厕所，继续问范某要钱，并动手殴打范某，要求范某跪着道歉。肖某某的言行激怒了范某，有同学说“范某发火了，快跑”，站在厕所外边的文某、陈某随即跑开，肖某某跑在最后，被范某从后边抓住，用力击打头部，将肖某某的头部用力往墙上撞击，当肖某某抓住范某头发时，范某就咬住了肖某某的右耳朵。同学陈某、文某见状，向前分别踢了范某一脚，范某才放开肖某某，并从口里吐出一片肉，由此造成肖某某右侧耳郭缺失的损害后果。

[案例分析] 该案中，某某中学提供了一系列的证据，但法院认为，其在履行教育和管理职责过程中虽建立了预防学生打架和校园欺凌及做好课间活动的组织管理等相关制度，但未能提供证据证明其相关制度得到具体落实，不能体现出学校构建防控校园欺凌和暴力行为的有效机制，在设立班级安全员、建立安全岗及课间巡视等管理方面存在缺陷。依照当时生效的 2009 年《中华人民共和国侵权责任法》（简称《侵权责任法》）第三十九条的规定，某某中学应当对肖某某的人身损害承担赔偿责任。然而，肖某某人身损害的造成有明确的侵权人，某某中学依法只在其教育和管理过错范围内承担相应的赔偿责任。综合考虑某某中学履行教育和管理职责的情况，以及打架学生有意避开学校师生视野以致客观上难以发现和干预学生打架行为的事实，湖南省某某市中级人民法院确定某某中学对肖某某的人身损害承担 30% 的赔偿责任。

案例 2

有重大过错，学校承担70%的责任（《中国人寿财产保险股份有限公司某某市中心支公司、某某中心学校人身保险合同纠纷二审民事判决书》）。

[案情简介] 2016年11月12日7时左右，蒋某借走了王某涛的电动车。上午课间，王某涛向蒋某索要电动车钥匙被拒绝。放学后，王某涛又到蒋某所在教室外面向蒋某索要电动车钥匙再次被拒绝，二人随即发生了争吵。在争吵过程中，王某涛亮出随身携带的匕首以示威胁，但未起到作用。随后，王某涛便与同年级学生李某、仇某宁一起去吃饭，还未出校园时蒋某、程某恒、司某操等追上王某涛殴打。在殴打过程中，王某涛用匕首朝蒋某左前胸刺一刀、左髂部位刺两刀，蒋某在被同学送往医院途中死亡。经法医鉴定，蒋某系被他人用锐器刺破心脏致循环衰竭死亡。

[案例分析] 该案是典型的校园欺凌引发的伤亡事件。经一审法院查明，王某涛曾受到蒋某欺凌，在向老师报告后，校方没有引起足够重视，认为通过说服教育的方式使蒋某答应不再闹矛盾就可以解决问题。学校的态度致使王某涛为防止再次受到欺凌携带管制刀具。蒋某、王某涛放学后在教室外面争吵，王某涛向蒋某亮出随身携带的匕首以示威胁，随后发生打架事件，学校作为学生的管理者未及时发现并制止，致使事态恶化，蒋某被用锐器刺破心脏致循环衰竭死亡。且2016年11月12日是星期六，学校不应该违反规定补课。学校这一疏于管理的行为、周末补课的行为对事故的发生存在重大过错。依照2009年《侵权责任法》第三十九条的规定，学校应承担与其过错相当的赔偿责任，因此判定为70%的赔偿责任。学校不服一审判决，提起上诉，河南省某某市中级人民法院认为，该案系校园欺凌事件引发的事故。在校园欺凌中，学校如未尽到教育和管理职责导致学生发生伤害事故，或者欺凌事件发生后，由于处置措施不力造成更严重的后果，学校应承担相应的法律责任。该案中，根据相关刑事判决书查明的事实，校方对该起校园欺凌事

件未能引起足够重视和及时制止，导致矛盾进一步激化，故校方的管理存在重大过错责任。因此，一审法院认定校方承担70%责任并无不当。

案例 3

校园欺凌视频上传网络与网络欺凌同时存在，学校承担20%的责任（《白某与高某1、刘某1等生命权、健康权、身体权纠纷一审民事判决书》）。

[**案情简介**] 2018年6月初，高某1与白某因“抢男朋友”问题发生矛盾。2018年6月11日15时许，高某1、刘某1在某某学校教室对白某进行殴打。当天16时40分，高某1在某某学校教学楼三楼水房对白某进行殴打，刘某1在旁边用手机录制视频。同年6月15日17时30分许，高某1、刘某1在校外再次对白某进行殴打。之后，高某1在QQ、微信群发帖辱骂白某，被多人点赞、转发。殴打白某视频也被上传至互联网。2019年3月22、4月1日、10月5日，白某被家长带至某某医院就诊，经初步诊断为精神分裂症。共支出医疗费1073.7元。另查明，2019年4月16日17时30分，刘某1与白某打架，公安机关对刘某1以殴打他人罚款50元。

[**案例分析**] 这是一起长期、持续的校园欺凌导致的身体、精神伤害案。某某中学认为，事发后，学校尽快做出了处理，由高某1、刘某1在主题班会上向白某公开道歉，白某也接受了道歉。后因双方家长处理问题不当，矛盾没有得到及时化解，学校会同家长向派出所报警。6月15日的殴打事件发生在校外，与学校无关。然而，甘肃省某某市某某区人民法院经审理认为，根据2009年《侵权责任法》第三十九条规定，白某为限制行为能力人，在某某学校学习期间被同学殴打，殴打过程被拍视频在互联网传播，某某学校对学生教育尤其是学生使用手机等方面管理缺失，应承担相应的责任。据此，法院确定某某学校承担20%的赔偿责任。

从上述三个判例中可以看出，校园欺凌事件造成伤害（包括身体和心理）时，法院通常依据《民法典》第一千一百六十五条第一款“行为人因过错侵害他人民事权益造成损害的，应当承担侵权责任”和第一千一百六十八条“二人以上共同实施侵权行为，造成他人损害的，应当承担连带责任”来判定欺凌参与者的责任。而对于学校责任，主要依据《民法典》第一千二百条的规定来判定学校是否担责以及担责多少。除非学校有重大过错（如周末补课、放任或纵容欺凌等），通常学校由于制度不完善或落实不力等原因承担责任的比例为20%~30%。

（三）学校免责的判例

在下面两个案例中，法院认为学校在防治欺凌方面制度完善且有落实，欺凌发生后处理得当，因此在事件中没有过错，不需要承担法律责任。

案例 4

受欺凌后在家跳楼，学校处理措施得当，不承担责任（《赵某1、吕某生命权、健康权、身体权纠纷二审民事判决书》）。

[案情简介] 2016年12月7日下午3点左右（第一节课后课间休息时间），吕某在学校教学楼广场，因琐事与赵某1发生言语及肢体冲突，继而朝赵某1的左脸打了一巴掌。在同学报告老师后，赵某1的班主任张某及吕某的班主任张某某分别找双方了解情况及批评教育，此后双方表示事情到此为止，不再纠结。同时，张某打电话告知了赵某1的父亲赵某2，并由赵某2接赵某1放学回家。当晚8时30分左右，赵某1从自家所住三楼的厨房跳下，导致全身多处损伤。赵某1受伤后即被送到医院抢救、住院治疗，住院三次共48天，花去医疗费91119.68元。经某司法鉴定中心鉴定，赵某1的伤情构成九级伤残。

[**案例分析**] 一审法院认为，公民的生命健康权受法律保护，吕某在学校因琐事殴打赵某1，存在校园欺凌现象，有一定过错，应对赵某1的损失承担一定责任；但该欺凌现象被老师批评教育后双方表示了谅解，赵某1回家后跳楼受伤的结果是吕某未能预料的，吕某的欺凌行为与赵某1跳楼之间并无必然的因果关系；但吕某在校内有伤害赵某1的故意，且造成了赵某1跳楼的后果，结合该案案情，酌定吕某的监护人蒋某赔偿赵某15000元。至于学校的责任，一审法院认为，学校制定了完善的校园欺凌处理制度、措施，建立了校园欺凌事件处置预案，明确了相关岗位及预防处理校园欺凌的职责，在该事件发生后第一时间处理此事，批评、教育了双方学生，学生书面表示了谅解，同时也与学生家长进行了沟通，在校内已尽到了管理与监督的义务。故某某中学对赵某1校外受伤行为不存在过错，不需要承担赔偿责任。赵某上诉后，安徽省某某市中级人民法院认为，该案中双方的班主任老师在得知双方发生矛盾后，对双方及时进行了批评教育，双方表示此事到此为止，后赵某1的班主任张某又打电话告知了赵某1父亲，其父亲接赵某1放学回家。从上述事实可以看出，某某中学在双方发生矛盾后及时处理，并将相关情况告知赵某1家长，某某中学在处理双方矛盾过程中采取的措施并无不当之处。某某中学的处理措施与赵某1跳楼之间无因果关系，因此无须承担相应赔偿责任。

案例 5

女生欺凌导致伤害，学校实施了必要的管理，不承担责任（《杨某、戴某生命权、健康权、身体权纠纷二审民事判决书》）。

[**案情简介**] 原告杨某、被告戴某分别为某某学校初三、初二年级学生，素有积怨。2019年3月8日（星期五）戴某同班同学杜某萍在QQ上发了一张运动鞋图片，杨某评论“鞋子好社会”与戴某发生冲突，杨某声称要叫人打戴某，随后将争吵的情况告诉了同为初三年级的杨某玉、杨某梅、唐某家。3月10日星期天17时许返校后，杨某受杨某玉邀约与杨某梅、唐某家到戴

某的教室外，将戴某喊出教室，四人将戴某带到旁边厕所内围堵，逼其道歉，戴某拒绝道歉，挣脱后跑回教室。杨某与杨某玉再次到教室外喊戴某，戴某从书桌里拿了铅笔刀走出教室，被扯到厕所。在厕所里杨某和杨某玉将戴某按在墙上进行殴打，杜某萍便一直在厕所外劝解。因临近晚自习，杨某扯着戴某头发，两人相扭走出厕所。在厕所外，戴某用刀将杨某脸部划伤，杨某受伤后，到某某医院住院治疗 10 天，被鉴定为十级伤残。

[案例分析] 该案是一起女生欺凌导致的伤害案。湖南省某某中级人民法院认为，原告杨某和其他三人、被告戴某均为已满八周岁以上的限制民事行为能力人，其年龄和智力足以认知侵害他人的违法性。双方逾越法律和学校管理制度，发生争执，是学校不能正常预见、防范和阻止的。学校作为教育机构，所负的是教育、管理和保护责任，对于校园内发生的伤亡事故，在该案中，只有学校存在未尽教育、管理义务之过错且过错与损害之间存在因果关系，才承担相应的赔偿责任。学校提供的证据属实，可以证明在《学生违纪处罚条例》《学生一日常规要求》和学校安全宣传教育中，对发生纠纷、打架和携带管制刀具的管理都做了禁止性规定和向教师报告的要求，实施必要的管理，其在该案中不存在过错，且与该案的发生不存在民法上的因果关系，故不应承担赔偿责任。

从上述两个判例中可以看出，如果学校制定了完善的校园欺凌处理制度、措施，明确了相关岗位及预防处理校园欺凌的职责，进行了相应的安全教育，并且在欺凌事件发生后按照流程第一时间妥善处理，对双方学生进行了相应的教育、批评和惩戒，那么学校已尽到了管理与保护的义务，不存在过错，就不用承担赔偿责任。

（四）保险公司承担学校的民事赔偿

2000 年以来，很多中小学参保未成年学生意外伤害险，把学校的办学活动纳入保险责任范围，使学校事故的赔偿责任社会化。在校园欺凌案件中，保险公司是否承担学校因防治欺凌不力而应当赔偿的民事责任呢？我们来看下面的两个案例。

案例 6

保险合同免责条款有效，保险公司不承担责任（《肖某某与范某、范某某、某某中学、中国人民财产保险股份有限公司某某支公司健康权、身体权纠纷一案二审民事判决书》）。

[**案情简介**] 详见（案例 1）

[**案例分析**] 该案中，法院认为某某中学在履行教育和管理职责过程中存在过失，应当对肖某某的人身损害承担 30% 的赔偿责任。学校主张已经为学生投保，因此应当由保险公司赔偿。但某某支公司提供了中国人民财产保险股份有限公司校（园）方责任保险（2007 版）投保单及校（园）方责任保险条款（2007 版）。该条款第六条载明，对学生打架、斗殴和吸毒等违法犯罪行为造成被保险学生发生人身伤亡事故的，保险人不负赔偿责任；校（园）方责任保险（2007 版）投保单的投保人声明中载明，保险人已向投保人提供和详细介绍了校（园）方责任保险条款（2007 版），并对其中免除保险人责任的条款进行了明确说明。在该投保单上加盖了单位印章予以确认。且某某中学已在某某支公司连续投保校（园）方责任保险 10 年以上，保险合同适用的均为同一保险条款，某某中学以某某支公司对免责条款没有履行告知义务、不知悉为由提出免责条款无效的主张不能成立。据此，某某支公司对肖某某因打架斗殴造成的人身损害不承担保险赔偿责任。

案例 7

保险公司承担身体损伤的赔偿责任，不承担精神损害抚慰金（《中国人寿财产保险股份有限公司某某市中心支公司、某某县某某镇中心学校人身保险合同纠纷二审民事判决书》）。

[案情简介] 详见（案例2）

[案例分析] 在这个案例中，某某一中是某某县某某镇中心学校的隶属单位，其人事、经费等事项均受某某镇中心学校管辖。某某镇中心学校以自己的名义为其管辖的包含某某一中在内的19所中小学、幼儿园的3545名注册学生（包括蒋某）在中国人寿公司投保了校（园）方责任险。约定每次事故每人赔偿限额300000元、免赔额0元。合同附加校方无过失责任保险条款，约定每次事故每人赔偿限额150000元，保险期间从2016年9月1日零时起至2017年8月31日二十四时止。此次事故发生在保险有效期间内。法院认为，依法成立的保险合同自成立时生效，投保人按照约定交付保险费，保险人按照约定的时间开始承担保险责任。而该案中某某一中系某某镇中心学校的隶属单位，某某镇中心学校为其投保了校（园）方责任险，并向中国人寿公司足额交付了保险费，中国人寿公司应按约定承担保险责任。该案事故发生后，某某镇一中已与蒋某的父母签订了赔偿协议书，赔偿了蒋某父母300000元，且已实际履行。某某一中在向蒋某的父母赔偿后，有权要求中国人寿公司承担保险责任。二审法院某某市中级人民法院认为，该案系教育机构责任纠纷，地方性校（园）方责任保险属于商业责任保险的一种，而基于合同所产生民事责任并不包含精神损害抚慰金。因此，中国人寿公司承担该案中事故造成的损失时应扣减精神抚慰金5万元。

从以上两个案例可以看出，投保校（园）方责任险已经成为当前很多学校应对学生伤害事故的选择，它不仅可以有效应对学生意外伤害事故，也可以给学校松绑，最大限度减少赔偿纠纷对学校正常教育教学工作的影响。然而，校园欺凌事故造成损害是否属于保险范围，这一点要看合同条款的约定。保险合同是基于双方合意基础上的共同约定，因此，保险的免责条款中如何规定、免责条款是否有效告知、被保险方是否知情等，是法院判定保险公司承担赔偿责任的主要依据。

（五）其他教育机构在防治欺凌方面的法律责任与学校相同

根据《教育法》和《民法典》，民办教育机构、教育培训中心等其他教育机构与公立学校在承担教育、管理和保护职责方面的义务是一致的，因此在其他教育机构发生的学生欺凌事件所造成的伤害，机构所承担的责任及归责原则与学校相同。

案例 8

校园欺凌致伤，教育培训中心承担20%的责任（《某某教育培训中心与陈某某生命权、健康权、身体权纠纷二审民事判决书》）。

[案情简介] 2017 年 11 月 20 日，陈某某与某某教育培训中心（简称某某教育）签订合同，约定陈某某参加某某教育提供的全日制课程学习，学习时间为 2017 年 11 月 20 日至 2018 年 6 月，学费每学年 23800 元。合同签订后，陈某某向某某教育交纳了学费，开始在某某教育北二环校区学习。陈某某与王某某、白某某系同学关系。2017 年 12 月 13 日晚，陈某某与王某某在上晚自习时发生口角。晚自习结束后，王某某、白某某等将陈某某叫到 234 宿舍后实施殴打。致使陈某某颊部软组织撕裂伤，花费医疗费 2467 元。2017 年 12 月 25 日，因陈某某举报周某和抽烟致使其被罚款 1000 元，周某和纠集王某某、白某某等在 228 宿舍对陈某某再次实施殴打。2018 年 7 月 18 日，经某某市公安局某某分局某某派出所委托，某某司法鉴定所出具法医临床司法鉴定意见书，鉴定意见为陈某某的损伤程度属轻微伤。

[案例分析] 该案是发生在其他教育机构中的欺凌致伤案，民办教育机构也应当执行 2009 年《侵权责任法》第三十九条的规定。在该案中，陈某某参加了某某教育提供的全日制课程学习，日常学习、生活均在某某教育的校区范围内。在校期间，陈某某遭到了同校学生王某某、白某某的殴打，造成陈某某受伤。并且证据显示，第一次陈某某在宿舍被殴打时某某教育的宿

管老师曾敲门予以制止，但并无妥善的后续处理措施；第二次陈某某仍在宿舍被殴打，某某教育并无任何工作人员发现并制止。某某教育在两次法院审理过程中均未提交学校的安全管理制度或宿舍管理制度，也无处理此次纠纷的任何证据材料。作为全日制、封闭式管理的教育机构，某某教育并未尽到教育和管理职责，应当承担相应的责任。因此，陕西省某某市中级人民法院判定，某某教育应承担20%的赔偿责任。

综上所述，从法律要件上来看，欺凌是故意实施的侵权行为，实施欺凌的个体或群体主观上具有过错、客观上造成了损害事实并且其过错与损害事实具有因果关系，只要其行为属于违法行为，那么，根据《民法典》与过错责任原则，欺凌者必须根据其过错承担相应的法律责任。然而，学校在欺凌中的法律责任认定就复杂得多。依照《民法典》第一千一百九十九条和第一千二百条以及《学生伤害事故处理办法》第九条第四项及第十项的规定，判断校园欺凌中学校是否有责任的主要标准是学校是否有过错——从原则上讲，如果学校严格履行了安全管理制度、安全人员配备、安全教育和培训、欺凌事件的事后处理四方面的教育、管理和保护义务，并且在程序上也按照法律的要求去执行，那么学校便没有过错，不需要承担责任；如果学校在明知可能发生校园欺凌却放任其发生，或在欺凌发生之后不及时救助，那么即使学校没有主观过错，也要承担相应的法律责任。在具体案件的处理上，法院对学校是否履行了适当的教育、管理和保护的义务，是否有过错的判定往往受到很多因素的影响，学校承担民事责任的比例也不尽相同。

三、加强学校防治欺凌责任的立法建议

尽管新的《未成年人保护法》《预防未成年人犯罪法》以及多部行政规章都有专门针对校园欺凌的法律规定，但实际上在司法实践中较少依据这些法律法规。从现有案例及相关报道来看，目前校园欺凌事件多数被公安机关依据《治安管理法》予以行为认定和处罚。例如，上述案例 3 中《白某与高

某、刘某1等生命权、健康权、身体权纠纷一审民事判决书》中记述，2019年4月16日17时30分，刘某1与白某发生打架，公安机关对刘某1以殴打他人为由仅罚款50元。极为严重的校园欺凌，通常以“寻衅滋事罪”或“故意伤害罪”量刑。例如，2017年11月，某某市某某区人民法院对某职业学院校园欺凌案进行宣判，五名犯罪时未满十八岁的被告人分别以“寻衅滋事罪”被判处有期徒刑1年和11个月。在民事赔偿方面，法院在审理校园欺凌案件民事责任时，是将欺凌视为侵权行为。按照侵权行为因果关系的对应只能认定造成伤害的单个具体欺凌行为，而之前很长一段时间的其他欺凌行为及累积的心理伤害后果往往被舍弃和忽视了。因此，针对欺凌行为，必须提高立法层级，并且在《治安管理法》、《刑法》和《民法》等法律中增设有关条款，将粗言秽语、辱骂欺侮、中伤、讥讽、贬抑受害者、对受害者进行人身攻击、打架斗殴、聚众闹事等行为纳入惩治范围，才能真正起到法律的威慑和惩戒目的。在2018年全国政协会议期间，中国国民党革命委员会中央委员会向大会提交《关于防治“校园欺凌”专项立法的提案》，呼吁尽快制定反校园欺凌法，整合目前已有的防治校园欺凌的规定，将其提升至专项立法，并指出“如若不然，只有纸面宣示，而无法律、机制的配套支撑，治理校园欺凌的强势一面或许只会消于无形”①。这一点在学校教育管理的实践和司法判例中都有体现。

除了威慑和惩戒外，法律的重要作用还体现在明确各主体的责任、监督相关个人或组织采取有效措施，从而提高学生的安全意识，避免校园欺凌的发生，并减少欺凌带来的损失上。下面，我们借鉴国外在防治欺凌立法和判例中的一些有益经验，希望能对我国相关立法有借鉴意义。

（一）国外校园欺凌中学校责任的法律规定

通过立法防治校园欺凌是很多国家的共识，但我们发现，国家立法的重

---

① 制定反校园欺凌专项法律［EB/OL］.（2018-04-17）［2019-05-16］. http：//www.xinhuanet.com/2018-04/17/c_1122692250.htm.

点在于确立和细化政府、学校、家庭及相关主体的责任与义务，而并非威慑和惩治欺凌者。通过这些责任主体在防治欺凌方面责任的强化和落实，达到防治欺凌、保护未成年学生的目的。有关学校责任方面的法律规定体现在成文法和判例法中。

1. 成文法中对学校防治欺凌责任的规定

学校是承担反欺凌任务的主阵地，在这一点上，大多数国家都以成文法的形式规范了学校应对校园欺凌的责任与义务。

美国很长一段时间并没有专门关于校园欺凌的立法。直到 1999 年，佐治亚州因一个中学生受欺凌致死，从而率先进行反校园欺凌立法。1999 年以来，有关校园欺凌的诉讼案件也在增加，诉讼的被告往往是学校或学区，而非实施了欺凌行为的学生及其监护人。这些法案和判例成为美国学校作为责任主体需要承担哪些校园欺凌的责任和处理程序的主要依据。截至 2017 年，美国所有州都颁布了反欺凌法案，其中包括网络欺凌形式的有 48 个州。这些反欺凌法案详细列举学校在防治欺凌方面的责任，包括组织形式、人员情况、教育培训、处理流程和措施等。例如，在《新泽西州反欺凌法案》中，学校的职责包括：①校长负责制，由校长接收学校内任何形式的欺凌事件报告，通知涉事学生家长，启动欺凌调查程序，并在 10 个工作日内完成调查报告，并提交学区委员会；②成立校园安全小组，具体负责调查和处理校园欺凌事件，培训教师和家长等相关人员；③任命反欺凌专家，负责对校内欺凌事件的调查、作为校方代表处理欺凌事件、领导校园安全小组工作；④组织开展反欺凌教育和培训，包括对教师和学生的相关教育培训，培训教师如何预防、识别和治理欺凌问题，帮助学生认识到欺凌的后果；⑤学校具有惩戒权，包括对学生行政处罚的权力。学校对校园欺凌行为采取零容忍政策，一旦学校发现欺凌事件，学校必须调查并上报，如有严重行为可以将施害人直接开除；⑥学校的教职工承担具体的反欺凌工作，必须向校长汇报任何形式的欺凌行为，采取措施预防或干预欺凌行为，预防疏导自杀行为的发生。反欺凌相关责任人员在收到欺凌报告后如果没有及时启动调查程序，或是知晓欺凌事件后没有采取有效措施降低或消除欺凌，将受到相应的纪律处分。更为严重的是，有报告欺凌事件义务的人员未履行其职责时不仅将受到纪律处分，还可能承担民事赔偿责任。而且，故意伪造调查报告的人员将受到处罚。①

日本在2013年6月通过了《欺凌防治对策推进法》，这也是日本第一部专门针对欺凌问题而制定的法律。该法共分5章35条，适用于小学、初高中和特殊教育学校。该法总则明确提出，欺凌不仅严重侵犯了受害儿童的受教育权，对其健全的身心成长和人格形成都造成恶劣影响，而且还有对其生命和身体带来危险的可能。因此，为推进综合有效的欺凌防治，日本制定与欺凌防治对策相关的基本理念，明确国家以及地方公共团体等的责任，制定关于欺凌防治对策的基本方针，并且确定欺凌防治对策的基本事项。该法要求各学校与教育委员会、儿童咨询机构、法务局和警察局等相关机构联手成立欺凌问题对策联络协议会，明确教师和家长的责任，要求学校必须进行调查等以在欺凌早期发现欺凌；在发现问题时，要及时处理并完善欺凌的通报和咨询体制，强化与各相关机构的合作，以保护受欺凌儿童的权利②。

2. 判例法中对学校防治欺凌责任的确立与细化

除了成文法的规定，英美法系的国家往往根据判例对学校防治欺凌的责任及归责原则进行细化。在美国，联邦最高法院的判例往往在对全美学校防治欺凌的角色和责任确立上具有更高的指导意义。在美国对欺凌事件的判例中，争议往往体现在：公立学校是否需要承担责任，在什么条件下承担责任以及应该承担什么样的责任。联邦最高法院通过几个经典案例逐步确认了学校的角色和责任，让学校建立起应对校园欺凌的政策、程序以及法院的判定原则。

1998年，美国联邦最高法院在格布泽诉拉戈维斯塔独立学区（Gebser v. Lago Vista Independent School District）的判例中确立了该类案件判决的基本原则以及归责标准，即“实际知情”（学区管理者必须实际知情）和“故意漠视”（学区管理者没有采取充分措施）两个要件。1999年，联邦最高法院在

① 马焕灵，杨婕．美国校园欺凌立法：理念、路径与内容［J］．比较教育研究，2016（11）：21-27.

② 顾蕾．基于受害者立场的日本防治欺凌对策［J］．青少年犯罪问题，2016（2）：23-28.

戴维斯诉门罗县教育委员会（Davis v. Monroe County Board of Education）的判决中也采用了格布泽案中“实际知情”“故意漠视”两个要件，但对学校“故意漠视”的举证责任由“谁主张，谁举证”变为学校举证，即学校管理者在已知欺凌情况存在的条件下，没有采取干预措施，需要承担严重的民事赔偿责任。在 2004 年，阿拉斯加州的安克雷奇学区（Anchorage）在欺凌诉讼中被判赔偿 450 万美元。这些判例以及由此带来的高额赔偿越来越引起学校管理者对欺凌事件的重视，对于学区和学校制定反欺凌政策、建立申诉与处理正当程序等起到了巨大的推动作用。2007 年，瓦尔斯基诉伯克利县学校案（Kowalski v. Berkeley County Schools）则确立了网络欺凌中学校责任的边界。联邦第四巡回法院裁定，网络欺凌虽然不发生在学校，但指向校内的学生，参与者也是校内的学生，因此，性质等同于在校内的言论。学校在“实际知情”的条件下，有对参与学生进行适当惩戒的权利和义务。①

2010 年，齐诺诉松树地中央学区案（Zeno v. Pine Plains Central School District）进一步明晰了“故意漠视”的标准，不仅包括学校有没有采取措施制止欺凌，还包括这些措施是否充分有效。在该案中，受欺凌者安东尼·齐诺及其母亲多次向学校以及学区反映所受欺凌事件，学校虽然对每次欺凌事件都采取了对策，但安东尼受到的欺凌却越发严重。法院认为，学校不仅要采取对策解决报告的欺凌问题，所采取的措施还必须充分有效，判决的重要依据之一是学校在贯彻反欺凌政策时，对原告的补救措施不足，例如，学区的反欺凌培训项目只有短短一天，并且培训并不是强制性的，培训的重点是一般意义上的欺凌，没有专门针对种族歧视的欺凌。②

由此可见，无论是发生在校园中的校园欺凌还是网络欺凌，学校在“实际知情”的情况下，都有责任和义务根据制定的预案采取措施应对欺凌，并且所采取的措施还必须是充分有效的，否则可能因为“故意漠视”而承担相

① 林杰．学校的责任：美国校园欺凌的诉讼与判例［J］．比较教育研究，2017（6）：35-42.

② Sacco D T, Silbaugh K, Corredor F, Casey J and Doherty D. An Overview of State Anti-Bullying Legislation and Other Related Laws［EB/OL］.（2012-02-23）［2021-02-09］. https：//cyber. harvard. edu/sites/cyber. harvard. edu/files/State_Anti_bullying_Legislation_Overview_0. pdf.

应的责任。

他山之石，可以攻玉。通过对其他国家和地区防治欺凌立法和司法的梳理，可以为我国学校安全立法提供有益的经验，也可以有效借鉴他们在立法和执法过程中出现的教训。

（二）对我国校园欺凌中学校责任的立法建议

1. 提高立法层级，明确学校在校园欺凌中的安全管理和教育责任边界

首先，从《教育法》《未成年人保护法》以及防治欺凌的行政规章中可以梳理出学校防治欺凌的责任，包括校园安全管理制度、安全人员的配备、安全教育和培训以及对欺凌事故的处理等内容，《学生伤害事故处理办法》中也明确规定了学校免责的条款。然而，从现有的判例来看，由于行政规章立法层次过低，法院审理中学校是否担责以及担责比例时，《民法典》第一千二百条作为原则性的规定，具体裁量属于法院自由裁量权的范围，标准并不完全一致。在现有的司法判决中，大多数法院采用了过错推定责任原则，但也有法院采用公平责任原则。例如，在某某小学一起学生欺凌案中，法院认为，虽然学校与家长签订了安全责任书，规定小学一、二年级学生由家长负责接送，但其仍然负有安全管理义务，在无家长接送的情况下，仍然放任年幼的小学一年级学生自行回家，导致发生损害的可能性增大，故根据公平原则判令该小学承担20%的责任（《上诉人刘某1、某某小学因与刘某3健康权纠纷二审民事判决书》）；也有法院根据“谁主张，谁举证”的原则让学生或家长举证学校过失。因此，在立法层次上反欺凌法案有必要突破现在部门规章、地方性法规的层次，而应当由国家立法机关制定法律，使之成为全国统一的、效力层次较高的法律规范。反欺凌法案应当在《教育法》的指导下，协调《教师法》《义务教育法》《刑法》《治安管理处罚法》《未成年人保护法》等法律法规中关于学校和学生安全的规定，从而在校园违法、欺凌行为的预防和治理问题上形成合力，这样才更有利于学校厘清职责，做好校园防治工作，也有利于法院在司法实践中统一裁量标准。

其次，学校是一个教育机构，防治欺凌的立法既要促使学校发挥反欺凌

的作用，但又不应过多地形成压力和负担，以免影响学校公共教育功能的实现。因此，要给予学校在防治欺凌方面一定的自由裁量权和惩戒权，除了正常的批评、写检查、警告、记过之外，教师还可以采用其他只要不对学生肉体和心灵产生伤害的惩罚措施或强制性的隔离措施。应当在《未成年人保护法》《教师法》中明确学校中不同主体行使惩戒权的范围及程序，以增强预防学生欺凌的威慑力。此外，立法还应明确校园欺凌治理的经费来源和相关保障机制，为校园欺凌治理提供制度和人员支持。除为学校配足安全保卫人员外，对于防治欺凌的第一责任人——班主任也需要权责相当、责任与利益平衡。

2. 明确网络欺凌中学校的法律责任

网络欺凌是近年来兴起的一种较常见的欺凌方式，是指个人或群体借助信息传播技术，如社交软件及电子邮件、手机、即时短信、网站等，有意、重复地实施旨在伤害他人的恶意行为。随着网络的普及，学生间网络欺凌的比例也越来越高，但由于缺乏相关的法律规定，只有严重的恶性网络欺凌事件才会被纳入《刑法》的管辖范畴。《未成年人保护法》第七十七条规定了任何组织或者个人不得通过网络以文字、图片和音视频等形式，对未成年人实施侮辱、诽谤、威胁或者恶意损害形象等网络欺凌行为。遭受网络欺凌的未成年人及其父母或者其他监护人有权通知网络服务提供者采取删除、屏蔽和断开链接等措施。网络服务提供者接到通知后，应当及时采取必要的措施制止网络欺凌行为，防止信息扩散。然而，并没有学校在网络欺凌方面责任的法律规定。因此，明确学校监管与保护的法律责任及内容范围，对防治网络欺凌具有重要意义。

首先，网络欺凌扩大了学校需要承担责任的空间范围，除学校物理空间和上下学路上外，还应包括学校的网络设备、由学校赞助的网络设备以及冠以学校名称的知名虚拟组织所在网站的相应网络设备等。

其次，对学校责任的限定。由于网络欺凌的隐蔽性，学校很难清晰地知道学生在网络中的所有表现。因此，在确定学校责任时可参照我国 2013 年修订的《信息网络传播权保护条例》第二十条至二十二条规定中对网络服务商适用的免责条款。这种方式有利于规范网络服务商的安全注意责任，让规范经营的服务商不必对侵权责任的风险过于担心，因为每天对海量的互联网信息进行逐一审查是不现实的。这一标准同样适用于学校在网络欺凌中的免责，只要学校对学生在校范围的网络行为尽到了合理的注意义务，按照合理的程序提供服务，对侵权信息及时地进行处理，对相关当事人进行有效的教育和管理，就可免除侵权责任。①

3. 协调好学校安全管理和学生人身权之间的平衡

学校具有对未成年人教育、管理和保护的责任，但学生的基本人权常常在“保护”“管理”的光环下被稀释、消解。随着反欺凌法案对学校管理权的要求以及学生自我权利意识的提升，学生权利与学校管理权的矛盾必然出现。如果学校在管理上做得不够，校园欺凌和暴力会越来越严重，就会危害学生的身心健康；而如果矫枉过正，在管理上做得太多，就可能会侵犯学生的权利，也不利于学生的健康成长。特别是网络欺凌出现之后，要考虑到向学生索要手机密码、微信密码或 QQ 空间密码等是否会侵犯学生的言论自由权和隐私权等。美国在司法实践中一般会把 1969 年廷克判例（Tinker v. Des Moines Independent Community School District）中所确立的言论自由标准运用到学校对网络欺凌行为的规制上。该标准认为，除非学校能合理预见到学生的言论将实质地或者充分地扰乱学校合理的管理规定，或侵害他人的权利，否则学校不得对学生的表达进行压制。如果学校发现学生在网络空间中传播侵害他人或学校管理的不良网络信息或者学校接收到关于学生网络欺凌的相关举报时，学校有权对传播不良信息的学生及其言论进行管治和处理，而不需承担任何法律责任。

立法要有前瞻性，我们应当吸取其他国家和地区的经验教训，在立法的过程中，既要给学校一定的自主管理权，又要对其权力进行限制，特别是运用权力的程序方面的限定，从而找到一个在学校管理权与学生权利之间的平衡点。

---

① 宋雁慧．网络欺凌与学校责任［J］．中国青年社会科学，2015（4）：56-60.

第二节 专门学校在防治欺凌中的角色与法律责任

自 1955 年北京市海淀区举办第一所工读学校以来，工读教育在中国一直承担着针对存在发展“危机”的未成年学生的专门教育功能。出于淡化标签效应的教育意图，2006 年修订的《义务教育法》将“工读学校”更名为“专门学校”。随后修订的《未成年人保护法》也对此进行了更名。因此，实践中“工读学校”和“专门学校”这两个术语在同等使用。然而，在未成年人保护理念的推动下，工读学校的入学程序从原有的“强制性”转变为“自愿”，在一定程度上使得工读教育在实践中面临困境。2020 年，随着《未成年人保护法》《预防未成年人犯罪法》《刑法》的修订，专门学校的法律地位和入学程序的法律规制都更加明确。

一、现有法律法规对专门学校在防治欺凌中责任的规定

2016 年 11 月，《教育部等九部门关于防治中小学生欺凌和暴力的指导意见》强调“依法依规处置学生欺凌和暴力事件”。其中包括“对屡教不改、多次实施欺凌和暴力的学生，应登记在案并将其表现记入学生综合素质评价，必要时转入专门学校就读”。2017 年 11 月，教育部等十一部门联合印发《加强中小学生欺凌综合治理方案》，在《指导意见》的基础上，依据欺凌造成的后果进一步细化了教育惩戒的内容，并进一步指出：“屡教不改或者情节恶劣的严重欺凌事件，必要时可将实施欺凌学生转送专门（工读）学校进行教育。未成年人送专门（工读）学校进行矫治和接受教育，应当按照《中华人民共和国预防未成年人犯罪法》有关规定，对构成有严重不良行为的，按专门（工读）学校招生入学程序报有关部门批准。”

在法律实践中，已经有公安机关按照上述规定将欺凌者送专门学校进行矫治和接受教育。2019 年 4 月，一段中学女生扇小学女生耳光的视频引发大量关注。贵州省赫章县公安局调查后对事件情况及处理结果进行了通报：

2019年4月15日17时30分，赵某（女，14岁，某某中学八年级学生）、李某（女，14岁，某某中学八年级学生）、李某某（女，12岁，某某小学六年级学生）放学途中与陈某（女，13岁，某某小学六年级学生）相遇，赵某以此前陈某辱骂过其为由，遂扇了陈某一耳光，其间，李某某用手机拍摄，后李某将该视频上传至网络平台。该视频上传后引发网民关注，造成恶劣社会影响。因赵某、李某、李某某三人属未成年人，根据《预防未成年人犯罪法》相关规定，公安机关依法将赵某、李某二人送工读学校进行矫治和接受教育，李某某因情节轻微，由监护人带回家管教。①

下面，我们从专门学校的法律地位及其在防治校园欺凌中的作用两方面来探讨。

（一）专门学校的法律地位

通过对“工读学校”和“专门学校”的法律法规文本梳理发现，现行有效的法律法规文本中共有70份文本涉及专门（工读）学校，包括法律（3部）、行政法规（1部）、国务院部门规章（4部）、地方性法规（49部）、地方政府规章（12部）和司法解释（1部）。修订后的《未成年人保护法》将专门学校的相关内容统一在《预防未成年人犯罪法》中进行规制，目前涉及专门学校的核心法律包括《义务教育法》《预防未成年人犯罪法》《刑法修正案（十一）》等。

首先，专门学校是法定意义的教育实施机构，其对有严重不良行为的未成年人的教育矫治是国家亲权的体现。《义务教育法》规定：“县级以上地方人民政府根据需要，为具有预防未成年人犯罪法规定的严重不良行为的适龄少年设置专门的学校实施义务教育。”新修订的《预防未成年人犯罪法》明确：“专门教育是国民教育体系的组成部分，是对有严重不良行为的未成年人进行教育和矫治的重要保护处分措施。”由此可见，原《未成年人保护法》

---

① 人民日报．中学生扇小学生耳光并拍视频，两人被送工读学校［EB/OL］．（2019-04-21）［2020-01-23］．https：//baijiahao. baidu. com/s？ id=1631413515479688960&wfr=spider&for=pc.

学校保护中对专门学校的规定转移至《预防未成年人犯罪法》中进行统一规制，并且更加突出了针对有严重不良行为未成年人教育的国家亲权介入。

其次，专门学校是未成年人严重不良行为的专门教育矫治机构。《刑法修正案（十一）》对“因不满十六周岁不予刑事处罚的”在必要时用“专门矫治教育”替代了过去的“政府收容教养”。与之相衔接，《预防未成年人犯罪法》规定“国家加强专门学校建设，对有严重不良行为的未成年人进行专门教育”。与此同时，《预防未成年人犯罪法》明确“严重不良行为”是指未成年人实施刑法规定、因不满法定刑事责任年龄不予刑事处罚的行为以及九类严重危害社会的行为：结伙斗殴，追逐、拦截他人，强拿硬要或者任意损毁、占用公私财物等寻衅滋事行为；非法携带枪支、弹药或者弩、匕首等国家规定的管制器具；殴打、辱骂、恐吓，或者故意伤害他人身体；盗窃、哄抢、抢夺或者故意损毁公私财物；传播淫秽的读物、音像制品或者信息等；卖淫、嫖娼，或者进行淫秽表演；吸食、注射毒品，或者向他人提供毒品；参与赌博赌资较大；其他严重危害社会的行为。

（二）专门学校在防治校园欺凌中的作用

专门学校在实践中承担了校园欺凌发生后较为严厉的教育惩戒作用。专门学校在校园欺凌防治中的作用可以从惩戒的宏观制度依据和矫治的微观教育要素中得以体现。

1. 作为教育惩戒制度的内容，完善了校园欺凌治理的制度体系

从制度层面分析校园欺凌治理的难点时，目前的研究大多认为学校的惩戒手段有限，规范化、针对性的制度保障缺失是实施校园欺凌学生有恃无恐的原因。[①] 传统的学校教育手段对于“屡教不改”“多次施暴”的欺凌者有时是“无计可施”的，因此，制度化的专门教育成为完善教育制度的重要部分。从教育惩戒的形式来看，世界各国都把强制性转学（转入专门的矫治学

① 尹力．我国校园欺凌治理的制度缺失与完善［J］．清华大学教育研究，2017（4）：101-107.

校）作为学校教育惩戒的具体形式，并非学生及其家长可自由选择的教育权利。[①] 综合考虑我国目前的法律，特别是刑事法律制度对于未成年人的保护倾向，专门学校能弥补少年司法的制度空缺，为实施校园欺凌行为的未成年人惩戒提供依据和场所。

2. 作为教育矫治的手段，提升了校园欺凌实施者“转化”的可能性

如果以发展的视角来看待校园欺凌者的状态，我们可以将他们称为“危机”学生，即由于各种复杂因素陷入发展危机之中的未成年学生，是一群特殊的教育对象。当教育对象不再是处于常规发展轨迹的学生，只有通过教育要素的系统性调整才能取得相应的教育效果。从专门学校的发展现状可以看出，它们拥有更高的师生比、更小的班级规模、专门的教育内容，而这往往也是实现教育矫治效果的基础。与专门学校类似，国外针对“危机”学生的替代性教育研究有较为一致的意见。有研究者通过研究学生的学校体验、自我同一性与越轨行为之间的关系后提出，替代性教育的个性化教育项目能最大化学生的成功体验，提供人性化的师生关系。而这些都能减少引发学生越轨的诱因，加强对越轨犯罪行为的控制。[②] 因此，作为与传统学校教育因素区别的专门教育机构，专门学校能为校园欺凌施暴的“危机”学生提供更多“转化”的可能性。

（三）专门学校的入学、离校程序与教育内容

入学、离校程序和教育内容是专门学校实践的关键环节。入学、离校程序在实践中指向的是其合法性问题，而教育内容则指向其合理性的部分。

1. 专门学校入学、离校程序

在 2020 年 12 月《预防未成年人犯罪法》修订之前，工读学校的入学程序一直秉持原法规定的“三自愿”原则，即学生、家长和学校的三自愿。新

---

① 余雅风．明晰主体职责，防治中小学生欺凌和暴力［G］//劳凯声．中国教育法制评论（第 16 辑）．北京：教育科学出版社，2019：54-65.

② GOLD M. Scholastic Experiences，Self-Esteem，and Delinquent Behavior：A Theory for Alternative Schools［J］. Crime & Delinquency，1978，24（3）：290-308.

修订的《预防未成年人犯罪法》（以下简称新预防法）对此有了极大完善，主要变化体现在专业性、强制性和过程性的完善上。

专业性主要体现在新预防法增加了“专门教育指导委员会”这一专业组织，并赋予其对未成年人开展相关评估的权力。在“三自愿”原则的背景下，学生“自愿”入学的背后往往因缺乏专业评估而使得入学变得“随机”。新修订的《预防未成年人犯罪法》第四十三条规定：“未成年人的父母或者其他监护人、所在学校无力管教或者管教无效的，可以向教育行政部门提出申请，经专门教育指导委员会评估同意后，由教育行政部门决定送入专门学校接受专门教育。”可见，新预防法实施后，家长或其他监护人的“自愿”行为也需要经过专门教育指导委员会的专业评估。此外，新预防法规定的其他入学、离校情形都需要专门教育指导委员会的评估认定。

强制性主要体现在新预防法衔接《刑法修正案（十一）》，明确专门教育成为不予刑事处罚的触刑未成年人矫治教育的场所。新预防法第四十五条规定：“未成年人实施刑法规定的行为、因不满法定刑事责任年龄不予刑事处罚的，经专门教育指导委员会评估同意，教育行政部门会同公安机关可以决定对其进行专门矫治教育。”可见，区别于旧法规定的“自愿”原则，新法赋予了专门教育一定的强制性特征。

过程性主要体现在专业力量介入学生入学、教育和离校的全过程。除在入学程序中需专门教育指导委员会的评估同意外，在未成年人进入专门学校学习后，专业力量亦须对学生开展跟踪评估并给出专业意见，为学生离校提供专业建议。新预防法第四十六条规定：“专门学校应当每个学期适时提请专门教育指导委员会对接受专门教育的未成年学生的情况进行评估。对经评估适合转回普通学校就读的，专门教育指导委员会应当向原决定机关提出书面建议，由原决定机关决定是否将未成年学生转回普通学校就读。”

2. 专门学校教育内容

教育内容方面，《预防未成年人犯罪法》修订后强调了教育内容的分级分类。新预防法第四十七条规定：“专门学校应当对接受专门教育的未成年人分级分类进行教育和矫治，有针对性地开展道德教育、法治教育、心理健康教育，并根据实际情况进行职业教育；对没有完成义务教育的未成年人，应当保证其继续接受义务教育。”可见，专门学校的教育内容首先是义务教育的内容，其次还需要针对学生的特殊性开展专门教育。

此外，有研究者强调贯穿于专门（工读）教育内容的是专门学校的“陪伴式教育”。从专门学校的师生比和班级规模可以看出，专门学校的师生互动关系较为紧密。一般而言，在专门学校一个班级配有两位班主任。班主任教师全天候陪伴学生，与学生同吃、同住、同生活。在“陪伴式”教育工作模式下，专门教师给予学生更多情感支持，帮助学生建立和修复安全的、可依赖的情感关系，及时发现学生的情绪变化和遇到的问题，给予必要的支持。①

二、专门学校在校园欺凌防治中的困境

从专门学校自身发展的状态来看，其本身面临合法性的危机和实践性的尴尬。这集中体现在专门学校的总体规模在萎缩，部分学校面临没有学生的尴尬境地。于是，在现实中专门学校逐步在分化。部分专门学校成为普通学校排斥“学困生”的选择，也有部分专门学校在限制学生人身自由方面游离于法律边缘。就专门学校对校园欺凌防治的而言，其困境也主要集中在宏观制度设置和微观教育要素两个层面。

（一）作为教育惩戒手段，合法性保障还有待提高

从现行法律和专门学校自身制度来看，将专门学校作为校园欺凌治理的惩戒手段的合法性保障问题还有待进一步商榷。

首先，法律政策衔接还不够完善。现行法律赋予专门学校义务教育的实施机构、未成年人严重不良行为的教育矫治机构以及国家亲权的法律地位。《治理方案》也将转送专门学校作为教育惩戒的手段之一，其中规定“屡教

---

① 路琦．工读教育研究［M］．北京：社会科学文献出版社，2019：31-32.

不改或者情节恶劣的严重欺凌事件，必要时可将实施欺凌学生转送专门（工读）学校进行教育。未成年人送专门（工读）学校进行矫治和接受教育，应当按照《中华人民共和国预防未成年人犯罪法》有关规定，对构成有严重不良行为的，按专门（工读）学校招生入学程序报有关部门批准"。尽管新修订的《预防未成年人犯罪法》增加了强制性的情形，但校园欺凌行为是否属于《预防未成年人犯罪法》第四十四条规定的强制送入专门学校的情形还有待进一步的司法解释或法律实施细则制定。

其次，专门学校制度作为校园欺凌治理的惩戒措施还需要进一步完善。随着《预防未成年人犯罪法》修订通过，专门学校的入学、离校程序和教育内容均有了明确规定，形成了制度的闭环。根据该法规定，专门教育指导委员会将是这一制度闭环有效发挥的核心因素。然而，《预防未成年人犯罪法》作为法律仅规定了专门教育指导委员会行使评估建议的一般规定，并未对处置校园欺凌学生的具体评估范围、内容和方式进行界定，需要有进一步的细化实施细则或者专项政策完善专门学校接收校园欺凌施暴学生的入学、离校程序。

（二）作为一项教育实践，教育性还有待进一步提升

一直以来对于专门学校教育矫治效果的质疑主要集中在"交叉感染"和学生未来发展上，因此，在校园欺凌防治中，专门学校的教育性问题是一个关键。

首先，作为义务教育实施机构，在高质量完成国家规定的文化课教学，保障义务教育阶段学生受教育权等方面还存在问题。在实践中，专门学校往往成为普通学校排斥"学困生""高危学生"的选择，因此，专门学校学生的学业水平普遍不高。而专门学校教师则限于总体学生水平，降低教学要求或者没有完整教授义务教育阶段的核心课程。这在很大程度上会让学生及其家长不同意进入专门学校。

其次，缺乏统一的办学评价标准而使得其承担校园欺凌施暴学生的教育矫治工作遭受质疑。中国预防青少年犯罪研究会和中国教育学会工读教育分

会 2017 年的调查报告显示，64. 5%的工读（专门）学校教师认为针对难管的学生没有有力的措施，52. 3%的受访教师认为学校教育设施不支持接受有严重不良行为的学生。① 这说明，在教育矫治措施方面，专门学校还存在不足。

三、对校园欺凌中专门学校法律责任完善的建议

从《治理方案》的内容可以看出，专门学校作为教育惩戒措施在校园欺凌防治中被寄予一定的期望。新修订的《未成年人保护法》《预防未成年人犯罪法》分别于 2020 年 10 月、12 月经全国人大常委会审议通过，并于 2021 年 6 月 1 日实施。从两法的修订可以发现，校园欺凌治理已被纳入未成年人法律视野。相比于过往的法律，两法在关于专门教育制度方面得到进一步完善。与此同时，2020 年年底发布的《中小学教育惩戒规则（试行）》规定小学高年级、初中和高中阶段的学生违规违纪情节严重或者影响恶劣的，学校在事先告知家长的情况下可以给学生安排专门的课程或者教育场所，由社会工作者或者其他专业人员进行心理辅导、行为干预。因此，需要从以下两方面着手完善专门学校的法律责任，以提升其对校园欺凌防治的效用。

首先，多管齐下，在立法中完善专门教育制度。将专门教育作为校园欺凌防治的一项制度安排，需要在更高层面、更广范围的法律修订中融入此理念。从目前《未成年人保护法》《预防未成年人犯罪法》的修订来看，专门学校作为校园欺凌治理的教育惩戒手段可以从法律的解释间接推导出。然而，直接的法律规定尚不明确。同时，赋予学校和教师惩戒权的立法建议还应通过《教育法》《教师法》的修订加以确定。一方面，明确学校能将学生转送专门（工读）学校作为教育惩戒手段；另一方面，赋予专门学校内部实施适当教育惩戒的法定权力，提升教育矫治效果，达到欺凌治理的目的。

其次，专门学校还需重新定位其服务属性，在与普通学校有效互动中实现校园欺凌治理效果。专门学校不是也不应成为普通学校排斥“问题”学生

① 路琦．工读教育研究［M］．北京：社会科学文献出版社，2019：14.

的选择。从国外针对"危机"学生的替代性教育发展来看，英国的模式颇具启发性。英国将替代性教育定位为一种服务形式，在实践中逐步明确了与普通学校的委托关系。研究者认为基于双方共享价值基础的良性互动被认为是其取得成功的重要因素。① 在我国专门学校的实践历史中也出现过"工读预备生"这样对工读学校固定教育形式的突破。然而，目前看来并未被固定下来，未形成成熟的经验。同时，在实践中，专门学校与普通学校由于诸多因素的共同作用形成了一定的鸿沟，使得学生未能在二者之间进行自主、灵活的选择。因此，为了实现专门学校对校园欺凌防治的效用，需要其与普通学校进行有效互动。一方面，普通学校给专门学校提供充分的学生信息，为专门学校制定个性化的矫治方案提供参考；另一方面，专门学校也可以利用自身关于不良行为学生专门教育的经验参与普通学校内部的特定学生辅导，共同参与校园欺凌治理。

第三节　其他相关主体在防治欺凌中的法律责任

校园欺凌往往起源于家庭、显现于学校、贻害于社会，从已发生的校园欺凌案例来看，多数欺凌事件的当事人（包括欺凌者、被欺凌者）均存在不同程度的家庭关爱或管教缺失。同时，欺凌事件的发生也与学校、社会、政府的管理和教育不到位有着密切联系。为此，家庭、学校、社会和政府要共同负起责任，营造良好的环境，提供正确及时的引导，使适龄未成年人接受学校教育，树立正确的世界观、人生观和价值观，成长为守法公民。校园欺凌治理中形成的综合治理思路要通过法律法规的责任落实才能行之有效。下面，针对不同的防治欺凌主体，具体探讨家庭、司法机关的责任与义务。

① Thomson P, Pennacchia J. What's the alternative? Effective support for young people disengaging from the mainstream. Funder, The Princes Trust [EB/OL]. (2014-10-30) [2023-04-15]. https://www.researchgate.net/profile/Pat-Thomson/publication/281451346_What%27s_the_alternative_Literature_review_of_alternative_education_provision_funder_The_Princes_Trust/links/55e854ed08aeb651626304ac/Whats-the-alternative-Literature-review-of-alternative-education-provision-funder-The-Princes-Trust.pdf.

一、家庭在防治校园欺凌中的法律责任

回顾近些年来发生的校园欺凌事件，大多欺凌者或被欺凌者的家庭结构残缺或家庭功能有问题。本研究于 2017 年在全国 15 个省份对 114290 名学生开展了全国中小学生欺凌和暴力问题调查，结果显示：与父母婚姻稳定的学生相比，父母婚姻不稳定或父母逝世的学生易成为被欺凌者也容易成为欺凌事件的主动实施者，而父母双方都逝世的学生被欺凌和欺凌他人的比例都远高于其他类别学生。

（一）现有法律法规对家庭防治欺凌责任的规定

《未成年人保护法》第十六条以列举的方式规定了未成年人的父母或其他监护人必须履行的 10 项具体职责，第十七条明确规定了不得实施的 11 项具体行为，包括不得放任、唆使未成年人欺凌他人等，这些规定为父母或其他监护人更好履行监护职责提供了法律依据。其他关于家庭在防治欺凌方面的责任主要体现在家庭监护权方面，家庭监护权的相关规定散见在《民法典》《婚姻法》《未成年人保护法》《预防未成年人犯罪法》《义务教育法》等法律法规中。其中，《未成年人保护法》在“家庭保护”一章中强化了两个方面的内容：一是要求监护人创造良好、和睦、文明的家庭环境，依法履行监护职责和抚养义务，不得有实施家庭暴力等侵害未成年人权益的行为；二是针对许多父母缺乏家庭教育技能的状况，要求父母或者其他监护人学习家庭教育知识，提高家庭教育的能力。并规定 86.4%的教师认为创造温馨和谐、积极向上的校园环境非常有用，86.3%的教师认为依法落实家长监护责任非常有效，86.1%的教师认为加强家校合作与家庭教育非常有效，85.4%的教师认为强化学校周边综合治理措施非常有效等。《未成年人保护法》第一百一十八条明确规定，未成年人的父母或者其他监护人不依法履行监护职责或者侵犯未成年人合法权益的，由其居住地的居民委员会、村民委员会予以劝诫、制止；情节严重的，居民委员会、村民委员会应当及时向公安机关

报告。公安机关接到报告或者公安机关、人民检察院、人民法院在办理案件过程中发现未成年人的父母或者其他监护人存在上述情形的，应当予以训诫，并可以责令其接受家庭教育指导。包括2016年《教育部等九部门关于防治中小学生欺凌和暴力的指导意见》在内的行政规章提出了三点要求：①切实加强家庭教育，家长要注重家风建设，加强对孩子的管教，注重孩子思想品德教育和良好行为习惯培养，从源头上预防学生欺凌和暴力行为发生。②家长要增强法治意识，掌握科学的家庭教育理念，尽量多安排时间与孩子相处交流，及时了解孩子的日常表现和思想状况，积极与学校沟通情况，自觉发挥榜样作用，切实加强对孩子的管教，特别要做好孩子离校后的监管看护教育工作，避免放任不管、缺教少护、教而不当。③落实监护人责任追究制度，根据《民法》等相关法律法规，未成年学生对他人的人身和财产造成损害的，依法追究其监护人的法律责任。

（二）校园欺凌司法实践中对家庭责任的判定

从司法判例的角度来看，未成年人欺凌所造成的民事赔偿后果是由其监护人承担的。法院在审理案件时，通常依据《民法典》第一千一百八十八条的规定“无民事行为能力人、限制民事行为能力人造成他人损害的，由监护人承担侵权责任。监护人尽到监护职责的，可以减轻其侵权责任。有财产的无民事行为能力人、限制民事行为能力人造成他人损害的，从本人财产中支付赔偿费用；不足部分，由监护人赔偿”，以此来确定监护人的赔偿责任。比较特殊的情况是个人有财产以及父母离异后不与未成年人同住的一方是否应当承担赔偿责任。

（三）对校园欺凌中家庭责任完善的建议

根治校园欺凌最重要的环节在家庭。家庭结构完整、家庭功能良好是保障学生友善心态、亲社会行为的根本因素。基于此，我们并不赞同单纯依靠降低刑事责任年龄的做法来严惩未成年人欺凌和暴力行为，正如美国心理学家菲利普·津巴多（Philip Zimbardo）关于“烂苹果”的比喻，他将欺凌他人、具有偏差行为的个体比作烂苹果，将家庭、班级层面比作装烂苹果的桶，而大的社会机制可能是容易产生烂苹果的苹果桶的制造者。从近些年来报道的典型校园欺凌案例可以看出，大多数恶性校园欺凌事件的欺凌者和被欺凌者都是留守儿童，且多发生在寄宿制学校。这些留守儿童在成长过程中可能会出现种种问题，如校园欺凌、犯罪、自杀、自闭及其他心理或精神问题。然而，让他们的父母都放弃打工生活，回家陪伴孩子的成长也并不现实。《指导意见》提出要引导家长尽量多安排时间与孩子相处交流，这一点恰恰是目前易发欺凌和暴力的留守儿童家庭最难以实现的。如果家庭贫困现状无法在短期内改变，如果无法解决随迁子女入学及产生的各种附加费用等问题，那么，强制性地要求家长完成监护职责没有意义。因此，对防治欺凌的家庭责任完善除了强化《指导意见》中家庭部分的内容并提升立法层次之外，还应当规范、引导和鼓励社会力量介入，寻找可能的亲职替代者。

1. 加强“亲职教育”，明确监护人的监护职责

加强“亲职教育”，明确监护人的监护职责，并且设置监护监督人，强化监督制约机制；特别是对结构残缺的家庭，应当由承担监护责任相对方作为监护监督人，以共同完成监护职责；民政部门可以作为监护监督机关，以保障监护责任的有效执行。

对于那些父母不得不外出打工的家庭，可以采取家庭寄养或代理妈妈的形式，将这些孩子寄放在结构完整、功能良好的家庭中，如村妇女干部家庭中，让代理妈妈发挥替代亲职作用；在寄宿制学校内设置专职的生活教师，专门负责寄宿学生的生活照顾和成长陪伴，以替代父母的职责。学校和有条件的社区（村）设置网络视频电话等，让学生可以经常与家长进行亲情连线沟通等。当孩子的成长有人陪伴，当孩子的心灵不再是沙漠时，他们的欺凌行为自然就会减少。

2. 强调监护人责任追究制度，完善“责令父母严加管教措施”的具体手段

进一步细化落实父母或其他监护人的监护责任，强化制裁措施和力度。在监护人履行监护职责不力的情况下，民政机关、妇联和关工委等组织要积

极介入，敦促监护人及时矫正错误行为。对情节严重的或屡教不改、无法保障被监护人合法权益的，可以暂时取消其监护人资格，由未成年人救助机构和儿童福利机构等代为行使监护职责；原监护人必须到相应机构学习、受教育，并承担被监护人生活、教育和医疗等方面的必要费用。

二、司法公安机关在防治欺凌中的责任

《未成年人保护法》明确规定，对严重的欺凌行为，学校不得隐瞒，应当及时向公安机关、教育行政部门报告，并配合相关部门依法处理。2016 年的《治理方案》中也强调：“涉及违反治安管理或者涉嫌犯罪的学生欺凌事件，处置以公安机关、人民法院、人民检察院为主。”可以说，司法防治是校园欺凌“治”的底线措施。

根据最高人民法院《校园暴力司法大数据专题报告》，从 2015 年至 2017 年，57.5%的校园暴力案件为故意伤害案件，聚众斗殴罪和寻衅滋事罪在 2017 年有小幅增长，同比上升 10.58%和 14.08%。在涉及故意杀人罪的校园暴力案件中，69.76%的案件是有预谋的犯罪。从案件造成的伤害结果来看，在校园暴力案件中，11.59%的案件受害人死亡，31.87%案件中受害人涉及重伤，受害人涉及轻伤和轻微伤的比例分别为 38.54%和 27.94%。从案件被告人的情况来看，2017 年校园暴力案件中被告为 14~16 周岁的比例为 12.61%，16~18 周岁的比例为 48.18%，18 周岁以上比例为 39.21%。[①] 而在校园欺凌方面，2020 年最高人民法院工作报告指出，2019 年最高人民法院“加强校园欺凌预防处置，审结相关案件 4192 件”。[②] 也有研究者以“校园欺凌”“同学打架”“同学侮辱”等词汇对中国裁判文书网中的案件进行梳理。在研究者整理的 54 份校园欺凌刑事裁判文书中，同学之间的校园欺凌案件共

---

① 中国司法大数据研究院．司法大数据专题报告之校园暴力［EB/OL］．（2018-09-19）［2019-05-06］．http：//www.court.gov.cn/zixun-xiangqing-119881.html.

② 周强．最高人民法院工作报告：2020 年 5 月 25 日在第十三届全国人民［EB/OL］．（2020-05-26）［2020-10-26］．https：//www.chinacourt.org/article/detail/2020/05/id/5242621.shtml.

有 31 件，包括故意伤害罪 12 件、寻衅滋事罪 7 件、聚众斗殴罪 4 件、强奸罪 1 件、猥亵罪 4 件、故意杀人罪 2 件、抢劫罪 1 件。研究者认为同学间的校园欺凌案件主要是冲动犯罪，并有趋向于金钱犯罪的趋势，有很多冲突的发生缘起于“收保护费”之类的冲突。同时，中学校园欺凌案件还呈现欺凌手段的多样化特征，除了物理意义上的伤害，还伴有精神上的凌辱，对被害人造成了更长时间的伤害。①

（一）现有法律法规对司法公安机关防治欺凌责任的规定

涉及违反治安管理或者涉嫌犯罪的学生欺凌事件，处置以公安机关、人民法院、人民检察院为主。下面分别就公安机关、人民法院和人民检察院的责任和作用进行讨论。

1. 对公安机关责任和作用的规定

《未成年人保护法》中规定对严重的欺凌行为，学校应当及时向公安机关、教育行政部门报告。《指导意见》中也规定公安部门密切与学校的沟通协作，要在治安情况复杂、问题较多的学校周边设置警务室或治安岗亭，积极配合学校排查发现学生欺凌和暴力隐患苗头，并及时预防处置。要加强学生上下学重要时段、学生途经重点路段的巡逻防控和治安盘查，对发现的苗头性、倾向性欺凌和暴力问题，采取相应防范措施并通知学校和家长，及时干预，震慑犯罪。

然而，从“治”的角度，还需要从公安机关的司法角色中进一步分析。校园欺凌行为一旦涉及违法或犯罪，公安接警是司法介入的第一道程序，公安机关也便起到了侦查、事件性质判断和后续司法介入阀门的作用。在现行法律中，《治安管理处罚法》规范了公安机关的执法行为。如果说治安管理处罚是拦截违法行为步入犯罪深渊的首要堤坝②，那么公安机关的有效执法

① 陈禹衡 .《法国刑法典》对中国校园欺凌犯罪治理的镜鉴：基于 54 份校园欺凌案件刑事裁判的分析［J］. 预防青少年犯罪研究，2019（3）：3-16.

② 郑新，高文英 . 违反治安管理行为与犯罪行为衔接问题的立法完善［J］. 中国人民公安大学学报（社会科学版），2017，33（6）：68-78.

就是防止校园欺凌行为进一步升级甚至走向犯罪的首要环节。《治安管理处罚法》规定公安机关在办理治安案件时应当坚持教育与处罚相结合的原则。《指导意见》对实施暴力情节严重，构成违法犯罪的学生，公安、司法机关要坚持宽容但不纵容、关爱又严管的原则，指定专门机构或者专门人员依法处理，特别是对犯罪性质和情节恶劣、手段残忍、后果严重的，必须坚决依法惩处。

2. 对检察机关的责任和作用的规定

检察机关在我国的法律定位中主要是公诉机关、普法机关和法律监督机关。[①] 由于校园欺凌案件的主体一般为未成年人，因此，从我国未成年人检察工作的具体进展中能清晰发现检察机关在校园欺凌防治中的角色和作用。《2018—2022 年检察改革工作规划》提出要完善未成年人检察工作机制、健全完善检察机关法律监督体系。1986 年，上海市长宁区检察院在起诉科设置了全国第一个“少年起诉组”，这是我国未成年人检察工作专业化探索的第一步。2006 年，最高人民检察院发布《人民检察院办理未成年人刑事案件的规定》，通过司法解释的形式首次对未成年人刑事检察工作作出系统规定。2012 年以来，最高人民检察院陆续发布或修订《关于进一步加强未成年人刑事检察工作的决定》《人民检察院办理未成年人刑事案件的规定》《检察机关加强未成年人司法保护八项措施》《关于加强未成年人检察工作专业化建设的意见》等一系列司法解释或规范性文件。2015 年 12 月，最高人民检察院未成年人检察工作办公室成立后，全国基本构建起四级检察机关未成年人检察工作专门机构。[②] 在校园欺凌事件中，当公安机关将案件线索移交检察机关时，检察机关需要依法进行审查，作出起诉或不起诉决定。

3. 对法院责任和作用的规定

在涉及未成年人的刑事案件处置中，少年刑事审判处于中心环节的重要

---

① 古瑞华．检察机关参与校园欺凌与暴力社会化防控体系探析［J］．信阳师范学院学报（哲学社会科学版），2019，39（3）：21-27.

② 中华人民共和国最高人民检察院．检察机关恢复重建 40 年的 40 个首次丨全国首个“少年起诉组”［EB/OL］．（2018-08-28）［2019-06-19］．https：//www. spp. gov. cn/spp/zdgz/201808/t20180828_ 389980. shtml.

地位。在我国负责审理少年刑事案件的审判组织统称为“少年法庭”。[①] 近三十年来，我国少年法庭的机构设置在不断完善，从最初的合议庭发展到独立建制的审判庭，从只审理未成年人刑事案件发展到综合审理涉未成年人刑事、民事和行政案件。[②] 最高人民法院2020年的工作报告指出，“完善少年司法制度，坚持圆桌审判”作为保护未成年人健康成长的司法手段在推进。综合来看，法院作为审判机关在校园欺凌的防治中主要承担对案件依法审判、公正裁决的职责，在依法惩治犯罪行为时，实现对涉案双方未成年人的“双向保护”。

（二）校园欺凌司法实践中对司法公安机关责任的判定

根据《中华人民共和国行政诉讼法》（简称《行政诉讼法》）第二条，公民、法人或者其他组织认为行政机关和行政机关工作人员的具体行政行为侵犯其合法权益，有权依照本法向人民法院提起诉讼。从司法判例的结果来看，法院会审查公安机关在涉嫌违法犯罪的学生欺凌事件中所依据的事实、适用法律、行政处罚结果以及相关程序是否合法。

案例 9

公安机关行政处罚结果适当、程序轻微违法（《封某、某县公安局公安行政管理：治安管理（治安）二审行政判决书》）。

[案情简介] 封某、薛某系某县某中学的学生。封某从初中一年级开始在上学期间多次欺负、殴打薛某，并在2017年6月29日用打火机烧薛某手臂。2017年11月30日，某县公安局作出行政处罚决定书，决定对封某行政拘留十日，并处罚款500元。因封某已满十四周岁不满十六周岁，不予执行行政拘留。

① 卢琦．中外少年司法制度研究［M］．北京：中国检察出版社，2008：82-85.

② 北京市高级人民法院未成年人案件综合审判庭课题组，蓝向东，赵德云，刘靖靖．加强新时期少年法庭专业化建设研究报告：以少年、家事审判协同发展为路径［J］．北京航空航天大学学报（社会科学版），2020（2）：1-7.

封某不服该处罚决定，向某县人民政府提出行政复议，某县人民政府于 2018 年 2 月 5 日作出行政复议决定书，维持了某县公安局作出的行政处罚决定书。

［**案例分析**］封某与薛某同为未成年人，双方的权利均应得到法律保护，体现在该案中就是对实施欺凌行为的当事人作出公正的处罚。关于案件事实，有薛某的两名同学讲述的亲历的事实予以证明，与薛某所述的事实相一致，反映了封某在不同时间、不同地点欺辱薛某的事实。依据《治安管理处罚法》第七条、第九十一条的规定，某县公安局具有对本辖区违反治安管理的行为进行处罚的法定职责。某县公安局在询问封某的过程中，有其法定代理人在场，充分保障了封某的合法权利；传唤上诉人封某，也未超出《治安管理处罚法》第八十三条规定的八小时时间限制。另外，某县公安局依据的《公安机关办理未成年人违法犯罪案件的规定》系公安部发布的规章，其主要内容为公安机关办理涉未成年人违法犯罪案件的特殊程序及规定，根据《行政诉讼法》第六十三条的规定，人民法院审理行政案件，以法律和行政法规、地方性法规为依据。地方性法规适用于本行政区域内发生的行政案件。因此，某县公安局在办理案件中，充分考虑了封某作为未成年人的实际情况，依据《治安管理处罚法》《未成年人保护法》的规定，作出了只执行罚款、不执行拘留的行政处罚。行政处罚决定事实清楚、适用法律正确，行政处罚结果适当。

然而，某县公安局在程序方面存在瑕疵。首先，某县公安局在没有证据显示公安机关已经穷尽所有直接送达方式的情况下，直接采取公告送达不符合法律规定；在没有证据证明封某的祖母系其同住成年家属的情况下，将处罚决定送达封某的祖母不符合法律规定。此外，某县公安局未在规定的期限内结案，属于程序上的瑕疵。根据《最高人民法院关于适用〈中华人民共和国行政诉讼法〉的解释》第九十六条第二项规定：通知、送达等程序轻微违法但并未对案件事实的认定产生影响，属于行政诉讼法第七十四条第一款第二项规定的程序轻微违法。河北省衡水市中级人民法院经审理认为，根据《行政诉讼法》第七十四条第一款第二项的规定，行政行为程序轻微违法，但对封某权利不产生实际影响的，人民法院判决确认违法，但不撤销行政行为。某县公安局在办理案件过程中未严格按照规章办理，虽然不影响案件事实的认定，但亦应在今后的工作中加以改正。

案例 10

公安机关对欺凌者的处罚会影响被欺凌者的合法权益（《李某宇、某某市公安局某某区分局公安行政管理：治安管理（治安）二审行政判决书》）。

［**案情简介**］2017 年 2 月 19 日 21 时许，杨某怡邀约陈某露、石某妍、吴某程等到武汉市某某区某某职业学校女生宿舍 1 号宿舍楼 414 寝室找到李某宇，杨某怡以李某宇背后说其坏话为由，与李某宇发生争吵，双方发生肢体冲突。后李某宇从宿舍窗户翻越到平台上，继而从该宿舍四楼坠落到地面，造成李某宇受伤。2017 年 6 月 21 日，某某区公安分局某某派出所将杨某怡及陈某露、石某妍、吴某程等传唤到派出所进行调查，违法行为人杨某怡对其违法行为事实供认不讳。某某区公安分局于 2017 年 6 月 21 日作出行政处罚决定书，根据《治安管理处罚法》第二十六条第四项的规定，决定对杨某怡治安处罚行政拘留十日。根据《治安管理处罚法》第二十一条第一项的规定，决定不予执行行政拘留处罚。某某区公安分局某某派出所于 2017 年 6 月 21 日向杨某怡送达上述处罚决定。

［**案例分析**］李某宇因校园欺凌受到不法侵害，作为辖区治安机关，某某区公安分局及其派出所立案受理后依法进行了调查核实，针对不满十六周岁的未成年人作出的行政处罚决定书并无不妥。某某区公安分局及其派出所在办理案件过程中，充分考虑了杨某怡作为未成年人的实际情况，依据《治安管理处罚法》《未成年人保护法》的规定，作出了“行政拘留十日，不执行拘留”的决定，认定事实清楚、适用法律正确，行政处罚结果适当。然而，一审判决中认为“被告某某区公安分局已对行政相对人即该案第三人杨某怡

进行依法处罚，且被告对行政相对人的处罚对原告李某宇的合法权益不产生实际影响”的论述有误。根据《最高人民法院关于适用〈中华人民共和国行政诉讼法〉的解释》第十二条第三项的规定精神，湖北省武汉市中级人民法院认为，李某宇与某某区公安分局针对杨子怡作出的行政处罚决定书有利害关系，应予纠正。总体来看，该案实体处理并无不当，因此驳回上诉。

（三）对校园欺凌中司法制度完善的建议

司法防治作为校园欺凌“治”的底线措施，在实践中应基于我国未成年人司法制度的完善，并围绕“校园欺凌”的属性特征引入针对性的司法措施。

1. 少年司法制度完善是校园欺凌司法防治的基础

有研究者认为，我国校园欺凌治理存在法律的缺失问题主要体现在我国未成年保护制度重教育和保护，轻惩罚和矫治。[①] 实质上，这一法律缺失指向的是我国少年司法制度的缺失。尽管我国青少年相关的刑事司法条文散落在《刑法》《刑事诉讼法》《监狱法》等法条中，但并没有严格意义上的少年法。目前，对校园欺凌司法惩治的建议主要集中在未成年人刑罚方面，例如，推动设立基层少年检察院和少年法院，被诉青少年是否有罪由少年法庭决定，情节恶劣的可作出成人判决，量刑时适当增加施暴者主观恶性的考量，不以受害人的伤残等级为唯一依据[②]，以及增设“人格调查制度”，对未成年被告人的量刑应充分考虑其性格、家庭和经历等情况。然而，从世界范围看，各国少年司法制度的共性包括：普遍开展社会调查；分案审理；不公开审理；根据未成年人的特点来规范审理程序，切实保护犯罪未成年人的合法权益；从宽处理；不计前科；采用不定期刑；限定有期徒刑的最高刑期；放宽假释的适用；不适用死刑；尽量采用非刑罚的处理方法；注重对少年犯的就业和

① 尹力．我国校园欺凌治理的制度缺失与完善［J］．清华大学教育研究，2017，38（4）：101-107.

② 常进锋，尹东风．域外经验与中国思路：青少年校园欺凌的法律治理［J］．当代青年研究，2018（2）：109-115.

就学辅导，帮助其尽早回归社会；设置专门的审理机构等。[①] 因此，少年司法制度的完善需要将重心从未成年人刑罚适用转向更关注于如何对罪错行为的青少年实现教育与惩治问题的平衡，要有一定的主动性和事先预防性。

2. 完善非刑罚处罚体系是校园欺凌司法防治的技术支撑

刑法应当作为社会控制违法行为的最后一道防线，从世界范围的刑法改革来看，非犯罪化和非刑罚化是两大主题。通过非刑事制裁措施对刑罚的使用范围进行实质限制是当代非刑罚化的路径之一。各国刑法规定的非刑事处罚措施包括：社会服务命令，暂缓起诉予以考察监督及其发展而来的审前考察监督制度，缓刑监督，“转处”制度等。[②] 从我国刑法制度来看，非刑罚处罚不是刑种，而是刑罚的必要补充或替代措施，可以辅助或者代替刑罚成为刑事责任实现的方法。[③] 我国作为《联合国少年司法最低限度标准规则（北京规则）》缔约国，针对未成年人犯罪尤其是校园欺凌案件的涉案未成年人，应采取各种处理措施，对符合不起诉条件的未成年犯罪嫌疑人，推荐至公益性机构从事无薪工作并给予感化教育，最大限度地避免刑罚。

首先，从少年司法制度上明确专门学校作为未成年人非刑罚处罚手段的法律性质。《治理方案》已经规定“屡教不改或者情节恶劣的严重欺凌事件，必要时可将实施欺凌学生转送专门（工读）学校进行教育”。然而，《未成年人保护法》《预防未成年人犯罪法》对专门学校入学程序的规定使得这一非刑罚处罚措施在实践中存在困难。因此，需要从少年司法完善的角度明确专门学校作为非刑罚处罚的重要举措。

其次，将恢复性司法运用于校园欺凌防治之中。未成年人恢复性司法是指利用调解和协商的方式处理未成年人犯罪问题，由未成年人犯罪各方利害人共同参与犯罪处理活动的司法模式，强调的是恢复和整合因犯罪和被害造成的社会关系的破坏，恢复原有和谐的社会关系和秩序。[④] 和解（被害人与

---

① 卢琦．中外少年司法制度研究［M］．北京：中国检察出版社，2008：205-210.

② 梁根林．非刑罚化：当代刑法改革的主题［J］．现代法学，2000（6）：47-51.

③ 朱俊．论非刑罚处罚方法［J］．武汉大学学报（哲学社会科学版），2005（6）：753-755.

④ 刘立霞，尹璐．未成年人恢复性司法研究［J］．青少年犯罪问题，2006（3）：55-58，63.

犯罪人之间）、协商（由被害人、犯罪人及其他人参加）、圆桌会谈（由被害人、犯罪人及多方参与）是恢复性司法的三种主要形式。此外，给被害人以补偿和由犯罪人提供的社区义务劳动被认为是具有潜在“恢复性”功能的方式。[①] 在校园欺凌案件的司法处理中，将恢复性司法理念融入制度完善和实践操作，以实现在司法过程中达到受害未成年人的权利救济、施暴未成年人的依法制裁以及施暴未成年人的教育矫治的三重目的。

3. 完善公安机关、司法机关职能是校园欺凌司法防治的组织保障

（1）对公安机关而言，要依据《指导意见》中宽容但不纵容、关爱又严管的原则，依法惩处，形成积极正面的教育作用。首先，公安机关应完善校园欺凌案件登记，建立专门数据库。[②] 鉴于校园欺凌违法主体是未成年人，根据前述治安处罚的责任年龄规定，公安机关在接警校园欺凌案件时大部分无法实施治安管理处罚。考虑到《治安管理处罚法》中对于违法行为实施处罚有“量”的累积考虑，例如，“初次违反治安管理的”不执行行政拘留处罚；“多次殴打、伤害他人”处十日以上十五日以下拘留，并处五百元以上一千元以下罚款。公安机关应完善校园欺凌的信息登记，一方面，协助校方做好欺凌安全预警和法治教育；另一方面，为后续处罚实施提供法律依据。其次，公安机关应适时实施处罚。公安机关可实施的警告、罚款和行政拘留等治安管理处罚手段，皆适用于校园欺凌防治。综合来看，公安机关应运用罚款和警告充分发挥治安管理处罚的教育功能，依法适度运用行政拘留，实现处罚震慑功能。

（2）对检察机关而言，对于校园欺凌的防治，未成年人检察工作首先应坚持教育为主、惩罚为辅和特殊保护的原则，落实全面调查原则的要求，在对涉及刑事案件审查起诉时，不仅要审查案件本身的情况，而且还应对未成年犯罪嫌疑人的个人情况给予充分考虑。[③]同时，根据《刑事诉讼法》未成年

---

① 凡奈思，王莉．全球视野下的恢复性司法［J］．南京大学学报（哲学·人文科学·社会科学），2005（4）：130-136.

② 柴春云．公安机关视角下的校园欺凌治理研究［J］．中国公共安全（学术版），2019（1）：21-24.

③ 卢琦．中外少年司法制度研究［M］．北京：中国检察出版社，2008：79.

人刑事案件诉讼程序，对于未成年人涉嫌刑法分则第四章、第五章、第六章规定的犯罪（侵犯公民人身权利、民主权利罪；侵犯财产罪；妨害社会管理秩序罪），可能判处一年有期徒刑以下刑罚，符合起诉条件，但有悔罪表现的，人民检察院可以作出附条件不起诉的决定。其次，检察机关在校园欺凌防治中应充分发挥法律监督机关作用。一方面，督促教育部门相关单位承担校园欺凌防治的法定义务；另一方面，在涉及未成年人的校园欺凌案件办理审判过程中保障未成年人权益落实。在督促各方承担校园欺凌法定任务方面，人民检察院可以通过派驻检察员（组）进驻重点行业或单位、发送检察建议等方式开展检察监督。[①] 在未成年人权益落实方面，检察机关可以在受害未成年人隐私保护和未成年人犯罪记录封存方面发挥作用。例如，针对校园欺凌案件的网络媒体信息披露问题，检察机关通过向媒体监管机构提出检察建议，要求媒体监管机构对于不当暴露未成年人隐私的行为进行严肃处理，确保未成年人犯罪记录封存制度落到实处。

（3）对法院而言，首先，对校园欺凌案件的司法审判能明晰校园欺凌行为的法律界限。北京市西城区人民法院对“朱某等寻衅滋事案”的判决明确了施暴者的行为并非一般的违反校规校纪行为，而是触犯《刑法》的犯罪行为。[②]“主观恶性”“社会危害性”的刑事判决依据对后续的校园欺凌案件的司法定性具有指导意义，也在一定程度上对学校、学生和家长进行了具有警示意义的教育。其次，法院应运用少年法庭的专业审判手段，实现寓教于审。最高人民法院在工作报告中强调的“圆桌审判”是改方台坐镇式审理为圆桌式审理，并适应未成年人生理和心理特点的一种庭审模式。针对涉及未成年人的校园欺凌刑事案件的审理，圆桌审判在形式上体现了“儿童利益最大化”原则，也是实现“教育为主”的有利方式。

---

① 古瑞华．检察机关参与校园欺凌与暴力社会化防控体系探析［J］．信阳师范学院学报（哲学社会科学版），2019，39（3）：15-21.

② 中国法院网．朱某等寻衅滋事案［EB/OL］．（2019-05-31）［2019-09-01］．https：//www.chinacourt.org/index.php/article/detail/2019/05/id/3988113.shtml.

第七章

校园欺凌和暴力的预防实践模式

“预防校园欺凌和暴力”研究的核心问题是“预防”。本研究运用调查、访谈、案例分析和实验等多种方式对中小学的“预防”进行了多维度研究，最终集中体现在本研究所设计的实验学校的实验结果上。相对其他教育问题，如儿童社会性发展评价、课程及教学组织方式、学生学业成就测量等，预防校园欺凌和暴力的研究这一领域，从国内外文献所涉及的基本概念来看少且比较简单。正因为基本概念少且简单，致使研究者在进入学校实验现场时，发现许多现象仅用已有概念难以讨论清楚。故而研究者在分设于北京、武汉和哈尔滨三市的实验学校的实验过程中，尝试确定若干概念作为描述和进一步深入讨论某些现象的基础，在厘清欺凌行为的“种子态”“初发态”“萌芽态”“标准态”基础上，设计实施了欺凌“先兆”的识别要素和消解策略，并将一应预防措施融入日常教育教学活动。由此建立起一套完整的预防措施体系，形成了以“常态预防”为基础，以“早发现”“早干预”为特征的校园欺凌常态预防及其早期识别与干预模式。

第一节　预防欺凌的两个教育要点

我们依据“预防”的核心概念，将研究定位于“实验和实践”。尽管研究校园欺凌和暴力问题必然会涉及社会学与心理学等若干理论问题，但本研究的核心在于如何辨识隐藏于学生嬉闹之中不同程度表现出的欺凌，进而有效预防和处置学生欺凌行为和事件。当今学生在校园环境中所出现的“从对方痛苦中获取快乐”的欺凌现象，是现代社会的产物。这一结论一方面提醒成年人不能用自己的儿时体验、回忆的感受来看待和定性当下中小学生的欺凌行为；另一方面则对现代社会背景下如何识别和判断欺凌萌芽具有基础性作用，对如何理解并采取适配、恰当措施予以预防的认识也具有一定澄清作用。在此基础上，各地区和学校应重点研究预防欺凌的两个教育要点，并加以补充完善、细化操作，从而保证预防欺凌工作取得实际效果。

一、校园欺凌是现代社会的产物

本研究重点考察的欧美、日本、韩国三个主要参考对象地区的有关学生欺凌的文献（包括调查、研究报告和法规政策等）统计显示，欧美在 20 世纪 70 年代将学生欺凌现象视为社会热点，随后各种研究陆续开展起来，在研究基础上，法规、政策和学校的防治措施逐渐出台。到 20 世纪八九十年代，研究成果已相当丰富，各项治理政策措施也形成体系。学生欺凌现象在日本被视为社会关注热点则是在 20 世纪 80 年代，到 20 世纪 90 年代至 21 世纪初已积累了相当丰富的研究成果。韩国的学生欺凌问题成为社会关注热点的时间比日本晚十年左右。宏观地看，可以认为：欧美、日本和韩国的学生欺凌问题分别比我国早出现大约 40 年、30 年、20 年。而这个时间段恰好对应了几个地区的经济、社会、文化的现代化发展水平和程度。直到目前，上述三个代表性地区的学生欺凌问题虽依然是学校教育中的重要问题（持续调查数据显示，总体来看，学生欺凌发生率尚没有明显减少的迹象），但他们的法律、政策和防治措施尤其是学校预防课程的建设已经相当成熟，在控制发生率持续增加，特别是在控制发生严重欺凌后果方面，这些措施起到了预期作用。

我国中小学校在预防学生欺凌的措施上目前还处于“面对近似的学生欺

凌问题，缺乏具体的防治操作方法”的层面。这与我国学生欺凌成为社会热点问题较晚，因而预防和治理措施相对滞后的情况相关，也与我国关于欺凌的理论研究相对薄弱有关。在学校中，研究者经常被教师问到这样的问题：“我们小时候也打架，为什么不是欺凌？”这是个难以简要回答、却又不得不回答的背景性问题。因为该问题的实质不是问欺凌的标准概念，而是问今天的学生究竟怎么了。

首先，由于现代科技的高度发展，今天的社会已全然不同于以往的社会形态了。城市化的急剧扩张、消费观念和消费方式的彻底改变、信息化的迅猛发展，以及老龄化社会的到来、独生子女家庭的状态、高等教育的普及等，使得人们的生活方式、家庭结构和亲子关系等都发生了颠覆性变化。由此形成的社会文化氛围对儿童的身心成长都造成了巨大影响。

其次，在这样的社会形态中，学生的生活环境发生了巨大的变化。双职工的上班族家长不仅与孩子的交流较之以往大大减少，双亲间的交流也同样大幅减少。家长多以充分满足孩子的物质需求弥补对孩子精神生活照料的不足。邻里关系的淡漠使成人记忆中与邻家孩子一块玩耍的情景不复存在，大量的课外班、补习班也使得伙伴交往的时间和机遇大大减少。家长寄希望于学校，但学校在由社会竞争传导来的升学竞争的压力下，“封闭管理、强化教学”以提高分数的惯性局面，已是短时间难以发生改变的不争事实。学生的学校生活同样无法弥补家庭生活中存在的精神交流的缺失。

最后，学生的教育环境也在发生着巨大变化。家庭教育已经转移到各种兴趣班和补习班中。随着高等教育的逐渐普及，使得越来越多的学生需要接受长达 16 年的教育，在成长的关键期，学生社会生存和生活体验机会越来越少，从电子游戏中获得虚拟交往的快乐越来越成为学生课余生活的主流，而媒体上的低俗文化、商业广告也给学生的世界观、人生观和价值观带来巨大影响。

二、“教育”是预防欺凌的核心

根据本研究的实验、调查以及与国内外具有一定可比性的相关调查所进行的综合分析，欺凌发生的最重要背景因素有三：一是学生之间相互尊重关系不成熟，二是“精神压力大”，三是“受媒体影响”。从学校预防欺凌发生的角度做进一步深入分析，“相互尊重关系不成熟”与学校是否重视在班级开展“尊重、友善、团结”的教育有关；“精神压力大”与家庭亲子关系淡漠（只关心孩子学习成绩）和学校过分看重学习成绩有关；“受媒体影响”则与社会文化氛围和信息传播手段等有关。

学校防治欺凌的工作主要由两个层面构成，一是学校层面，既要预防，也要治理。二是班级层面，主要任务则是预防。对学校来说，一定要预设发生欺凌事件后的有效应对措施。对班级来说，防治欺凌，重在一个“预”字，尤其是要通过有效工作避免欺凌发生。根据学生欺凌行为发生、发展的一般规律可知，欺凌行为都是在班级同学人际关系不好和同学间无法自行解决问题的环境中产生的。由此，可将班级学生欺凌的预防工作简化为两个教育要点：一曰关系，二曰能力。关系指同学间信任、互助的友善关系，能力指学生间协商解决问题的能力。

对学生欺凌行为的“预防”一词的实践理解是“防患于未然”。未然即尚未成型，事物尚处于发生、发展的“种子态”或“萌芽态”的情况。将学生欺凌行为“消解于种子态”的“消解”，是治理视角的用语；从学校教育视角看，则可转换为“建立良好的同学人际关系，培养提升学生解决问题和矛盾的能力”。“关系”可概括为“友善”的教育——互信友好相处，“能力”可概括为“协商”的培养——协商解决问题。这两个教育要点可以说是学校预防欺凌的两个根本招法，因为预防的本质是在欺凌行为生成前就将其生成的基础消解掉。换个角度看，互信友善教育、协商能力培养，恰是今天在讨论的学生核心素养的培养内容。也就是说，做好了学生核心素养的培养工作，也就奠定了预防欺凌的基础。

在学校教育和班级建设中，教师一般都会把培养构建良好的人际关系（友善）和培养学生自主解决问题（协商）的能力作为核心目标。虽然在班级生活中学生间纠纷和矛盾的产生不可避免，但在具有友善的文化氛围且成员具备协商解决问题能力的班集体中，绝不会发生“一方蓄意通过肢体、语言及网络等手段实施欺压、侮辱，造成另一方人身伤害、财产损失或者精神损害”的欺凌行为。

解决问题的能力，通常是学科教学中推崇的一种重要的综合能力。在班集体建设中，这种能力的实践场合，就是学会通过协商和合作，自主解决同学间产生的纠纷和矛盾。“协商”会使更多的学生（“欺凌结构”中的“围观者”）加入消解欺凌行为的行动中，从而能获得多渠道解决问题的策略和方法。在班主任的协助指导下，让学生通过协商自主解决纠纷和矛盾问题，是将可能演变为欺凌的“种子态”“萌芽态”行为悄然化解于无形的有效做法。

第二节 防治欺凌的实践指导方案

预防校园欺凌的实验假设之一是“通过以常规教育为主、专门教育为辅的教育活动可有效预防校园欺凌的发生”。参考国内外相关文献，结合北京市、武汉市、哈尔滨市三地实验学校的具体做法，在两年的实验过程中不断完善预防实践，最终概括形成了防治欺凌的实践指导方案。该方案涵盖了六项实践工作，既包括学校内部的一系列教育、调查、观察、消除和惩戒等工作，也包括与教育行政机构的关联机制，还包括与校外相关机构的协同机制，可作为区域和学校开展预防欺凌工作的参考方案。

一、在常态教育中展开预防教育

此项工作的核心要义在于：防患于未然，通过常态教育预防欺凌行为。通过学校内日常开展的课程、活动、管理等全面教育工作，提升学生对于欺凌问题的认识水平，提高学生处理人际关系和矛盾问题的能力，培养学生尊重自我和尊重他人的意识态度，在学校营造“拒绝欺凌”的校园氛围，将一切欺凌种子形态的问题控制在学生正常交往问题的认知和处理范围内。

（一）培育尊重友善的价值观

（1）以友善为价值观引领，通过教育的力量，引导学生树立与人为善、尊重他人、关爱他人的观念。

（2）教育学生学习共情，学会设身处地体会他人的处境、感受和理解他人情感，懂得换位思考，充分认识到校园欺凌的巨大危害，在内心深处摒弃欺凌行为。

（3）在课程建设、教育活动、班级管理和文化宣传等领域，全面开展预防校园欺凌的教育，将预防校园欺凌与学校教育教学常规工作有机融通，形成常态化工作制度和机制。

（二）明确预防校园欺凌专题课程的教学目标

（1）预防校园欺凌专题课程的总体目标是，让所有学生学习校园欺凌的发生原因、发展形态和后果危害，了解欺凌行为的特征、生成和影响，知道哪些现象属于欺凌，知道哪些事情是“不应该做的”，懂得如何预防和远离欺凌。

（2）研发和开设预防校园欺凌专题课程的具体目标之一：懂得尊重他人、友善待人的道理，形成团结友爱的风气，消除校园欺凌和暴力产生的土壤和种子。

（3）研发和开设预防校园欺凌专题课程的具体目标之二：学习预防欺凌相关知识，认识校园欺凌的生成过程及阶段标志。

（4）研发和开设预防校园欺凌专题课程的具体目标之三：学习欺凌各生成阶段的应对策略和处理办法，掌握制止欺凌的方法技能。

（三）开展预防校园欺凌教育活动

（1）借助学校橱窗、走廊、校园媒体等张贴预防校园欺凌的宣传标语和图画，如“我们不能欺凌他人”“遇到疑似欺凌现象，我们有责任向教师报告”“我们必须帮助被欺凌的同学”等，倡导尊重、友善的价值观，对预防校园欺凌的相关内容进行宣传教育，营造“无欺凌校园”的文化氛围。

（2）开展预防校园欺凌专题培训，普及预防欺凌的知识和方法，提升教师、学生和家长对欺凌的理性认知，引导教师、学生和家长正确认识欺凌行为的生成过程，了解校园欺凌的严重危害，掌握应对校园欺凌的方法策略。

（3）利用国旗下讲话、法制宣传月和共青团少先队活动，对学生开展预防欺凌的日常教育。

（4）开展以预防欺凌为主题的情景剧编演、手抄报设计和征文评比等丰富多样的教育活动，重在学生体验。

（四）建设友善班级，形成反欺凌共识

（1）清楚地认识到班级是预防校园欺凌的基本单元，是发现欺凌种子、遏制欺凌萌芽的第一场所。

（2）制定包含“反欺凌”内容的班规、班训，建立尊重他人、友善待人、自我约束、人际交往等行为规范，形成共同抵制校园欺凌的班级舆论。

（3）组织“预防欺凌”主题班会，唤醒班级内围观者的责任感和同理心，树立全班学生都有义务、责任阻止欺凌行为的意识和观念。

（4）开展以友善为主题的班集体活动和班级环境布置，营造和谐包容的班级文化，增强班级凝聚力，树立互助友爱的班风，使班级成为每个学生心灵的依靠。

（五）提高学生思考和处理欺凌问题的主动性

（1）要充分认识到，欺凌现象在任何学校都有可能发生。

（2）帮助学生建立“排斥、侮辱同学是令人不齿的”“不要欺凌别人”

的意识和态度，引导学生感受被欺凌者的烦恼和痛苦。

（3）通过各种教育活动培养学生的自信心，鼓励和支持学生表达自己的心声。

（4）调动学生积极主动思考、讨论和行动，想出解决问题的策略。

（六）将“全员德育”理念落地、落实

（1）所有教师都要将规范意识培养、生命教育等内容融入各科教学内容，在各科教学中培养规范意识，引导学生形成尊重规则、自律自省的态度和能力。

（2）从小学低年级开始，有意识、有计划地推进尊重生命的教育，教会学生尊重自己和他人。

（3）建立师生间的互相信任关系，特别是教师要理解、尊重和信任学生。

（4）培养学生互相认可对方的优点，建立学生之间和谐的人际关系，建立基于信任和友情的同学关系。

二、在嬉闹边界处实施消解措施

此项工作的核心要义在于：消解欺凌于方萌，将欺凌苗头阻止于嬉闹边界。在欺凌生成的早期阶段，只有精确识别信号，才能实现早期发现、早期遏制。教师组织学生展开讨论，认识玩笑打闹的过分边界在哪里、怎样判断一个玩笑打闹的行为过分、越界的情况会带来什么不好的后果、怎样避免或阻止越界等问题，是精确识别欺凌信号（越界行为）的必要做法。只有这样才能将欺凌初发苗头在其刚一“露头”时便予以制止，从而有效地防止事态进一步演化升级。

（一）促进教师对欺凌定义的正确理解

（1）所有教师都要深刻理解《未成年人保护法》（2020 年 10 月修订）

中对“学生欺凌”的法律定义。

（2）学校要通过校内培训、研修以及家长学校等方式，对欺凌定义做出全面细致的解读，避免因教师或家长个人的解释产生差异，促进教师和家长对欺凌定义的理解一致。

（3）帮助教师明确认识欺凌行为的相关主体由欺凌者、被欺凌者和围观者三方面构成。

（4）基层教育行政部门有必要对学校、家长和相关机构说明什么样的行为符合“欺凌”定义，什么样的行为属于学生之间的正常嬉闹及越界表现。尤其要阐明学校为预防欺凌需要对欺凌苗头进行识别和预防，但欺凌苗头并不是欺凌。因此，不能认为存在欺凌苗头的学校有很大问题。

（二）不放过任何一个过分、越界现象

（1）教职工要对学生嬉闹行为中的过分、越界现象保持敏锐的感觉和认知，尽可能无一遗漏地发现欺凌苗头。

（2）对欺凌信号进行分类，从学生的状态尽早发现欺凌初发行为，不能放过任何一次微小的欺凌行为。

（3）班主任通过与学生的日常接触，注意学生状态的细微变化，观察学生的表情、态度、氛围和人际关系的变化，并定期与重点学生进行单独谈话，询问是否看见或听见其他学生有烦恼的事情。

（4）定期实行生活情况调查，如询问“在学校过得开心吗”“在学校有好朋友吗”“同学关系有烦恼吗”等问题，收集学生各方面信息，捕捉欺凌初发的线索。

（三）充分认识欺凌行为的发生是一个动态生成过程

（1）学生欺凌行为的形成是一个从小到大、从弱到强、从轻到重的酝酿、发生和发展过程。

（2）欺凌行为的生成过程可概括为“两过程五阶段”模型：“从无到有”两过程，“欺凌种子—欺凌初发—欺凌萌芽—标准欺凌—严重欺凌”五

阶段。

(3) 清楚地认识欺凌生成阶段的十个识别特征（目的、频率、态度、程度、人数、性质、范围、场景、方式、特质），作为发现、辨别欺凌早期行为的重要操作性方法。

(4) 针对欺凌生成的不同阶段，实施逐级干预消解，对已经显现的欺凌信号做出及早应对。

（四）在欺凌种子阶段，设置提醒防线

(1) 欺凌种子存在于几乎所有带有对抗性质的嬉闹游戏关系中。欺凌种子本身并不具有危害性，惯常表现为在嬉闹游戏中考虑自己的感受多，考虑他人的感受少，缺乏同理心、共情能力等现象。

(2) 针对欺凌种子，设置第一道防线，即提醒。具体表现为：同学的“拉架”、教师的提示、家长的教育引导等。

(3) 欺凌种子的防线设置，重点是培养学生具有同理心、共情能力以及学会尊重他人、友善待人的教育内容和教育方式，基本上可以通过日常教育活动完成。

(4) 欺凌种子的具体干预行为：理解被动方学生的心情；向被动方学生了解情况；用眼神提醒主动方学生；用言语提醒主动方学生；与主动方学生单独谈话；劝说主动方学生不要说伤人的话；让双方学生面对面沟通解决问题；与双方学生定期谈话；观察双方学生的日常表现等。

（五）在欺凌初发阶段，设置批评防线

(1) 欺凌初发行为是嬉闹的过分和越界行为表现，在学校日常生活中均为学生和教师的常见行为。

(2) 针对欺凌初发，设置第二道防线：批评。具体表现为：指出问题、提出意见、责令改正、做出口头或书面检讨。

(3) 欺凌初发的防线设置，重点是教师运用多种适当方式告诫学生，让他们知道教师不喜欢这些行为，通过集体教育和个体批评予以妥善处理。

（4）欺凌初发的具体干预行为：对被动方学生进行心理关怀；听取事件发生过程；主动联系被动方学生家长告知详细情况；教导主动方学生绝对不能说的话、不能做的事；指导主动方学生向被动方赔礼道歉；与主动方家长深入交流，寻求家校合作；召开班会进行主题教育；利用早上或中午等课余时间进行集体教育；与心理健康教师合作、与外部专家合作；与双方学生随时打招呼；观察双方学生每天的言行状态等。

（六）在欺凌萌芽阶段，设置警告防线

（1）在欺凌萌芽行为中，一方通过不断地过分或越界行为在对方痛苦的基础上获得了越来越多、越来越大的快乐，进而开始有意识地盼望和追求这种快乐。这种心理感受是一种危险的苗头，即这种行为有向着标准欺凌发展的倾向。欺凌萌芽是学校预防欺凌行为发生的最为关键的一个关口，可视为欺凌行为生成过程中的转折点或分水岭，需要特别引起学校师生和家长的高度重视。一旦萌芽行为未被遏制而就此滑过，则行为性质将发生根本性变化，由前欺凌正式演变为标准欺凌。

（2）针对欺凌萌芽，设置第三道防线，即警告。具体表现为：对涉事学生予以训导，要求公开道歉，做出口头纪律警示或隔离反省。说明如不停止，将依校规给予处分。

（3）欺凌萌芽的防线设置，教师和家长必须予以严肃对待，要对主动方学生作出明确而严肃的警告。一方面要警告涉事学生懂得尊重、友善，另一方面要提醒家长与教师保持一致的教育态度。必要时给予学生相应的惩戒。

（4）欺凌萌芽的具体干预行为：向双方学生、周边学生和班干部等听取事件的发生、发展过程；对被动方学生即刻做出情绪安抚；请心理健康教师对被动方学生做出心理干预；指导被动方学生如果再次发生此类情况应如何做；每天观察被动方学生精神状态；在其他教室（非本班）对主动方学生予以严厉训导，提出口头警告，促使其反思；请心理健康教师与主动方学生面谈；要求主动方学生向被动方学生做出公开道歉，写出书面检查，明确责令其改正不当行为；对双方学生家访；告知被动方家长学校会一直保护孩子；

与双方家长保持每天密切联络；作为中间桥梁联系双方家长面对面协商解决方案；上报年级、德育处或学生处等相关学生管理部门；必要时寻求家长教师协会或家长委员会援助，出面协调双方家长解决问题等。

三、在欺凌萌芽时组成处理小组

此项工作的核心要义在于：利用组织力量迅速应对，将可能的欺凌行为遏制于欺凌萌芽阶段。欺凌萌芽阶段作为标准欺凌前的最后一道关卡，对其应务必做到及时干预、迅速遏制，否则行为将发生质的变化，演变成为典型欺凌行为。在发现欺凌萌芽时不要让班主任或某一教师单独处理，而要通过学校进行有组织的应对，组织教师集体研究对策、分工合作，实施及时有效的干预。

（一）由处理小组共同商定解决

（1）在面对欺凌萌芽事件时，不要让教师单独处理。要立即组成欺凌萌芽事件处理小组，利用学校组织的力量来应对处置事件。

（2）班主任或科任教师在观察到学生行为或情绪异常时，要首先做出反应，并即刻汇报学校。

（3）在接到班主任或科任教师汇报后，学校要迅速且有组织地确认事件情况，判断事态发展所处阶段，启动分工解决欺凌萌芽的应对机制。

（4）由一组教师共同收集信息、研究对策和实施分工，并不间断地向学校防治学生欺凌和暴力工作领导小组报告和沟通事件处理进展情况，有组织地对欺凌萌芽予以干预。

（二）教师要给予被动方学生心理支持和人身保护

（1）欺凌萌芽发生时，教师要始终坚持保护被欺凌学生的原则，立刻亮明“在事件完全解决前，由我来保护你”的态度，给予其精神上的安慰和支持，给学生充分的安全感。

（2）学校要通过电话和家访等方式与家长密切沟通，保持合作态度，理解被欺凌学生的痛苦心情，共同安慰学生。

（3）要防止欺凌萌芽事件中的被动方转为主动方，密切关注被动方学生是否有报复行为。

（4）学校和教师要认识到，即使欺凌萌芽已消除，也不能排除复发的可能性。因此，要在一段时间内给予持续关注。

（三）教师要坚决制止主动方学生的越界行为

（1）欺凌萌芽发生时，教师首先要拿出坚决不允许任何欺凌行为的态度，表明绝不允许有侵犯学生安全的行为。

（2）一旦发现问题，立即当场制止。事后再由一个小组的教师向每个学生询问了解情况。

（3）教师要明确站在欺凌萌芽中被动方学生的立场上，教育主动方学生认识到自己的错误行为给对方带来的烦恼和痛苦。

（4）班主任或科任教师不要一个人判断事态发展情况，要在年级和学校的组织下，与多个部门共同商量，采取应对措施。同时，指定专人负责观察和把握欺凌萌芽中双方学生的实际情况，防止被动方学生对主动方学生的蓄意报复。

（四）教育围观学生学会共情

（1）教师要理解围观学生“不想招惹那些人”“自己不想被欺负”等的内心想法。

（2）教育学生认识到，对欺凌萌芽的围观会助长欺凌行为。无论是协助、附和还是旁观，都会强化越界行为，致使欺凌升级。

（3）要表明“绝不允许欺凌”的态度，在班级内达成学生的反欺凌共识。

（4）教育围观学生理解被欺凌学生和家长的内心痛苦，学会共情。同时教育围观学生在看到或听到欺凌萌芽时，视情况予以阻止，并及时报告班委和教师。

四、在学校制度上建立领导机构

此项工作的核心要义在于：建立欺凌防治机制，将欺凌事件处置于发生初期。解决校园欺凌问题需要以制度和机制为根本保障。每所学校都应建立防治学生欺凌和暴力工作领导小组，从制度上完善防治校园欺凌的组织领导机构。同时，配套形成倾听学生机制、教师沟通机制和联防协作机制等欺凌防治机制。一旦典型欺凌事件出现，即刻响应，迅速处置。

（一）学校设置防治学生欺凌和暴力工作领导小组

（1）学校须设置防治学生欺凌和暴力工作领导小组，由校长、德育主管、年级主任、班主任、科任教师和心理教师等成员组成，发挥班级、年级、校医室、学生发展中心和心理健康教育中心等的联合功能。

（2）防治学生欺凌和暴力工作领导小组须做好《防治校园欺凌和暴力应急预案》，规定校园欺凌事件处置程序，明确应急措施和校内各相关部门的职责任务。

（3）在典型欺凌发生时，务必畅通信息收集和交换渠道，各负其责，保持密切沟通。

（4）及时向上级教育行政管理机构报告欺凌事件始末及处置措施。

（二）校长始终是防治校园欺凌工作的第一负责人

（1）校长的思想认识和决策能力决定着学校预防校园欺凌工作的成效。

（2）校长应清醒地认识到，本校很可能有欺凌现象，即使目前没有显性化，也要时刻保持危机意识，有组织地发现“欺凌萌芽”并予以干预。

（3）校长要明确将预防校园欺凌的工作内容融入学校工作计划。

（4）校长要通过校务会、教师大会和升旗仪式讲话等方式，宣传贯彻学校预防校园欺凌工作方针。

（三）发生标准欺凌时，全校要有组织地应对

（1）在发现标准欺凌行为时，要全面收集来自被欺凌者、欺凌者、围观者、家长、教师及外部的所有信息，以准确掌握实际情况。

（2）防治学生欺凌和暴力工作领导小组要对事件性质迅速做出准确判断，并按照预案分工，对被欺凌者、欺凌者、围观者、所在班级或年级的学生以及家长等分别进行恰当的辅导和指导。

（3）所有欺凌防治实践过程和辅导、指导过程都要留存记录，并由负责教师签字确认。

（4）由防治学生欺凌和暴力工作领导小组判断该欺凌事件是否已消除，继而部署后期各方面的辅导工作。

（四）建立倾听学生心声的机制和途径

（1）很多被欺凌者和围观者因担心“告诉大人后，会遭受更严重的欺凌”“帮助被欺凌者，自己也会被欺凌”等原因而不敢告诉教师和家长。因此，学校必须建立一套全体教职工能随时收到学生倾诉的机制，让有诉求的学生能切实表达诉求。

（2）定期进行全校学生的“欺凌问题调查”，分析结果并保持追踪。对不同年级学生可定期由班主任和心理教师做全员或个别谈心。

（3）开设欺凌咨询热线、邮箱、微信和小信箱等沟通渠道。

（4）在学校心理辅导室或其他合适的地方设立温馨的学生倾诉场所，引导学生打开心扉表达自己的感受和想法。

（五）配套建立防治校园欺凌的辅导机制

（1）建立以班主任为中心的教职工紧密合作的协商机制，通过有组织地支持机制使教师的作用得以有效发挥。不同教师同时对若干欺凌事件的相关学生进行辅导，并相互联系，沟通情况。

（2）建立心理健康教师和校医的信息分享机制。学校的心理健康教师与

校医很容易聚焦关于学生身体和情绪等方面的异常情况，建立信息共享机制，使所有教师了解掌握学生身心动态。

（3）建立校内巡视机制，对教师难以看到的隐蔽场所进行定点检查，对容易发生欺凌的场所（厕所、学生宿舍和操作角落等）设专人督管。

（4）研制学校《防治校园欺凌和暴力实施手册》，明确指导措施和具体方法，发放给所有教职工。

五、在家校协同中提升欺凌认知

此项工作的核心要义在于：重构家校协同机制，在预防和处置欺凌问题上保持认识与态度的一致性。通过学校的培训引导和密切的家校沟通，重建家校协同的组织制度化合作教育关系，让所有家长明确欺凌的定义，提升对校园欺凌的认知程度。学校要指导家长关注孩子的身心状态，努力及早发现潜在的欺凌行为，发挥家庭作为学生保护者的应有责任。一旦发生欺凌事件，学校要与家长委员会密切配合、妥善处理，做好善后工作。

（一）家长要在日常生活中关注孩子的言行

（1）家长要从孩子的身心异常中及早发现欺凌信号，如情绪低落、不愿上学、身体受伤、花钱大手大脚、突然改变朋友关系、戏弄朋友等。

（2）当知道自己孩子被欺凌时，家长要理解孩子的痛苦心情，表达保护孩子的坚定态度，主动与学校沟通协商。

（3）当知道自己孩子欺凌别人时，家长要听取欺凌事件的经过，向孩子表明绝不允许欺凌他人的明确态度，积极配合学校解决问题。

（4）当知道自己的孩子周围出现欺凌现象时，家长要明确表示绝不能在旁附和、嬉笑、叫好，教育孩子尽快告诉教师，与孩子讨论欺凌问题，向孩子讲解“生命尊严”“体谅他人”“要有同理心”的道理。

（二）发挥家长委员会作用，加强预防欺凌家庭教育指导

（1）学校要通过专题培训和宣传教育等方式向家长解读“欺凌”的定义，提升家长对校园欺凌的认识。

（2）学校要向所有家长说明，欺凌是任何学校、任何孩子都可能遇到的问题。学校会在预防校园欺凌问题上做好工作，并需要家庭的密切配合。同时，给家长发放学校《防治校园欺凌和暴力实施手册》。

（3）学校要通过各种途径加强家庭教育指导，普及预防欺凌的知识和方法，引导家长改进家庭教育方式。

（4）完善家长委员会制度，强化家长委员会在预防欺凌工作中的参与职能，发挥中间协调作用。

（三）取得家长的理解与合作，协同解决欺凌问题

（1）学校要在被欺凌者和欺凌者双方家长的充分理解与协助下，开展欺凌事件的善后处理。

（2）在发生欺凌事件的情况下，学校要展现出与家庭共同解决问题、教育学生的态度。

（3）学校要向被欺凌者和欺凌者双方家长说明欺凌行为的事实，传达防治学生欺凌和暴力工作领导小组的处理方案与意见，在双方相互信任的基础上协商解决问题。

（4）当出现难以与家长顺利沟通的情况时，可由学校咨询顾问、家长委员会代表和社会团体志愿者等出面与家长沟通。

六、在综合治理中构筑责任体制

此项工作的核心要义在于：组织公安、司法及相关社会力量共同防治校园欺凌和暴力。欺凌事件的发生背景往往是复杂而多样的，为了能迅速、准确和妥善地解决欺凌事件，地方政府有必要组织公安、司法及相关社会组织

与教育行政部门合作，集中力量综合治理，构筑由多方组成的多层次校园欺凌和暴力防治责任体制。

(一) 地方政府牵头成立防治学生欺凌和暴力工作领导小组

(1) 防治学生欺凌和暴力工作领导小组（简称“领导小组”）由区县政府主管区长任组长，区县教育行政部门负责人任副组长，综治办、法院、检察院、公安局、共青团和妇联等相关职能部门的主管领导作为小组成员。

(2) 制定本地区《防治中小学生校园欺凌和暴力工作制度》，明确防治欺凌和暴力的目标与任务，形成区域层面的防治中小学生校园欺凌和暴力的应急预案，开设并公布区域中小学校园欺凌防治热线电话。

(3) 建立领导小组联席会议制度，定期召开专项工作会议，部署全区域防治中小学生校园欺凌和暴力重点工作，协调各部门，加强组织保障，形成统一领导、分工合作、齐抓共管和依法治理的防治欺凌工作机制。

(4) 每学年对本地区防治学生欺凌和暴力工作落实情况进行调研，形成年度调研报告。

(二) 区域教育行政部门成立防治学生欺凌和暴力工作领导小组

(1) 防治学生欺凌和暴力工作领导小组（简称“工作小组”）的职责是：落实国家关于中小学生欺凌和综合治理工作相关要求，执行区域领导小组的决议与指示，负责联络各委办局，统筹区县教育行政部门所属各科室，统一组织、指导、协调和监督区域中小学校落实欺凌综合治理各项工作任务。工作小组定期召开会议，讨论近期问题，及时总结反馈，必要时可根据情况临时召开会议。

(2) 工作小组下设办公室，负责防治中小学欺凌和暴力的日常工作。

(3) 当学校上报学生欺凌事件时，区县工作小组立即启动应急预案，对事件性质和等级进行初步认定，形成初步处理意见呈报领导小组进行审议，并协调各部门依据职责要求第一时间赶赴学校开展工作。

（4）每学期组织学校举行防治学生欺凌和暴力的演练活动。

（三）各部门明确职能，建立协同配合防治机制

（1）教育行政部门是中小学校园欺凌和暴力综合治理的牵头单位，负责对学生欺凌和暴力事件的治理进行指导、协调和监督。

（2）综治部门负责将学生欺凌专项治理纳入社会治安综合治理工作，强化学校周边综合治理。

（3）人民法院负责依法妥善审理学生欺凌相关案件，对学生欺凌事件进行法律解释，走进校园开展防治欺凌的法治培训。

（4）人民检察院负责对学生欺凌案件进行审查与起诉，开展法律监督，积极参与学校法治宣传教育。

（5）公安机关负责依法办理学生欺凌案件，依法处理实施校园欺凌侵害学生权益和身心健康的相关违法犯罪嫌疑人，指导监督学校全面排查整治校园安全隐患，协助学校开展法治教育。

（6）民政部门负责引导社会力量加强对被欺凌学生及其家庭的帮扶救助，协助教育部门组织社会工作者等专业人员为中小学校提供专业辅导，配合有关部门鼓励社会组织参与学生欺凌防治和帮扶工作。

（7）共青团组织配合教育行政部门和学校开展预防中小学欺凌和暴力的各项工作，积极参与学生欺凌防治工作。

（8）妇联组织负责配合有关部门开展预防学生欺凌相关知识的宣传教育，注意保护欺凌者与被欺凌者的未成年人合法权益，引导家长正确履行监护职责。

（四）学校与相关机构、团体和社区的密切合作

（1）学校要提前与公安机关、司法部门建立联络渠道，制作“相关机构联络手册”（包括联系人和电话号码），确保在发生校园欺凌事件时，能第一时间通知相关部门。

（2）学校要与所在社区建立联系，增加学生参与社区活动的机会，培养区域整体育人的连带感，提高社区人员与学校协同育人的意识。

（3）委托社区人员关注学生上学、放学路上的情况，建立与社区的沟通和信息共享机制，请社区居民对学生在社区周边的网吧、商店、超市和自动售货机旁的动向予以密切关注，通过社区人员捕捉校外欺凌信号。

（4）学校要加强与区域内少年儿童活动中心、心理咨询中心、少年宫和家庭教育指导中心等社会团体的合作，在欺凌处置和善后处理时请求专业援助。

第三节　校园欺凌常态预防及其早期识别与干预模式

本研究在北京、武汉、哈尔滨三个城市实验校开展预防欺凌实验研究的基础上，形成以“常态预防”为基础，以“早发现”“早干预”为特征的校园欺凌常态预防及其早期识别与干预模式。该模式由“两模块四部分”构成：“常态预防”模块包括“专题课程”“专题教育活动”两部分；“早期识别与干预”模块包括“五道防线”“治理机制”两部分。涵盖以实践体验为特征的专题课程建设、以友善价值观建设为核心的专题教育活动、以早发现早处理为原则的五道防线设置、以预防校园欺凌应急预案为核心制度的治理机制，完整构成了校园欺凌常态预防及其早期识别与干预模式。

一、常态预防模块

校园欺凌常态预防及其早期识别与干预模式的一个重要模块是常态预防模块。该模块的核心在于常态教育，在学校表现为开展关于欺凌问题的讨论，设置相应的课程，组织相应的活动，开展相应的教育等。通过提高师生及家长对于学生欺凌问题的意识，提高学生对欺凌问题的认知水平及处理同学关系的能力，将一切欺凌种子形态的问题控制在学生正常交往问题的认知和处理范围内，达到防欺凌于未然的目的。预防欺凌的常态性教育活动的设计和开展在本书第五章做了相关论述，本课题实验校北京市三里屯一中所编写的

《北京市三里屯一中预防校园欺凌实施手册》的主要内容也对“预”的常态教育做出了具体说明。

（一）预防欺凌的专题课程

预防校园欺凌的专题课程建设，以课程研发为主干，以课堂教学为方式，在全体学生范围内普及预防欺凌的相关知识和技能，从而有明确指向地提高学生对欺凌行为及阶段性标志的认知、体验和应对能力。通过研发和开设预防校园欺凌的专题课程，旨在实现以下目标：一是懂得尊重他人、友善待人的道理，形成团结友爱的风气，消除校园欺凌和暴力产生的土壤和种子；二是学习预防欺凌相关知识，认识校园欺凌的生成过程及阶段标志；三是学习欺凌各生成阶段的应对策略和处理办法，掌握制止欺凌的方法技能。预防校园欺凌专题课程以基础教育阶段学生为对象，根据学生年龄段，分小学、初中、高中三个学段实施。具体分学段课程可在 4~5 年级（小学）、7~8 年级（初中）、10~11 年级（高中）实施。

预防校园欺凌专题课程主要包含五个板块：第一，认识校园欺凌现状及严重后果。通过观看视频、阅读材料，讨论当前校园欺凌的状况，认识欺凌造成的严重后果。第二，认识校园欺凌生成阶段及标志。通过案例分析，讨论学生身边发生的事件，认识到欺凌与玩笑嬉闹的关系，了解欺凌的生成阶段和标志特征。第三，学习围观者、欺凌者和被欺凌者不同角色的应对技能。从围观者、欺凌者和被欺凌者的角度，通过集体学习、分组讨论和情境体验等方式，学习应对欺凌的策略和技能。第四，学习与人交往。通过情境体验、角色扮演和相互倾听，认识和体验不同情绪，学习换位思考，学会与人交往的方法。第五，学会尊重与友善，形成反欺凌共识。通过观看视频、分组讨论和班级事例分享，感受同学之间的友爱之情，深刻理解尊重他人、友善待人的内涵。通过全体讨论、集体宣言，共同制定班规及学生行为规范，达成全体学生的反欺凌共识：不做欺凌者，不做围观者，帮助被欺凌者。

针对欺凌种子阶段的预防教育安排 2 课时。第一课时主要通过情境还原和案例分析等形式，让学生学会辨析欺凌与嬉闹玩笑间的关系；讨论同学间的嬉闹哪些属于越界、过分行为，应当如何将同学间的嬉闹行为自觉控制在正常范围内，进而认识到自己曾经的嬉闹行为有可能引发更深的矛盾；通过讨论，弄清自己可以通过哪些方法来避免嬉闹演变成欺凌。第二课时主要通过联系自身实际情况以及小组讨论的方式，列举身边哪些属于越界、过分的行为，并对事件类型进行分类；讨论如果主人公是自己的话，可以做什么以及会借助哪些身边的力量（如同学、教师和家长）来解决问题，进而审视自己有没有做过类似的事情，进行自我反思；让学生思考如何预防班级内的越界、过分行为。

针对欺凌初发阶段的预防教育安排 2 课时。第一课时主要通过案例讨论和情境分析等形式，讨论身边有没有可能发展为欺凌初发的现象，分析其产生的原因及可能造成的危害性后果；审视自己有没有做过恶作剧、让他人难堪或强迫他人的事情，进行自我反思；讨论当发现同学间出现欺凌初发行为时，自己可以做什么以及可以借助哪些身边的力量（如同学、教师和家长）来解决问题。第二课时主要通过分享多种案例，辨别欺凌在初发阶段的发展变化特点；讨论在这些案例以及身边的事件中，如何引导欺凌初发中的被动者通过自我行动或者借助教师、家长的力量，来避免发展成为欺凌初发中的受害者；根据汇总出的讨论与反思结果，结合班情，制定预防欺凌相关班规。

针对欺凌萌芽阶段的预防教育安排 1 课时。主要通过分析多种案例，对比不同情境来辨别欺凌在萌芽阶段的发展变化特点；引导学生自我反思，聚焦班级内部，找出班级内具有欺凌萌芽特点的、可能发展为欺凌事件的隐患；结合班情，师生共同讨论、修订和完善班级预防欺凌的班规细则。

针对标准欺凌阶段的预防教育安排 1 课时。主要通过案例分析和编写案例等形式，了解标准欺凌的特点；通过阅读材料、观看视频等形式，了解标准欺凌带来的危害及处理办法；根据汇总出的学生讨论与反思结果，结合班情，完善并形成确定的预防欺凌相关班规，形成反欺凌的班级共识。

（二）预防欺凌的专题教育活动

预防校园欺凌专题教育活动，以融入学校常规教育工作为基本思路，通过专题培训、知识竞赛、主题班会、实践活动、拓展训练和家校互动等方式，落实预防校园欺凌的基本理念，营造无欺凌校园，开展友善班级建设。

一是在学校层面的预防欺凌专题教育活动，以营造无欺凌校园为核心内容。无欺凌校园并非指校园内完全不发生典型欺凌事件或完全没有欺凌萌芽现象，而是指通过创设和谐的校园文化，能有效抑制学生不良行为的发生，降低此类现象出现的频率；即使出现了欺凌萌芽，也会有更多的学生主动出面制止，在学校师生间形成反欺凌的共识。本课题实验校采用多种形式开展预防欺凌的专题教育活动，创设了良好的文化氛围。具体措施如下：第一，通过校园环境布置、学校宣传栏、校园传统媒体（校刊、校广播站和校电视台）和校园新媒体（微信公众号、学校网站）等方式，倡导尊重、友善的价值观念，对校园欺凌的相关知识内容进行宣传教育。第二，开展全体师生、家长参与的预防校园欺凌专题培训和知识竞赛，普及预防欺凌的基础知识和应对方法，提升教师、学生和家长对欺凌的理性认知，引导教师、学生和家长正确认识校园欺凌的生成过程，了解校园欺凌的严重危害，掌握应对校园欺凌的方法策略。第三，将预防欺凌教育落实到常规教育工作中，利用国旗下讲话、法制宣传月和共青团少先队等活动，对学生开展预防欺凌的日常教育。第四，以预防欺凌为主题，开展情景剧编演、手抄报设计和征文评比等丰富多样的教育活动，重在通过学生亲身的活动体验，深化对预防欺凌相关知识的认识和理解，增强对欺凌及其危害的直观感受和情绪体验，进而树立正确的交往观，达成“对校园欺凌说不”的共识。

二是在班级层面预防欺凌的专题教育活动，以“友善班级建设”为核心内容。班级是预防校园欺凌的基本单元，是发现欺凌种子、遏制欺凌萌芽的重要场所。制定反对欺凌行为的班规，组织以“反欺凌行为”为主题的系列班会，唤醒班级内的围观者，树立全班学生都有义务、责任阻止欺凌行为的意识和观念，共同营造友善包容的班级文化，是友善班级建设的主要内容。具体包含以下几点：第一，采取全班学生集体讨论、共同参与的方式，制定班级全体学生必须遵守的班规和班训，包含尊重他人、友善待人、自我约束、人际交往等行为规范，将预防欺凌行为的要求转化为行为规则纳入班规，形成班级共同倡导的价值观念。比如，有些实验校开展“班级金句”征集活动，金句中包含“对人友好”“待人友爱”等价值理念，进而形成班规、班训、班级公约等。例如，实验校某班的班规中有这样的内容：“关爱他人，用鼓励和友善的方式帮助同学；与同学发生矛盾纠纷，及时找老师解决；多换位思考，理解包容他人；热心帮助班级内每个生活和学习有困难的同学；不以强凌弱，不仗势欺人。”第二，唤醒班级内围观者的责任感和同理心，使围观者成为调解者、保护者、报告者。作为欺凌现象中的重要群体，围观者的反应可能直接导致欺凌萌芽的走向——得以消解还是持续升级。在预防校园欺凌的实验中，唤醒围观者的重点是借助角色扮演、情景再现、集体讨论和自我审视等途径，增加围观者对欺凌危害的情感体验，反思面对校园欺凌的态度和行为，同时有意识地培养围观者中的部分学生（如正直、有威信的班委）充当协调者，当出现同学矛盾或纠纷时，能进行即时制止、安抚和报告等处理。第三，开展以友善为主题的班集体活动和班级环境布置，营造和谐包容的班级文化，增强班级凝聚力，树立互助友爱的班风。班主任从接班的第一天起，就要在班级内坚定地表示出反欺凌的决心，并经常开展旨在增强学生包容、尊重、欣赏意识的班级教育活动，使学生充分认识到对同学的排斥、嫉妒、侮辱是一件令人羞愧的事情。例如，有些实验校开展了“预防校园欺凌”系列主题班会，如“远离校园欺凌，创建和谐班级”“向校园欺凌说不”“友善伴我行，共建和谐班”等。

二、早期识别与干预模块

校园欺凌常态预防及其早期识别与干预模式的另一个重要模块是早期识别与干预模块。该模块对欺凌动态生成过程进行阶段划分和特征描述，提取辨识欺凌先兆信号的识别特征，设置逐级防线，采取干预措施，将欺凌前兆行为层层消解，构建预防校园欺凌的治理机制。实践该模块的目的在于及时发现欺凌先兆，对已经显现的欺凌信号及早应对，有效逐级阻断欺凌行为，避免恶性事件发生。该模块是中小学教师干预学生欺凌行为、预防欺凌事件发生的最重要措施。

（一）五道防线

预防欺凌的关键，是在欺凌生成的早期阶段精确识别信号，并及时采取消解措施。在学校教育的表现形态为：教师组织学生讨论玩笑打闹的“过分”边界在哪里，怎样判断一个玩笑打闹的行为“过分”了，越界的情况会带来什么不好的后果，怎样避免或阻止越界。其重点在从学生日常的玩笑打闹中及早发现越界现象和行为，将之视为欺凌的萌芽；欺凌刚一发芽，即刻将其掐掉，欺凌就被有效地防住了。

本课题基于实验校的三轮实验，将标准欺凌事件之前的发生、发展过程分解为：欺凌种子—欺凌初发—欺凌萌芽，进而提炼出十个欺凌生成过程的早期信号识别特征（见表 7-1）。十个识别特征经过“欺凌种子—欺凌初发—欺凌萌芽”的演变过程，呈现由轻到重、由浅入深的逐级递增的变化趋势。依据特征识别欺凌信号是发现和辨别欺凌早期阶段的重要操作性方法，也是遏制标准欺凌发生的有效手段，应纳入学校预防欺凌工作的常规培训内容，并指导教师熟练掌握和操练运用，以便对校园欺凌能切实做到早期发现。

表 7-1 欺凌信号的识别特征

识别特征	欺凌种子	欺凌初发	欺凌萌芽
目的	嬉闹好玩	故意取笑	恶意侮辱
频率	偶尔出现	时有发生	频繁多次
态度	借东西经催促后归还	借东西拒绝归还	强行索要财物
程度	私下议论	群体讥笑	公然辱骂
人数	几个人	一群人	全班学生
性质	个体躲避	小范围排斥	所有人集体孤立
范围	班级	年级	全校

续表

识别特征	欺凌种子	欺凌初发	欺凌萌芽
场景	操场角落	操场角落+厕所	操场角落+厕所+放学路上
方式	言语嘲笑	编造谣言+藏匿物品	网络辱骂+损害物品+拍照发朋友圈
特质	身体异味被嫌弃	身体异味被排斥	身体异味被打骂

在对欺凌先兆做到早期发现的基础上，就要进一步实现早期干预。课题组按照欺凌生成过程延展开的五个阶段，设置五道防线，即欺凌种子（提醒）—欺凌初发（批评）—欺凌萌芽（警告）—标准欺凌（处分）—严重欺凌（判罚）。同时，针对每个阶段的学生临界点行为，制定出教师应采取的处理规则和处理措施。当学校教师根据欺凌信号识别特征，及时发现并判断出当前的学生行为处于欺凌生成早期的哪个阶段后，就需要立刻采取与欺凌早期阶段相对应的干预措施予以消解。从阶段划分看，不同欺凌生成早期阶段所采取的具体干预手段，程度逐步加强，措施逐步升级。

- 在欺凌种子阶段，“提醒”是主要的干预方向。
- 在欺凌初发阶段，“批评”是主要的干预方向。
- 在欺凌萌芽阶段，“警告”是主要的干预方向。

上述干预行为是教师在发现欺凌早期信号后的“原则性”干预措施。在真实教育情境中，教师要在掌握上述“原则性”干预措施的前提下，融合教师自身的教育智慧，采取更为灵活有效的实际做法。

（二）治理机制

机制建设是防治校园欺凌的重要保障。防治校园欺凌既要加强事前预防，又要注重事后处理。经过实验初步形成的防治校园欺凌的治理机制，主要包括日常管理机制、应急预案制度、善后处理措施、校外联合治理等。

一是日常管理机制。实验校重点加强预防校园欺凌管理机制的建设，预防学生欺凌行为的发生。①建立监管巡查制度，在校时间“无缝隙监管”，重点关注学生入校—上课前—上课—课间—离校等不同时段，对卫生间、宿舍、食堂、操场和校园周边等容易发生欺凌的重点场所安排专人巡查。②建立分类排查制度：每天由值周干部、教师、学生干部与学生交流，及时发现并化解学生矛盾，对存在品行不良的“问题”学生和留守儿童、残疾儿童以及困难家庭子女建立专档，分类监管。③建立匿名报告制度，设立学生欺凌事件举报电话和咨询热线，将其在校园内显著位置公布，并设专人核实处理。

二是应急预案制度。①在区域层面，预防校园欺凌的实验区北京市朝阳区教委确立了“突发事件首遇责任制”，即“谁当班谁负责”“谁首接谁负责”，每一位教师都肩负对学生的不当行为进行制止的职业责任和道德义务，杜绝擅离职守、视而不见、相互推诿、听之任之等现象。各实验校贯彻落实首遇责任制，建立全员预防机制，所有教师都具有首遇之责，如发现身边出现异常情况和欺凌苗头，及时向上一级领导汇报。②建立责任倒推制度，如有履职不到位，在欺凌事件发现时没有及时处理的，事件结束后根据学校制度，责任倒查。在学校层面，各实验校制定了《校园欺凌事件应急处置预案》《校园欺凌预防处理的教职工岗位及职责》《校园欺凌预防和处理制度》，规定了校园欺凌预防与应急处置基本原则、防治学生欺凌和暴力工作领导小组职责及成员、欺凌事件应急处置机构、校园欺凌事件上报制度、校园欺凌事件处理流程等。③依据现有政策法规的文本，学校应对校园欺凌的体制方面应建立的管理制度至少包括安全教育制度、安全保卫制度、安全应急和处置机制等。根据《教师法》《义务教育法》《未成年人保护法》《指导意见》等法律法规，在发生标准事件及严重欺凌事件时，学校应立即启动欺凌事件应急处置预案，并按照预定处理流程对事件及时进行调查处理。

三是善后处理措施。(1) 校园欺凌事件的基本处理流程包括：①学校和教师应在第一时间制止有害于学生行为或侵犯学生合法权利的行为，及时救助受伤害的学生。②学校和家长要及时相互通知，对严重的欺凌和暴力事件，学校要向上级教育主管部门报告，并迅速联络公安机关介入处置。③对欺凌事件的处置以学校为主，原则上学校应在启动调查处理程序 10 日内完成调查，根据有关规定处置，并及时上报教育行政部门。其中，对标准欺凌及严重欺凌事件经认定后分三类处置：①对被欺凌学生身体和心理造成明显伤害的严重欺凌事件，学校在对实施欺凌学生开展批评和教育的同时，可请公安机关参与警示教育或对实施欺凌学生予以训诫，保证警示教育工作有效开展。学校可视具体情节和危害程度给予实施欺凌学生纪律处分，将其表现记入学生综合素质评价档案。②对屡教不改或者情节恶劣的严重欺凌事件的欺凌者，必要时可按有关规定，将其转送专门学校进行教育。③涉及违反治安管理或者涉嫌犯罪的严重欺凌或暴力事件，教育行政部门和学校要及时联络相关机构，以公安机关、人民法院和人民检察院为主依法处置。非义务教育阶段学校可视具体情节和危害程度给予留校察看、勒令退学、开除等处分，必要时可按照有关规定将其移送专门学校。（2）根据欺凌事件的轻重程度，可设置若干层善后措施：①对于偶发且轻微的学生欺凌行为，由班主任进行处理。②对于性质恶劣的且后果严重的学生欺凌行为，由学校防治学生欺凌和暴力工作领导小组进行处理。③对于需要就诊的被欺凌者，学校应当在第一时间配合家长将学生送往医院就诊。④学校应尽快成立调查小组对欺凌事件展开调查，形成调查报告。⑤学校在处理欺凌事件期间，应当对被欺凌者采取临时性的保护措施。⑥对于产生严重后果的学生欺凌事件，学校应对被欺凌学生及家长、被欺凌学生所在班级的学生及家长、全校学生及家长采取心理干预、心理辅导和情况通报等相应措施。⑦当校园欺凌和暴力事件获得妥善处置后，学校要立即开始对当事学生进行持续追踪观察和心理辅导教育。对实施欺凌和暴力的学生，实施有针对性的心理辅导和教育帮扶，给予其改过机会，同时，还要避免教师和学生对欺凌者形成歧视。对遭受欺凌和暴力的学生及其家长也要提供心理辅导，帮助他们尽快走出心理阴影，安抚家长情绪，帮助被欺凌学生树立自信，恢复正常学习生活。

四是校外联合治理。防治校园欺凌的体制根本上是协同防治，建立联合治理保障机制。在社会环境中的表现形态为：由学校、家庭、社区、公安、司法、媒体和社会组织等多方建立而成的协调沟通机制。学校不仅要提前建立一套完整的处理学生欺凌的制度和机制，还要与家庭、社区和社会相关机构紧密合作，建立联合处置学生欺凌的协同机制，从而更加迅速、正确和有效地处理标准欺凌事件。学校与校外相关机构的联合治理机制应包括：与上级教育行政主管部门的汇报渠道，与公安机关的联络渠道，与专业社会工作者、公益律师和志愿者的沟通渠道等。只有校内外联合启动应对机制，才能妥善处理好已经发生的学生欺凌事件，避免造成更为严重的伤害和更为恶劣的影响。

第四节 预防欺凌实践研究的后续问题

"预防中小学校园欺凌和校园暴力研究"课题组紧紧抓住"欺凌"和"预防"两个核心概念，按照研究计划稳步推进调查和实验工作，取得了预期的研究成果，特别是在调查基础上开展的学校实验工作，获得了超乎预期的资料、认识和实验成果。其中有三个突出问题，既可视为研究的收获，也可视为需要今后持续跟进的研究课题。

一、加强校园欺凌行为的发生、发展过程研究

教育部基础教育司组织编写的《防治中小学生欺凌和暴力指导手册》将"学生欺凌"界定为：在校学生之间发生的强势一方对弱势一方进行侮辱性身心攻击，并通过重复实施或传播，使被欺凌的学生遭受身心痛苦的事件。"在校学生"特指欺凌者和被欺凌者的身份，而"以强凌弱""身心攻击""重复实施""遭受痛苦"四个要素则构成欺凌的本质。

在学校教育现实中，学校、教师、学生和家长对欺凌概念的理解存在一定的差异。本研究发现校园欺凌行为存在一个动态的生成发展过程，而既有的关于校园欺凌的定义很难准确地反映这一动态发展过程。在教育实践中，我们既不能忽视也不能夸大学生间的过分玩笑和打闹，更不能无视教育环境和人际关系的复杂多变性可能致欺凌行为产生。因此，厘清欺凌内涵及其生成发展过程就显得极其重要。这就要求学校和教师在对欺凌行为各个阶段进行准确研判的基础上，"早发现""早干预"，及时阻断欺凌行为，

遏制欺凌事件的发生。在未来的研究中，我们将继续致力于校园欺凌发生、发展的过程研究，本着“预防为先”的原则，进一步归纳概括各阶段的不同特征，为学校预防欺凌实践提供参考价值高、操作性强的实用预防方案和操作工具。

二、谨慎对待校园欺凌发生率的统计结果

本研究与既有的各类调查结果显示的校园欺凌发生率均存在一定差异，主要原因：一是对欺凌概念界定和理解的不统一导致欺凌发生率的统计基础、统计方法不一致，使得来自不同调查的发生率难以进行比较；二是被试对于校园欺凌行为的理解存在较大差异，虽然各国对于校园欺凌的定义大致相同，但受不同文化背景的影响，学生和教师对于校园欺凌行为的理解存在较大差异。

从本课题所做的全国调查统计结果（见表 7-2）可见，围观者对学生之间的冲突行为更倾向于将其认定为“欺凌”或“欺凌萌芽”，其对欺凌的认定几乎是欺凌者认定的 6 倍，是被欺凌者认定的 2 倍。被欺凌者对欺凌行为的认定大大少于围观者，其中一部分被围观者认定的欺凌在被欺凌者视野中，仅认定为欺凌萌芽，并且可据此推测出，围观者认定的一部分欺凌萌芽，在被欺凌者看来并不属于欺凌萌芽行为。而在欺凌者眼中，欺凌行为更是极少发生的。其他国内外的相关调查也印证了这一感受认知差异特点。学生对欺凌行为的感受影响着他们对欺凌行为的正确判断，进而影响他们采取恰当应对措施，包括主动方、被动方和围观方的相应应对措施决策。不同立场学生对欺凌行为的不同感受容易造成学生、教师和家长的误判。从理解欺凌行为各方的感受差异出发，教师特别是班主任对学生的感受进行细致的分析，并引导学生通过案例讨论及场景模拟等方式，使学生对欺凌行为感受更加真实，进而采取更为妥当的应对措施。

表 7-2 《全国中小学欺凌调查分析报告》中围观者、被欺凌者和欺凌者报告的欺凌发生率比较

视角	标准欺凌发生率（%）	欺凌萌芽发生率（%）	无欺凌比例（%）
围观者	29.2	25.8	45.0
被欺凌者	13.9	23.9	62.2
欺凌者	4.9	14.2	80.9

随着研究工作特别是实验工作的持续深入，课题组成员逐渐确定了一个重要认识：目前已有依据调查获得的发生率难以确切反映学生欺凌现象的严重程度，进而不能以此对一个地区或一所学校存在的欺凌行为问题做出准确判断。简单说，如果学校仅从结果看问题，则发生率会被严格限定于标准欺凌的发生数量，此时的数据会大大小于一般性社会调查所反映出的数字；如果学校出于预防标准欺凌发生的目的而将哪怕只是欺凌种子现象也视为学校实际问题挖掘出来，以便于采取有效的预防教育措施，则此类调查的发生率势必会比一般性社会调查所反映出的数字高出很多。换言之，从学校预防的角度出发，调查工作的目的应是尽可能把一切有可能引发标准欺凌事件的学生间的冲突行为——本研究所提出的“欺凌种子”“欺凌初发”“欺凌萌芽”行为——揭示出来，分层、分类予以统计，并传达至有关教师、家长甚至学生，以求引起各方警醒，通过常规教育活动方式，将欺凌苗头遏制于萌芽阶段。用学校实践工作者的话来说，鉴于学生欺凌是现代社会的客观产物，学校通过定期调查能发现存在的欺凌萌芽是好现象，有利于最大限度地确保学校不发生会造成严重后果的标准欺凌事件。相反，学校拒绝揭示学生间必然存在的欺凌种子或萌芽问题，则说明该校的预防机制不健全，预防措施不完善，因而不能及早地预防出现标准欺凌的隐患。因此，（种子或萌芽）发生率保持在一定程度，恰恰说明学校预防工作的到位。

从预防教育角度来说，将“种子”“初萌”“萌芽”均判定为可能的欺凌前兆行为有助于消解真正的欺凌事件的发生。一般认为，欺凌行为多发生在青春期的学生中间，故小学 1~4 年级相对较少。鉴于这种普遍现象，本课题的调查对象设定为从 10 岁开始的中小学生。然而，在本课题实验区之一的北京市朝阳区，由于从“欺凌种子”入手实施预防活动，故小学一年级从“欺凌种子”到“欺凌萌芽”的数量就已经比较多了，而且越是实验工作做得好的学校，其发生率越高。这恰恰说明预防学生欺凌教育活动的开展使得学生、教师和家长对欺凌萌芽形态的现象更加重视，从而导致了一个观念的转变：指出本校有“种子”“初发”“萌芽”有利于学校预防欺凌而不会有损学校的声誉。在实验学校的师生看来，“发生率”已经变得不再有意义。

从上述感受差异来说，教师与学生在对欺凌种子行为性质的感受上所存在的差异，直接影响从预防欺凌角度对学生行为的关注焦点。同时，也明确显示出与学生接触最多的班主任和科任教师是学校预防欺凌的最重要角色。这些教师从实验之前惧怕说本班、本校有一定的学生欺凌行为发生，到实验两年后愿意谈论自己遇到过及妥善处理过的欺凌行为，经历了一个从对欺凌行为缺乏了解和理解到认识到欺凌行为原本就隐藏在日常的嬉戏打闹中的认识发展过程。这个过程正是预防学生欺凌和暴力事件发生的关键过程，也是将预防工作真正落到实处的关键过程。在这个过程中，教师对微观层面上的所谓发生率的价值和意义在认知方面发生了重大改变，他们恰恰认为调查出更多的欺凌种子或萌芽，只能说明学校预防工作做得完善、到位。

未来的研究应更加谨慎地对待校园欺凌的发生率，应在明确校园欺凌行为存在不同阶段的基础上开展针对性的调查。问卷设计者须明确三方面内容：一是调查校园欺凌行为生成过程的哪个阶段；二是调查哪些人群的哪些行为；三是被试能否完全理解问卷中校园欺凌行为的内涵。唯其如此，统计出来的校园欺凌发生率才具有实践价值。因此，作为研究者，须对目前已有调查结果中校园欺凌发生率的认识和使用保持谨慎态度。

三、须编制应对欺凌行为的措施指南

本课题经过五年的研究，运用文献、调查、访谈及实验等方法，在实验校进行了三轮实验工作，以此形成了校园欺凌常态预防及其早期识别与干预模式，建立了预防校园欺凌的实践操作指导框架。该模式及实践指导框架为学校提供了一种思维路径或一种通识性的工具。要真正将该思路及工具应用于每所学校的预防实践，仍须将操作框架做进一步的加工，细化辨别要素，完善应对措施，以形成应对欺凌行为的措施指南为目标。

在本课题的实验研究中，共产生了两份预防校园欺凌的指导手册，一份是《北京市三里屯一中预防校园欺凌实施手册》，一份是《北京市朝阳区预防校园欺凌和暴力教师指导手册》。指导手册相比实施手册，不仅增加了“治”的内容，还进一步对现象表征即对应预防措施进行了概念化提炼，并尝试针对不同类型的情况，为教师的应对措施提出建议。

北京市朝阳区针对欺凌行为“种子态”“初发态”“萌芽态”“标准态”的不同表现表态，在参考日本东京《欺凌综合对策》和《“欺凌”问题研究报告》基础上草拟了《北京市朝阳区预防校园欺凌和暴力教师指导手册》，提出了教师应对措施，就是一种很好的尝试。

该指导手册就预防校园欺凌的“提醒—批评—警告—处分—判罚”五道防线，按照欺凌生成的不断演化升级过程，给出了欺凌生成过程的逐级应对思路。根据逐级应对思路，一步步细化制定欺凌生成阶段的应对措施。从被动方所受伤害来分析，可将学生的身心状况分为精神状况和身体状况。从主动方学生不当、越界言行的出发点来分析，可将学生的言行分为无意言行、冲动言行、故意言行。面对发生的欺凌（或嬉闹越界）现象，教师可依据被动方学生身心受伤害状况的不同和主动方学生言行举止出发点的不同，采取相应的应对措施。

本研究在北京、武汉、哈尔滨三市实验学校通过厘清欺凌行为的“种子态”“初发态”“萌芽态”“标准态”的基本形态，分别设计、实施了教育和管理处置措施体系，并将一应预防措施融入日常教育教学活动，由此建立起一套完整的预防措施体系，形成了由专题课程、专题教育活动、五道防线、治理机制构成的校园欺凌常态预防及其早期识别与干预模式。

尽管这一模式在初期运行中展现了显著的预防效果，但仍有不少教师感到“需要进行独自判断的问题太过复杂，因而面对复杂表现难以把握该采取何种措施”的问题存在。一线教师希望有一份类似指南的资料放在手头，以便在遇到不同阶段、不同情况、不同表现的欺凌问题时，能从指南中获得具体指导。从我国中小学生中发生欺凌行为的性质和频率看，学校教师亟须得到类似具有实际指导价值的指南，这是学校对教育行政部门提出的要求，同时也是本课题以“预防”为核心的研究工作的后续任务。

后　记

校园欺凌对卷入其中的学生的身心健康和学校适应有着多方面的消极影响与危害，严重影响学生的正常学习，破坏校园的良好秩序和氛围，甚至造成学生出现精神疾病、自杀等问题。显然，欺凌问题严重影响了平安、和谐校园的建设，侵害了被欺凌者的合法生活和学习权益。国家社会科学基金“十三五”规划2017年度教育学重点课题“预防中小学校园欺凌和校园暴力研究”（AHA170011）的课题组利用五年的时间，运用文献、调查、访谈及实验等方法，在我国三地开展了三轮实验工作，形成了校园欺凌常态预防及其早期识别与干预模式，建立了预防校园欺凌的实践操作指导框架。该指导框架在三地的实验学校防治校园欺凌行为的发生与发展中展示出明显成效。

从课题目标的确立、研究的设计、工具的开发、实验的进行一直到本书的成稿，得到了相关领导和广大同人的指导与帮助。北京教育科学研究院魏强、张蕾、周镭、龚杰克、刘京翠、王薇、范婕，武汉大学程斯辉、熊熊，哈尔滨医科大学彭涛，中国青年政治学院宋雁慧，首都师范大学沈永辉等同志作为课题组主要成员，在研究过程中都做出了重要贡献；北京市朝阳区教育委员会乔春江、由淑晶同志，及北京市三里屯一中校长张鸿茜等北京、武汉、哈尔滨的实验学校校长和教师们在实验过程中齐心协力，克服困难，保证了课题研究的高质量完成。在课题总结和本书撰写过程中，周镭、张蕾、王薇同志做了大量细致入微的工作，付出了艰辛的努力。

中小学是培养未来社会主义事业建设者和接班人的重要阵地，培育和践行社会主义核心价值观是新时期中小学的重要使命。预防中小学生欺凌行为，不仅是保护学生免受伤害、保障青少年的身心健康和合法权益的需要，也是践行社会主义核心价值观、培养社会主义事业合格的建设者和接班人的需要。我们将继续为构建“无欺凌校园”贡献自己的力量，为未成年人创造良好的成长环境。